令和5年版

# 実務Q&A 国税徴収法

黒坂 昭一／三木 信博 共著

一般財団法人 大蔵財務協会

# はじめに

国の財政の基盤である歳入は、課税に伴う納付及び徴収があって初めて国の歳入として確保されます。この場合、納税者が自ら納付することに加え、その納付の期限を経過し滞納になった場合、新たに「徴収」という行為によって債権を確保する必要があります。このような国税の徴収に関する手続法として「国税徴収法」があります。

この国税徴収法は、国税の徴収に関する法律として、また、地方税その他公租公課の徴収に関する一般法としての役割をもっております。

また、この国税徴収法は、国税と地方税、私債権との関係から、国税の優先関係、私債権との優先劣後、地方税との優先劣後など、多くの調整関係の規定を有し、差押え等の債権確保手続に関する規定を設けております。

このように国税徴収法は、債権確保における手続法という側面と私債権との調整、納税者の権利保護を図るという側面を有しています。

この徴収における具体的な執行に当たっては、徴収職員が徴収の基本法たる国税徴収法のみならず、民法、会社法、その他多くの関連私法等を駆使し、経済実態・取引に即した対応を要求されることから、その具体的な取り扱いは、これまでの多くの判例等の積重ねによりそれを定めております。しかしその対応には大変難しいものがあります。

そこで、このような徴収実務において、国税徴収法を少しでも体系的に正しく理解できるよう、具体的な事例、参考となる判決・裁決を織り込み、また、多くの図表を用いた参考説明と、平易な記述により分かり易く解説するよう本書の編纂に努めてきました。本書が多少なりとも、国税に携わる人はもとより、地方税や社会保険料等の徴収事務に従事する方々が初めて国税徴収法を学ぶ際の入門書として、読者の皆様に利用していただけるものになっていれば幸いです。

最後に、本書発刊の機会を与えていただきました一般財団法人大蔵財務協会の木村理事長をはじめ、刊行に当たって終始ご協力をいただきました編集局の諸氏に心から謝意を表します。

令和５年９月

執筆者代表　　黒坂　昭一

# 凡　例

1　本文中に引用している法令等については、次の略称を使用しています。
徴収法………………国税徴収法
徴収法施行令………国税徴収法施行令
通則法………………国税通則法
通則法施行令………国税通則法施行令
通則法施行規則……国税通則法施行規則
滞調法………………滞納処分と強制執行等との手続の調整に関する法律
仮登記担保法………仮登記担保契約に関する法律
電子帳簿保存法……電子計算機を使用して作成する国税関係帳簿書類の保存方法等の特例に関する法律
租税条約実特………租税条約等の実施に伴う所得税法、法人税法及び地方税法の特例等に関する法律
徴収法基本通達……国税徴収法基本通達

2　かっこ内の法令等については、次の略称を使用しています。
徴………………国税徴収法
徴令……………国税徴収法施行令
徴規……………国税徴収法施行規則
徴附則…………国税徴収法附則
通………………国税通則法
通令……………国税通則法施行令
滞調……………滞納処分と強制執行等との手続の調整に関する法律
行訴……………行政事件訴訟法
所………………所得税法
法………………法人税法
地法……………地方法人税法
相………………相続税法
相附則…………相続税法附則
消………………消費税法
酒………………酒税法
た………………たばこ税法
石ガ……………石油ガス税法
揮………………揮発油税法
地揮……………地方揮発油税法
石石……………石油石炭税法
登………………登録免許税法
措………………租税特別措置法
電保規…………電子計算機を使用して作成する国税関係帳簿書類の保存方法等の特例に関する法律施行規則
輸徴……………輸入品に対する内国消費税の徴収等に関する法律
災………………災害被害者に対する租税の減免、徴収猶予等に関する法律
関税……………関税法
地………………地方税法

法務大臣権限…国の利害に関係のある訴訟についての法務大臣の権限等に関する法律
信書……………民間事業者による信書の送達に関する法律
民………………民法
一般法人………一般社団法人及び一般財団法人に関する法律
不登……………不動産登記法
特例……………動産及び債権の譲渡の対抗要件に関する民法の特例等に関する法律
建物区分………建物の区分所有等に関する法律
仮登……………仮登記担保契約に関する法律
供………………供託法
供規則…………供託規則
信託……………信託法
商………………商法
会社……………会社法
社振……………社債、株式等の振替に関する法律
電債……………電子記録債権法
民訴……………民事訴訟法
民執……………民事執行法
民執規則………民事執行規則
企担……………企業担保法
破………………破産法
破規……………破産規則
再………………民事再生法
更………………会社更生法
保………………保険法
健保……………健康保険法
国保……………国民健康保険法
農………………農地法
刑………………刑法
予決令…………予算決算及び会計令

3　通達の略称

徴基通…………国税徴収法基本通達
通基通…………国税通則法基本通達
滞調逐通………滞納処分と強制執行等との手続の調整に関する法律の逐条通達
不基通（国）…「不服審査基本通達（国税庁関係）の制定について」（法令解釈通達）
不基通（審）…「不服審査基本通達（国税不服審判所関係）の制定について」（法令解釈通達）

4　事業運営指針

換価事務提要…………換価事務提要の制定について（事務運営指針）
納税の猶予取扱要領…「納税の猶予等の取扱要領の制定について」（事務運営指針）

# 目　　次

## 第 1 編

## 国税徴収法における滞納処分


**第1章　総　　則** ………… **2**

［1］ 国税徴収法の目的等 ………… 2
［2］ 徴収の執行機関と滞納者等 ………… 8

**第2章　国税、地方税その他の債権との関係** ………… **13**

［3］ 一般的優先の原則 ………… 13
［4］ 国税と地方税との調整 ………… 16
［5］ 国税と被担保債権との調整 ………… 19
［6］ 先取特権の優先 ………… 24
［7］ 留置権の優先 ………… 26
［8］ 質権又は抵当権付財産が譲渡された場合の国税の徴収 ………… 28
［9］ 国税と仮登記に係る債権との調整 ………… 32
［10］ 国税と譲渡担保に係る債権との調整 ………… 37
［11］ 国税及び地方税等と私債権との競合の調整 ………… 45

**第3章　第二次納税義務** ………… **50**

［12］ 第二次納税義務の制度・態様等 ………… 50
［13］ 各種第二次納税義務 ………… 52
［14］ 第二次納税義務の徴収手続 ………… 76
［15］ 主たる納税義務との関係 ………… 81

**第4章　滞納処分―総説** ………… **88**

［16］ 滞納処分の意義 ………… 88
［17］ 滞納処分の効力 ………… 93

［18］　滞納処分の対象となる財産 …… 95
［19］　財産の調査 …… 105
［20］　滞納処分の引継ぎ …… 117

**第５章　滞納処分―財産差押え …… 120**

［21］　差押えの意義・効力等 …… 120
［22］　動産及び有価証券の差押え …… 134
［23］　債権の差押え …… 139
［24］　不動産等の差押え …… 153
［25］　無体財産権等の差押え …… 160
［26］　差押えの解除 …… 168

**第６章　交付要求・参加差押え …… 172**

［27］　交付要求 …… 172
［28］　参加差押え …… 176

**第７章　滞納処分―財産の換価 …… 181**

［29］　財産の換価 …… 181
［30］　公　売 …… 191
［31］　随意契約による売却 …… 208
［32］　売却決定 …… 211
［33］　換価財産の取得 …… 214
［34］　換価代金等の配当 …… 224

**第８章　滞納処分に関する猶予及び停止等 …… 231**

［35］　換価の猶予 …… 231
［36］　滞納処分の停止 …… 250

**第９章　保全担保及び保全差押え …… 254**

［37］　保全担保 …… 254
［38］　保全差押え …… 257

**第10章　不服審査及び訴訟の特例** …… **260**

［39］ 不服申立ての概要 …… 260
［40］ 不服申立てと国税の徴収の関係 …… 269
［41］ 訴訟 …… 272

**第11章　罰則** …… **273**

［42］ 徴収法上の罰則規定 …… 273

## 第 2 編

## 滞納処分に関するその他通則的手続等

**第1章　送達** …… **278**

［43］ 書類の送達等 …… 278

**第2章　期間・期限等** …… **289**

［44］ 期間と期限 …… 289

**第3章　納税緩和制度** …… **300**

［45］ 納税の緩和、猶予及び担保 …… 300
［46］ 納税の猶予 …… 307
［47］ 納付委託 …… 313

**第4章　延滞税・利子税** …… **317**

［48］ 延滞税・利子税 …… 317

**第5章　納付義務の承継** …… **331**

［49］ 納付義務の承継 …… 331

**第6章　徴収権の消滅時効** …… **337**

［50］ 徴収権の消滅時効 …… 337

［51］ 時効の完成猶予及び更新 …… 340

**第7章 債権者代位権・詐害行為取消権 …… 346**

［52］ 債権者代位権・詐害行為取消権 …… 346

索引 …… 349

# 第1編

# 国税徴収法における滞納処分

# 第１章　総　　則

## ［１］ 国税徴収法の目的等

国税徴収法は、どのような目的、特色を有していますか。

国税徴収法は、納期限を過ぎて滞納となった国税を徴収するため滞納処分及びその他の手続について必要な事項を定め、私法秩序との調整を図りつつ、国民の納税義務の適正な実現を通じて国税収入を確保することを目的としています。

また、その特色としては、①国税債権の確保、②私法秩序の尊重、及び③納税者の保護があります。

**解説**

### １　国税徴収法の目的・特色等

#### ⑴　国税徴収法の目的等

徴収法第１条では、「この法律は、国税の滞納処分その他の徴収に関する手続の執行について必要な事項を定め、私法秩序との調整を図りつつ、国民の納税義務の適正な実現を通じて国税収入を確保することを目的とする。」として、徴収法の目的を規定しています。

また、徴収法の各条文の規定、構成内容は次のようになっています。

徴収法の各条の構成等

| 章 | 条 | 章 | 節 |
|---|---|---|---|
| 第１章 | 第１ ～ ７条 | 総則 | ―――― |
| 第２章 | 第８ ～26条 | 国税と他の債権との調整 | 一般的優先の原則<br>国税と地方税の調整<br>国税と被担保債権との調整<br>国税と仮登記又は譲渡担保に係る債権との調整<br>国税及び地方税等と私債権との競合の調整 |

| 第3章 | 第27～41条 | 第二次納税義務 | ―――― |
| --- | --- | --- | --- |
| 第4章 | | 削除 | ―――― |
| 第5章 | 第47~147条 | 滞納処分 | 財産の差押え<br>交付要求<br>財産の換価<br>換価代金等の配当<br>滞納処分費<br>雑則（滞納処分の効力、財産の調査） |
| 第6章 | 第148~160条 | 滞納処分に関する猶予及び停止等 | 換価の猶予<br>滞納処分の停止<br>保全担保及び保全差押え |
| 第7章 | | 削除 | ―――― |
| 第8章 | 第166～173条 | 不服審査及び訴訟の特例 | ―――― |
| 第9章 | 第174～186条 | 雑則 | ―――― |
| 第10章 | 第187～189条 | 罰則 | ―――― |
| 附則 | ―――― | | |

### (2)　国税徴収法の特色

徴収法の特色　…　**①国税債権の確保**
**②私法秩序の尊重**
**③納税者の保護**

**①国税債権の確保**　…　**国税の優先権**
**自力執行権**

国税の適正な徴収は、国の財源の確保という本来の目的のみならず、国税の公平な負担の観点からも極めて重要です。そのため、徴収法では、国税債権を確保するための措置として国に対し、実体的な面で「**国税の優先権**」、手続的な面で「**自力執行権**」を認めています。

(注)　このほか、国税債権の確保のために、納税義務の拡張、徴収強化の措置の規定も設けています。

納税義務の拡張…担保権付財産が譲渡された場合の国税の徴収
譲渡担保権者の物的納税責任
第二次納税義務

徴収強化の措置…保全担保及び保全差押え

国税の優先権

国税は、納税者の総財産について、原則として「すべての公課及びその他の債権に先だって徴収する」こととされています（徴８）。

自力執行権

自力執行権とは、自己の債権が履行されなかった場合に、その債権者自らが、強制手段によって履行があったのと同一の結果を実現させる権限をいいます。

国税が滞納となった場合には、税務官庁の徴収職員が執行する滞納処分の手続によって、金銭債権としての国税債権の履行を強制的に実現します。

このように、徴収職員に自力執行権が付与されるのは、国税債権には、国税の重要性及び特殊性に加えて、国税の徴収が大量性、反復性を有していることから、その徴収のために煩雑な手段を要求することが困難であるためです。

②私法秩序の尊重 … 国税の優先権の制限
第三者の権利の保護

国税に与えられた優先権や自力執行権は、滞納者の財産を換価する点において、私法関係に影響を与えます。そのため、これらの権限を無制限に認めると、一般の経済取引に支障が生じるおそれがあります。そこで、国税債権の確保と私法秩序の尊重との調整を図るため、実体面においては「国税の優先権を制限」し、手続面においては滞納処分に当たっての「第三者の権利の保護」を図る措置が採られています。

③納税者の保護 … 納税の緩和制度
超過差押え及び無益な差押えの禁止
差押禁止財産

国税がその納期限までに完納されない場合は、強制的な徴収手続である滞納処分を行うこととなりますが、この場合においても、債務者である納税者について、通常の生活や事業活動を行っていくために必要な最低限の保護を要します。そこで、「納税の緩和制度」、「超過差押え及び無益な差押えの禁止」、「差押禁止財産」などの規定が設けられ、納税者の保護が図られています。

**納税の緩和制度**

国税がその納期限までに完納されない場合には、督促状が送付されていることを前提として、滞納処分により国税を徴収します。しかし、国税の性質や納税者の個別事情により、滞納処分で徴収することが適当でない場合には、一定の要件に該当すれば、国税の納付又は徴収を緩和して納税者の保護を図る措置が採られています。これを**納税の緩和制度**といいます。

**その他納税者の権利保護**

滞納処分に当たって、納税者の権利保護のために次のような規定が設けられています。

超過差押え及び無益な差押えの禁止（徴48）
差押禁止財産（徴75 ～ 78）
差押財産の使用又は収益（徴61①等）
差押換えの請求（徴79②二）
担保を提供した場合の差押えの制限（徴159④等）
換価の制限（徴32④、90等）

㈲　以上のほか、行政庁の判断の慎重と合理性を担保してその恣意を抑制するとともに、処分の理由を名宛人に知らせて不服申立ての便宜を与える観点から、国税に関する法令の規定による処分についても、行政手続法第８条《理由の提示》及び第14条《不利益処分の理由の提示》の規定が適用され、申請拒否処分及び不利益処分を行う場合には、処分の理由を示さなければならないことに留意する必要があります。

## 2　国税の徴収手続

徴収法は、国税の徴収に関する手続の執行について定めた法律ですが、国税の徴収に関する一連の主な手続としては、次のようになります。

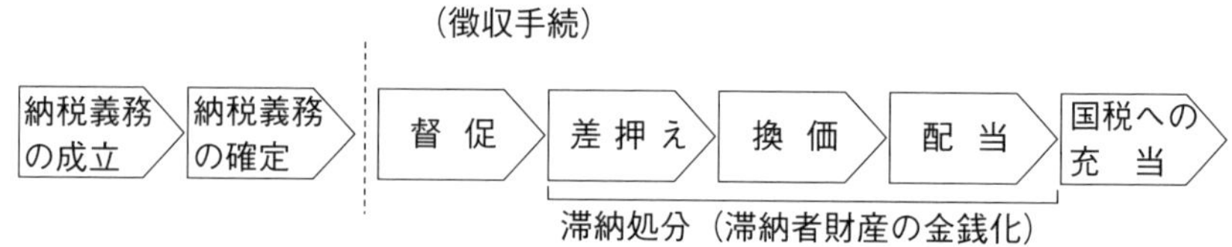


☞　滞納整理事務の手順（督促～配当等）92頁参照

### ⑴　納税義務の成立

所得税法、法人税法、相続税法、消費税法などの国税に関する法律に従って、課税の要件が備わったときに、国税の納税義務が成立します（通15②）。

### ⑵　納税義務の確定

納税義務が成立した国税については、申告、更正、決定などの一定の手続によって、納付すべき税額が確定します（通16）。なお、成立と同時に特別の手続を要しないで確定する国税（源泉徴収や印紙納付する国税など）もあります（通15③）。

### ⑶　督促

納期限までに納付されない国税は、いわゆる滞納国税として、督促状による「督促」がなされます（通37）。督促は、その本質は納税の催告ですが、法律によって差押えの前提要件とされる効果が付与されています（徴47①）。

### ⑷　差押え

差押えは、納税者の財産を換価するための前提手続として、その財産の処分を禁止するために行われるものです。原則として、督促後一定の期間を経過した後に、執行されることになります（徴47）。

### ⑸　換価

差し押さえた財産は、換価して強制的に金銭化します。この換価には、財産の売却と債権の取立てとがあり、財産の売却は、さらに公売と随意契約による売却、国による買入れとに分かれます（徴57、67、89、94、109等）。

### (6) 配当

差押財産の売却代金若しくは差押債権等の取立金又は交付要求若しくは参加差押えにより交付を受けた金銭は、差押国税その他一定の債権に配当します。なお、残余金がある場合には、一般の私債権者には配当はせず、滞納者に交付します（徴129）。

**税金など滞納処分ができる債権で、強制執行を申し立てることができるか**

税金や貸金といった「金銭の支払い」を目的にした債権（金銭債権）を強制的に回収する方法は、公的債権は国税徴収法に基づく滞納処分により、私的債権は民事執行法に基づく強制執行により行います。目的や行うことは同じですが、それぞれの債権の強制的な回収は、それぞれに用意された手続で行うことが求められます。ですから滞納処分は、公的債権の回収だけが目的で、抵当権等を除いた一般の私債権には配当をしません（徴129③）。その逆に、滞納処分ができる債権では強制執行を申し立てることはできません（昭41.2.23最高判参照）。

## ［２］　徴収の執行機関と滞納者等

国税徴収法における執行機関には、どのようなものがありますか。また、滞納者と納税者はどのように異なりますか。

執行機関には、滞納処分を執行する行政機関その他の者、裁判所、執行官及び破産管財人があります。

国税の徴収においては、原則として処分を行う際における納税地を所轄する税務署長が行いますが、必要に応じ、その税務署長を所轄する国税局長又は他の税務署長が行うこともできます（これを「徴収の引継ぎ」といいます。）。

また、滞納者とは、納税者でその納付すべき国税をその納付の期限までに納付しない者をいいます。

**解説**

### １　国税の執行機関

#### ⑴　国税の徴収の所轄庁

国税の滞納処分を含めた徴収は、通則法で定められている国税を徴収する機関が行い、原則として、滞納処分を行う際における納税地（現在の納税地）を所轄している税務署長が行います（通43①）。

#### ア　納税地の異動

所得税、法人税、贈与税又は課税資産の譲渡等に係る消費税について、申告などで納付すべき税額が確定した後に、転居又は本店の移転などにより納税地が異動した場合には、その滞納国税の現在の納税地（異動後の納税地）を所轄する税務署長が、徴収の所轄庁となります。

㈱　差押えなどの滞納処分が行われた後に、転居等で納税地が異動した場合には、新たな納税地の税務署長が徴収の所轄庁となって、その後の公売等の滞納処分を行います。

#### イ　国税局への引継ぎ

滞納額が多額等で処理が難しく必要があると認めるときは、国税局長

(国税局特別整理部門) はその滞納事案について徴収の引継ぎを受けて、直接に滞納処分を行うことができます (通43③)。

ウ　他の税務署長への引継ぎ

相続税については、被相続人の死亡時の住所地が納税地となりますので (相附則3)、納税地が異動することはなく、また、相続人の住所が遠隔地であっても納税地は固定されます。そのような場合には、相続人の住所を所轄する税務署長に徴収の引継ぎをすることができます (通43④)。

### (2) 滞納処分の執行機関

ア　徴収職員

滞納処分を執行できる者は、国税の徴収の所轄庁である税務署長、国税局長又は税関長とされています (通40、45) が、税務署長、国税局長又は税関長は、その税務署、国税局又は税関に属する徴収職員に滞納処分を執行させることができます (徴182①、183①)。

ここにいう徴収職員とは、税務署長その他国税の徴収に関する事務に従事する職員をいい (徴2十一)、税務署、国税局又は税関に所属する徴収職員が差押えなどの滞納処分を執行します (徴47以下、徴基通47－4参照)。

なお、税務署、国税局又は税関に所属する徴収職員は、滞納処分の執行上は税務署長、国税局長又は税関長の補助機関ではなく、独立した執行機関とされています。

イ　滞納処分の引継ぎ

差押財産が自らの管轄地にないときは、徴収を所轄する税務署長はその財産がある税務署長に、差押えや公売などの滞納処分を引き継ぐことができます (徴182②)。また、国税局長は公売について、滞納処分の引継ぎを受けることができます (徴182③)。

強制換価手続における執行機関等

| 手続の区分 | 執行機関等 |
|---|---|
| 滞納処分 | 執行する国の行政機関、地方公共団体その他の者 |
| 強制執行又は担保権の実行手続としての競売 | 執行裁判所及び執行官 |
| 企業担保権の実行手続 | 裁判所 |
| 少額訴訟債権執行 | 裁判所書記官 |
| 破産手続 | 破産管財人 |

㈲　滞納処分を行うその他の者とは、法律により滞納処分の例により徴収するとされた行政機関以外の機関（日本年金機構、都市再生機構）などです。

### ⑶　滞納処分に関する権限

国税債権の確保のために、徴収職員にはいろいろな権限が付与されています。最も強力なのは、差押え・換価という滞納処分の権限（自力執行権）、それ以外にも滞納処分のために、質問及び検査（徴141）、財産の捜索（徴142）、捜索・差押え等をする場所への出入り禁止の措置（徴145）の権限が付与されています。

このほか、公売実施の適正化のために公売参加の制限等（徴108）や差押財産の使用・収益の許可及び制限（徴61、69等）をすることができます。

## 2　納税者と滞納者

### ⑴　納税者

納税者とは、国税に関する法律の規定により国税を納める義務がある者及び源泉徴収等による国税を徴収して国に納付しなければならない者をいいます（徴２六）。

徴収法上の納税者は、次に掲げるように区分することができます。

| | | |
|---|---|---|
| 納税者 | 納税義務者 | 所得税、法人税、相続税法など各税法に定めるところにより国税を納付する義務がある者（所５、法４、相１等）<br>㈱　次に掲げる者についても、その国税の徴収のために必要な範囲において納税者として取り扱います（徴基通２－10）。<br>①保全差押えを受ける者（徴159）<br>②繰上保全差押えを受ける者（通38③） |
| | 源泉徴収義務者 | 給与所得者などの源泉徴収を受ける者から国税を徴収して国に納付する義務がある者（所181等、徴２六、通２二等） |
| | 第二次納税義務者 | 第二次納税義務の規定（徴33～39、41）により納税者の国税を納付する義務を負う者（徴２七） |
| | 保証人 | 納税者の国税の納付について保証した者（徴２八、徴基通２－12）<br>㈱　担保の処分の規定（通52①）により処分を受ける担保財産の所有者である物上保証人（ただし、その国税の徴収のため必要な範囲に限ります。）も含みます（徴基通２－10⑽）。 |
| | 連帯納税義務者 | 国税について連帯納付の義務を負う者（通９、９の２、登３等） |
| | | 納税者の国税について連帯して納付責任を負う者（相34、通９の３、法81の28等） |
| | 納税義務の承継者 | ・相続、包括遺贈又は合併等により国税の納税義務を承継した者（通５～７）<br>・受託者の変更等により信託に係る国税について納税義務を承継した者（通７の２）<br>・更生手続中の会社の国税を承継することとなった新会社（更232①） |

### ⑵　滞納者

滞納者とは、納税者でその納付すべき国税をその納付の期限までに納付しないものをいいます（徴２九）。

滞納処分に関する規定の運用上滞納者とみなされる者

・第二次納税義務者（徴32）

・保証人で納付通知に係る期限までにその国税を完納しない者（徴47③参照）

・譲渡担保権者（徴49かっこ書参照）

 各税の納付の期限

| 国　税 | 納付の期限 |
|---|---|
| 申告により納付する期限 | 各税法に定める申告書の提出期限又は納付の期限 |
| 予定納税に係る期限 | ７月31日及び11月30日 |
| みなす中間申告に係る法人税及び消費税 | 法人税法第71条又は消費税法第42条の申告書の提出期限 |
| 更正又は決定に係る国税 | 更正通知書又は決定通知書が発せられた日の翌日から起算して１月を経過する日 |
| 納税告知書又は納付通知書により納付する国税 | これらにより指定された日（原則として納税告知書又は納付通知書が発せられた日の翌日から起算して１月を経過する日） |
| 延納に係る所得税、相続税及び贈与税 | 所得税法第131条・第132条、相続税法第38条又は租税特別措置法第70条の４・第70条の６の規定により延期された期限 |
| 納期限の延長がされた国税 | 通則法第11条又は酒税法第30条の６等の規定により延長された期限 |

 法定納期限、納期限、法定納期限等

| | |
|---|---|
| 法定納期限 | 国税に関する法律に定められている本来の納付すべき期限（徴２十） |
| 納　期　限 | 納付すべき税額の確定した国税を納付すべき具体的な期限 |
| 法定納期限等 | 国税と質権等の被担保債権との優先順位を定める基準となる時 |

# 第２章　国税、地方税その他の債権との関係

## ［3］　一般的優先の原則

国税は、すべての公課その他の債権に優先すると聞きましたが、その具体的な内容は、どのようなものですか。

国税は、納税者の総財産について、徴収法第２章《国税と他の債権との調整》に別段の定めがある場合を除き、すべての公課その他の債権に先だって徴収します。

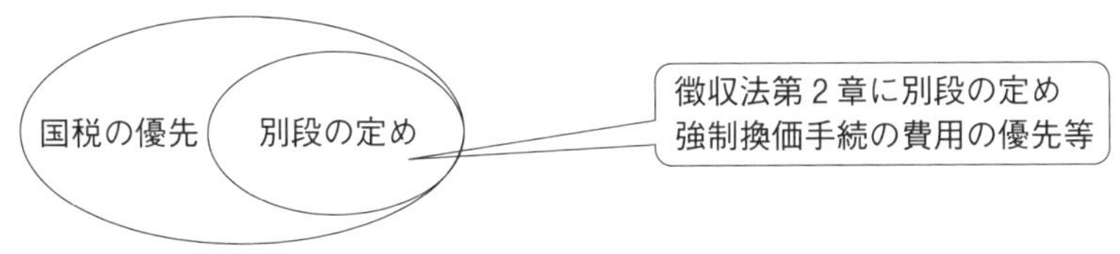


**解説**

### 1　国税優先の原則

国税は、納税者の財産につき強制換価手続による換価に当たり、徴収法第２章《国税と他の債権との調整》に別段の定めがある場合を除き、すべての公課その他の債権に先だって徴収します（徴８）。

このように優先権が認められるのは、国税が国家財政収入の大部分を占め国家活動の基盤をなすことから、その収入を確保しなければならないという、租税の公益性に基づくものと解されています。

㈲「先だって徴収」するとは、納税者の財産が強制換価手続により換価された場合に、その換価代金から国税を優先して徴収することをいいます（徴基通８－４）。

➢ 公課（年金保険料などの国税（地方税）滞納処分の例により徴収する債権）は、国税及び地方税に次いで徴収します（厚生年金保険法88等）。

## 2　国税の優先の例外―別段の定め

上記１の国税優先の原則の例外として、次に掲げるような「別段の定め」があります。

| ① 強制換価手続の費用の優先等（徴９ ～ 11） |
|---|
| ② 法定納期限等以前に設定された質権の優先等（徴15 ～ 21） |
| ③ 法定納期限等以前にされた仮登記により担保される債権の優先等（徴23） |
| ④ 国税及び地方税等と私債権との競合の調整（徴26） |

### (1)　強制換価手続の費用の優先

納税者の財産につき強制換価手続が行われた場合において、税務署長がその執行機関に対して国税の交付要求をしたときは、その国税は、その手続により配当すべき金銭（「換価代金」）につき、その強制換価手続に係る費用に次いで徴収します（徴９）。

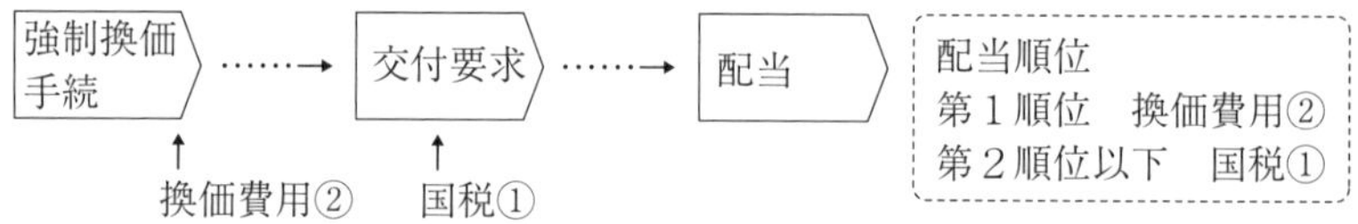


| 強制換価手続（徴２十二） | 強制換価手続に係る費用（徴基通９－３） |
|---|---|
| 滞納処分 | 滞納処分費（徴136）又はこれに準ずる費用 |
| 強制執行 | 強制執行の準備費用、強制執行の実施費用 |
| 担保権の実行としての競売 | 「強制執行」に準ずる費用 |
| 企業担保権の実行手続 | 「強制執行」に準ずる費用 |
| 破産手続 | 裁判上の費用、破産財団の管理、換価及び配当に関する費用等 |

### (2)　直接の滞納処分費の優先

納税者の財産を国税の滞納処分により換価した場合において、その滞納処分に係る滞納処分費は、その換価代金につき、他の国税、地方税その他の債権に先立って徴収します（徴10）。

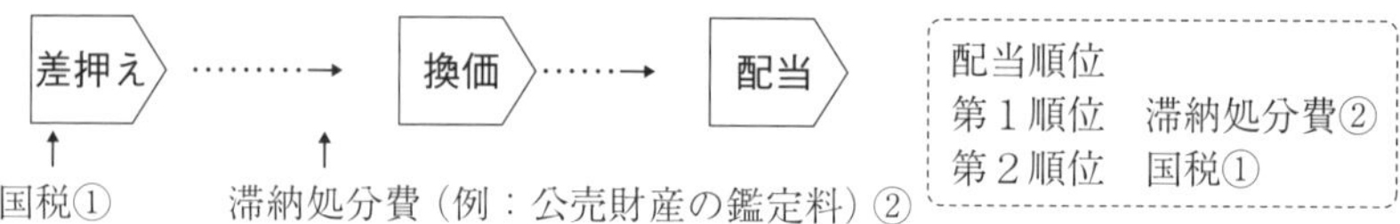

＊滞納処分費（徴136）

国税の滞納処分による財産の差押え、交付要求、差押財産等の保管、運搬、換価、修理等の処分（徴93）、差し押えた有価証券、債権及び無体財産権等の取立て並びに配当を行う際に要する費用（通知書その他の書類の送達に要する費用を除きます。）

### (3) 強制換価の場合の消費税等の優先

消費税等（課税資産の譲渡等に係る消費税を除きます。）が課される物品が強制換価された場合には、これを課税原因とする消費税等が発生します。これらの消費税等は、換価代金の一部を構成していることから、配当においては、他の国税、地方税及びその他の債権に優先して徴収します（徴11）。

＊強制換価の場合の消費税等とは、平成元年度に導入した「消費税」を除く、酒税、たばこ税、揮発油税、地方揮発油税、石油ガス税及び石油石炭税をいいます（通39、徴２三参照）。

**租税の優先権が働く場合とは**

滞納税金の納付よりも金融機関への返済や取引先への支払いを優先する滞納者に対して、税金には優先権があるので納税を先にする義務がある、といった主張が徴税側からされることがあります。徴収法８条を見ると、「納税者の総財産について・・・（国税は）先立って徴収する」ですから、そうした主張になると思います。しかし、現在の通説的な考え方では（吉国二郎ほか「国税徴収法精解　令和３年版」139頁）、税の優先権は滞納処分または強制執行で換価代金を配当する際の分配基準としてのみ働くと考えられています（最高裁昭和27年５月６日判決）。したがって、先のような徴税側の主張は成り立ちません。

## ［4］ 国税と地方税との調整

**国税と地方税が競合した場合、国税と地方税との優先順位は、どのようになりますか。**

国税と地方税の優先順位は、原則として同順位です。国税と地方税が競合した場合におけるその調整は、私債権のような債権額による按分ではなく、滞納処分である差押え又は交付要求（参加差押えを含みます。）をどちらが先にしたかを基準にして、その優先順位を定めています。

国税と地方税との調整…
①差押先着手による国税の優先（徴12①）
②交付要求先着手による国税の優先（徴13）
③担保を徴した国税の優先（徴14）

**解説**

### 1　差押先着手による国税の優先

納税者の財産につき国税の滞納処分による差押えをした場合において、他の国税又は地方税の交付要求があったときは、その差押えに係る国税は、その換価代金につき、その交付要求に係る他の国税又は地方税に先だって徴収します（徴12①）。

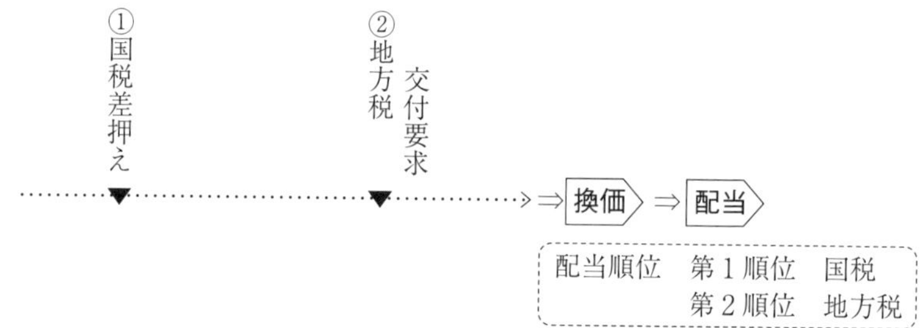


### 2　交付要求先着手による国税の優先

納税者の財産について強制換価手続（破産手続を除きます。破148①三等）が行われた場合において、国税及び地方税の交付要求があったときは、その換価代金につき、先にされた交付要求に係る国税は、後にされた交付要求に係る国税又は地方税に優先して徴収し、後にされた交付要求に係る国税は、先にされた交付要求に係る国税又は地方税に劣後して徴収します（徴13）。

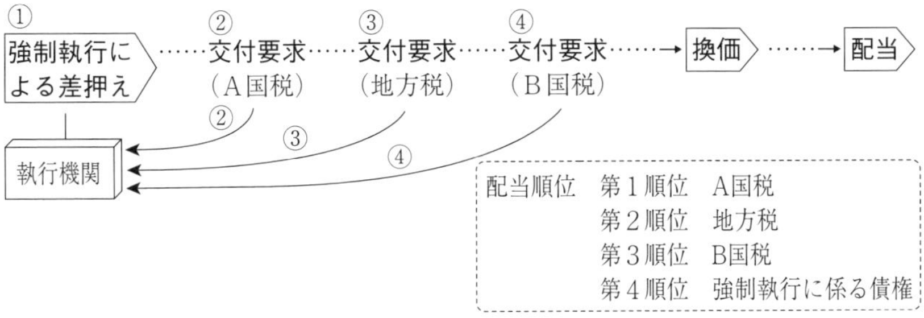


### 3　担保を徴した国税の優先

国税につき徴した担保財産があるときは、差押先着手による国税の優先（徴12）及び交付要求先着手による国税の優先（徴13）の規定にかかわらず、その国税は、その担保財産の換価代金につき他の国税及び地方税に優先して徴収します（徴14）。

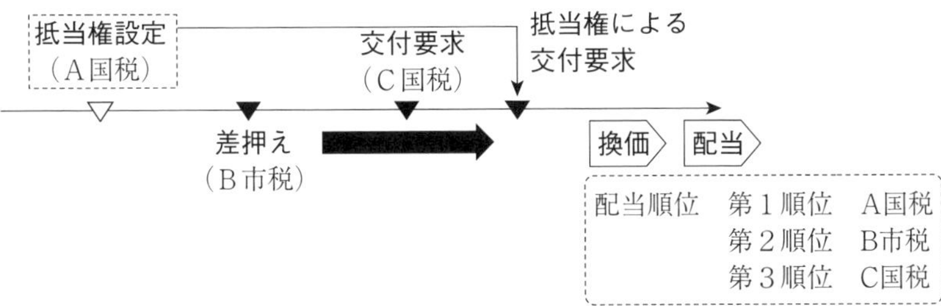


➢　担保を徴したことを差押えしたのと同視して（吉国二郎ほか「国税徴収法精解　令和３年版」166頁）、差押えに係る税債権（Ｂ市税）の法定納期限等が担保を徴した税債権（Ａ国税）の抵当権設定日より以前にあっても、徴収法第16条の適用はなく、Ａ国税が優先します。

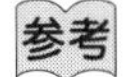

国税における主な担保提供の規定（徴基通14－１参照）

| | |
|---|---|
| 納税の猶予、納期限の延長等の場合 | ・通則法第46条第５項《納税の猶予の場合の担保の徴取》<br>・租税特別措置法第70条の４《農地等を贈与した場合の贈与税の納税猶予》<br>・通則法第52条第６項《納税の猶予等の保証人についての準用》<br>・徴収法第152条《換価の猶予に係る分割納付、通知等》<br>・酒税法第30条の６《納期限の延長》<br>・相続税法第38条第４項《相続税及び贈与税の延納の場合の担保の提供》 |

| 保全担保の提供命令の場合 | ・徴収法第158条第１項及び第４項《保全担保の提供命令》<br>・酒税法第31条第１項前段《保全担保の提供命令》 |
|---|---|
| 繰上保全差押え等の場合 | ・通則法第38条第４項《繰上保全差押えの場合の徴収法第159条第４項の準用》<br>・徴収法第159条第４項《保全差押えの場合の担保提供》 |
| その他の特殊な場合 | ・通則法第105条第３項及び第５項《不服申立てをした者の担保の提供》等 |

☞　第２編第３章［45］納税の緩和、猶予及び担保参照

担保財産（通50、徴基通14－２）

| 担保財産 | ①国債及び地方債<br>②社債その他の有価証券で税務署長等が確実と認めるもの<br>③土地<br>④建物、立木及び登記される船舶並びに登録を受けた飛行機、回転翼航空機及び自動車並びに登記を受けた建設機械で、保険に付したもの<br>⑤鉄道財団、工場財団、鉱業財団、軌道財団、運河財団、漁業財団、港湾運送事業財団、道路交通事業財団及び観光施設財団<br>⑥保全担保（徴158④）の規定により抵当権を設定したものとみなされた財産 |
|---|---|

㈱　国税の担保には、物的担保と人的担保（保証人）があります（通50）が、徴収法第14条の規定は、物的担保を徴した場合のみ適用されます。

**差押先着手が働く局面とは**

換価代金の配当順位については、同順位の税金どうし、あるいは公課どうしをどうするかは、差押先着手（徴12）及び交付要求先着手（徴13）により決めますが、裁判所の行う強制執行の配当でも差押先着手が働くのか、という問題があります。条文を見ると、交付要求先着手は「強制換価手続が行われた場合において・・・その換価代金につき」ですが、差押先着手の方は「滞納処分による差押をした場合において・・・その換価代金につき」としていて、滞納処分の場合にしか働かない規定です。また、差押先着手を認める理由は、先に滞納処分に着手して自ら債権の回収をしている側への特典ですから、自ら換価をしていない強制執行からの配当では、差押先着手は適用されないと考えます（滞調逐通21条関係８参照）。

## ［５］　国税と被担保債権との調整

納税者の財産上に質権や抵当権が設定されている場合、国税との関係において、その質権又は抵当権の優先関係はどのようになりますか。

納税者がその財産上に質権又は抵当権を設定している場合において、その質権又は抵当権が国税の法定納期限等以前に設定されているときは、その国税は、換価代金につき、その質権又は抵当権により担保される債権に次いで徴収します。

**国税と被担保債権との調整**

①法定納期限等以前に設定された質権又は抵当権の優先（徴15、16）
②譲受け前に設定された質権又は抵当権の優先（徴17）
③質権又は抵当権付財産が譲渡された場合の国税の徴収（徴22）
④不動産保存の先取特権等の優先（徴19）
⑤法定納期限等以前又は譲受け前に成立した不動産賃貸の先取特権等の優先（徴20）
⑥留置権の優先（徴21）

**解説**

### 1　法定納期限等以前に設定された質権又は抵当権の優先

納税者がその財産上に質権又は抵当権を設定している場合において、その質権又は抵当権が国税の法定納期限等以前に設定されているときは、その国税は、換価代金につき、その質権又は抵当権により担保される債権に次いで徴収します（徴15①、16）。

なお、登記・登録のできない質権については、その質権者が強制換価手続において、その執行機関に対して質権設定の事実を証明した場合に限り、その質権が国税に優先します（徴15②）。

㈟　質権とは、民法第342条に規定する質権（根質権を含みます。）をいい、動産質、不動産質及び権利質があります（徴基通15－15）。

➢　徴収法第16条は「抵当権を設定しているときは」なので「設定日」を基準にしているように見えますが、登記がないと抵当権の効力を対抗できないので、「登記日」により優先関係が決まります（徴基通16－９）。

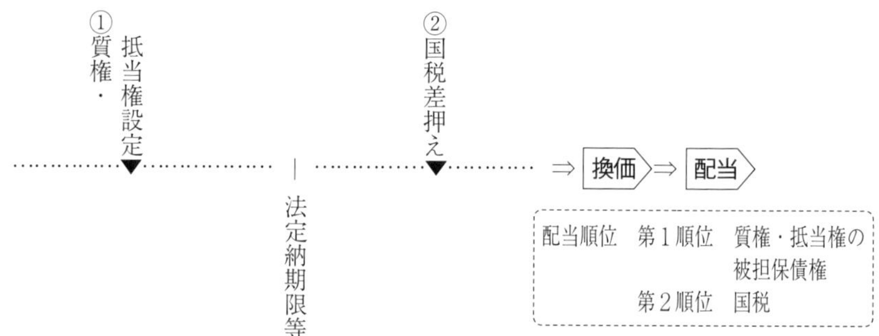


## 法定納期限等

法定納期限等とは、私法秩序を尊重する目的から、租税の優先権と担保権との調整を図るために設けられたものです。担保権は公示によって効力の優劣を決める原則があるので、租税の優先権もそれにならい、税債権の存在が第三者において確知し得る時をもって優劣の基準としています。

原則として、徴収法第２条第10号に規定された「法定納期限」が法定納期限等になりますが、例えば、次に掲げる国税については、それぞれに掲げる日が「法定納期限等」となります（徴15①）。

なお、附帯税及び滞納処分費と質権等の被担保債権との優先関係は、その徴収の基因となった国税の法定納期限等によって定まります（徴基通15－10）。

| 国　税　の　種　類 | 法定納期限等 |
|---|---|
| 法定納期限後にその納付すべき額が確定した国税 | ・更正通知書若しくは決定通知書又は納税告知書を発した日<br>・申告納税方式による国税で申告により確定したものについてはその申告があった日 |
| 法定納期限前に繰上請求がされた国税 | 繰上請求に係る期限 |
| 第２期分の所得税 | 第１期において納付すべき所得税の納期限 |
| 申告書の提出期限前の更正又は決定により納付すべき税額が確定した相続税又は贈与税 | 更正通知書又は決定通知書を発した日 |

| | |
|---|---|
| 源泉徴収による国税、自動車重量税、登録免許税 | 納税告知書を発した日（納税の告知を受けることなく法定納期限後に納付された国税については、その納付があった日） |
| ・譲渡担保権者の物的納税責任に係る国税<br>・保全差押えに係る国税<br>・繰上保全差押えに係る国税 | 告知書又は通知書を発した日 |
| ・相続人の固有の財産から徴収する被相続人の国税<br>・相続財産から徴収する相続人の固有の国税<br>(注)　いずれも相続があった日前にその納付すべき税額が確定した国税に限ります。 | 相続があった日 |
| ・合併により消滅した法人に属していた財産から徴収する合併後に存続する法人又は当該合併に係る他の被合併法人の固有の国税<br>・合併後に存続する法人の固有の財産から徴収する被合併法人の国税<br>(注)　いずれも合併のあった日前にその納付すべき税額が確定した国税に限ります。 | 合併があった日 |
| ・分割無効判決の確定により分割をした法人（分割法人）に属することとなった財産から徴収する分割法人の固有の国税<br>・分割法人の固有の財産から徴収する分割法人の通則法９条の２に規定する連帯納付義務に係る国税<br>(注)　いずれも判決確定日前に納付すべき税額が確定した国税に限ります。 | 判決が確定した日 |
| ・会社分割により営業を承継した法人（分割承継法人）の当該分割をした法人から承継した財産（承継財産）から徴収する分割承継法人の固有の国税<br>・分割承継法人の固有の財産から徴収する分割承継法人の通則法第９条の３に規定する連帯納付責任に係る国税<br>・分割承継法人の承継財産から徴収する分割承継法人の連帯納付責任に係る当該分割に係る他の分割をした法人の国税<br>(注)　いずれも分割のあった日前に納付すべき税額が確定した国税に限ります。 | 分割があった日 |
| ・第二次納税義務者として納付すべき国税<br>・保証人として納付すべき国税 | 納付通知書を発した日 |

☞　12頁　参考各税の納付の期限参照

法定納期限・納期限・法定納期限等

| 区　　　分 | 法定納期限<br>（徴２十、通２八） | 納　期　限<br>（通35，37） | 法定納期限等<br>（徴15） |
|---|---|---|---|
| 期限内申告 | 各税法に定める日 | 法定納期限 | 法定納期限 |
| 例：令和４年分申告所得税 | (5.3.15) | (5.3.15) | (5.3.15) |
| 期限後申告、修正申告 | 各税法に定める日 | 申告の日 | 申告の日 |
| 例：令和３年分申告所得税<br>令和４.8.5 修正申告 | (4.3.15) | (4.8.5) | (4.8.5) |
| 上記の過少申告加算税 | 基因となる国税の法定納期限 | 賦課決定通知書を発した日の翌日から起算して１月を経過する日 | 基因となる国税の法定納期限等 |
| 例：令和４.8.29　賦課決定通知書発送 | (4.3.15) | (4.9.29) | (4.8.5) |
| 更正・決定 | 各税法に定める日 | 各通知書を発した日の翌日から起算して１月を経過する日 | 各通知書を発した日 |
| 例：令和３年３月末決算の法人税<br>令和４.6.28 更正通知書発送 | (3.5.31) | (4.7.28) | (4.6.28) |
| 申告所得税　予定納税１期分 | 各税法に定める日 | 法定納期限 | 法定納期限 |
| 例：令和４年１期分 | (4.8.1) | (4.8.1) | (4.8.1) |
| 申告所得税　予定納税２期分 | 各税法に定める日 | 法定納期限 | １期分の納期限 |
| 例：令和４年２期分 | (4.11.30) | (4.11.30) | (4.7.31) |
| 納税の告知を受けた源泉所得税 | 各税法に定める日 | 納税告知書を発した日の翌日から起算して１月を経過する日 | 納税知書を発した日 |
| 例：令和４年２月分<br>令和４.5.23 納税告知書発送 | (4.3.10) | (4.6.23) | (4.5.23) |

### 2　譲受け前に設定された質権又は抵当権の優先

租税と担保権の優劣は、租税の法定納期限等と担保権が設定されたときの先後で決まります。しかし、担保権を設定した財産が譲渡されて、その譲受人の滞納に係る法定納期限等が担保権の設定よりも古ければ、担保権を設定したときには知らなかった滞納に負けてしまいます。そこで、納税者が質権又は抵当権の設定されている財産を譲り受けたときは、その換価代金につき、法定納期限等の先後に関係なくその国税は、質権又は抵当権により担保される債権に次いで徴収します（徴17①）。

なお、登記することができる質権以外の質権については、その質権者が、強制換価手続において、その執行機関に対して、納税者の譲受け前にその質権が設定されている事実を証明した場合に限り質権の優先を認めます（徴17②）。この場合の証明については、徴収法第15条第２項の登記・登録のできない質権の証明方法と同じです。

(注)「財産を譲り受けたとき」とは、納税者が質権又は抵当権の設定されている財産を売買、贈与、交換、現物出資、代物弁済等により第三者から取得したときをいい、相続又は法人の合併若しくは分割による承継の場合を含みません（徴基通17－１）。

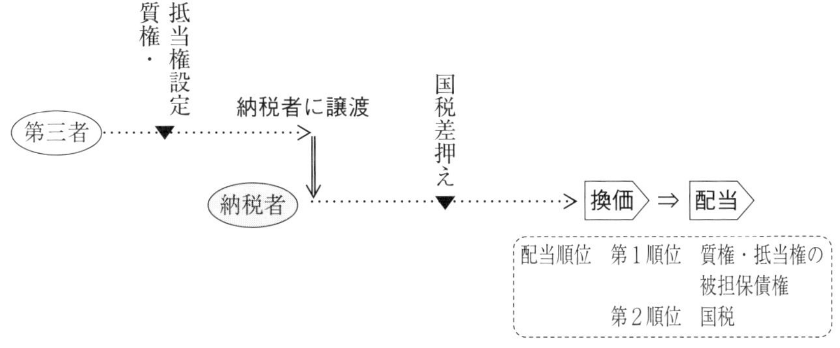


## 3　質権及び抵当権の優先額の限度

徴収法第15条、第16条及び第17条の規定に基づき国税に先だつ質権又は抵当権により担保される債権の元本の金額は、その質権者又は抵当権者がその国税に係る差押え又は交付要求の通知を受けたときにおける債権額を限度とします（徴18①）。

➢ 滞納者の財産に根抵当権（民398の２）が設定されていたときは、通知を受けた時の債権額でしか差押え又は交付要求をした国税に優先しません。したがって、強制換価手続による換価代金が配当される際には、極度額の範囲でより多額の被担保債権があったとしても、国税に優先するのは通知時の額に限られます。

## ［６］ 先取特権の優先

納税者の財産上に先取特権があるときは、国税は、その換価代金につき、その先取特権との関係において、どのようになりますか。

換価財産に登記された不動産保存や不動産工事の先取特権があるときは、国税は、その先取特権により担保される債権に次いで徴収します。また、不動産賃貸や登記された一般の先取特権があるときは、法定納期限等との先後により優劣が決まります。

**解説**

### １　不動産保存の先取特権等の優先

納税者の財産上に、次に掲げるような先取特権があるときは、国税は、その換価代金につき、その先取特権により担保される債権に次いで徴収することになります（徴19①）。

なお、不動産保存等の先取特権は、登記をしないと効力が生じません（民337、338）。

**不動産保存の先取特権等**

- 不動産保存の先取特権
- 不動産工事の先取特権
- 立木の先取特権に関する法律の先取特権
- 商法第802条の積荷等についての先取特権等
- 国税に優先する債権のため又は国税のために動産を保存した者の先取特権

㊟　上記に掲げる先取特権は、質権又は抵当権に優先する効力を有することから、その成立時期が法定納期限等後である場合又は差押え後である場合にも、常に国税に優先します（徴基通19－１）。

### ２　法定納期限等以前にある不動産賃貸の先取特権等の優先

納税者の財産上に国税の法定納期限等以前から、次に掲げる先取特権があるとき、又は納税者がその先取特権がある財産を譲り受けたときは、その国税は、抵当権や質権の場合と同じように、その換価代金につき、その先取特権により担保される債権に次いで徴収することになります（徴20）。

### 不動産賃貸の先取特権等

- 不動産賃貸等の先取特権その他質権と同一の順位がある動産の先取特権
- 不動産売買の先取特権
- 借地借家法第12条等に規定する先取特権
- 登記をした一般の先取特権

### 参考　常に国税に劣後する先取特権

上記１の「不動産保存の先取特権等」及び上記２の「法定納期限等以前にある不動産賃貸の先取特権等」のいずれにも該当しない先取特権は、特別の規定がある場合を除き、特別法上のものを含めて、その被担保債権は常に国税に劣後します。

## ［７］ 留置権の優先

納税者の財産上に留置権が設定されている場合、その留置権と国税との優先関係はどのようになりますか。

納税者の財産上に留置権がある場合において、その財産を滞納処分により換価したときは、この国税は、その換価代金につき、留置権により担保されていた債権に次いで徴収することになります。

（留置権の優先）

＞　国　税

**解説**

### １　留置権の優先

留置権とは、対象となる有体物を手元に留置することで債務の弁済を促す担保権です。そのため、留置権者が引渡しを拒めば強制執行の差押えはできませんが（民執124）、もし拒まなければ留置権は消滅し、強制執行の換価代金からの配当は受けられません。しかし、滞納処分では、留置権者が引渡しを拒んでも、引渡命令（徴58）を出した上での差押えができるので、留置権者に対して配当を行います（徴129①三）。その場合には、国税は、留置権により担保されていた債権に次いで徴収することになります（徴21①）。

また、この場合において、その債権は、質権、抵当権、先取特権又は法定納期限等以前に設定された仮登記により担保される債権に先立って配当されます（徴21①）。

留置権 ＞ 債権（法定納期限等以前に設定された質権、抵当権、先取特権又は仮登記により担保された債権）＞ 国　税

なお、留置権の優先は、その留置権者が滞納処分の手続において、その行政機関に対し、その留置権がある事実を証明した場合に限り適用されます（徴21②）。

(注)　証明手続は、売却決定の日の前日までに、留置権のある事実を証明する書面又はその事実を証明するに足りる事項を記載した書面を、税務署長に提出する

ことにより行います（徴令４①③）。

## 2　留置権の態様

留置権としては、次のようなものがあります。

| 民事留置権（民295①） | 他人の物の占有者が、その物に関して生じた債権を有する場合において、その債権の弁済を受けるまで、その物を留置することができる権利 |
|---|---|
| 代理商の留置権（商31、会社20） | 当事者が別段の意思表示をしていない限り、代理商が取引の代理又は媒介をしたことによって生じた債権が弁済期にあるときは、その弁済を受けるまで、商人のために占有する物又は有価証券を留置できる権利 |
| 商人間の留置権（商521） | 当事者が別段の意思表示をしていない限り、商人間においてその双方のために商行為である行為によって生じた債権が弁済期にあるときに、債権者がその債権の弁済を受けるまで、債務者との間の商行為によって自己の占有に属した債務者の所有する物又は有価証券を留置することができる権利 |
| 運送取扱人の留置権（商562） | 運送取扱人が、運送品に関して受けるべき報酬・運送賃その他運送人のためにした立替え又は前貸しについて、その債権の弁済を受けるまで、その運送品を留置することができる権利 |
| 運送人の留置権（商574） | 運送人が、運送品に関して受けるべき報酬・運送賃その他運送人のためにした立替え又は前貸しについて、その債権の弁済を受けるまで、その運送品を留置することができる権利 |

㈵　上記のほか、問屋の留置権（商557）、船舶所有者の留置権（商756）などがあります。

## ［８］ 質権又は抵当権付財産が譲渡された場合の国税の徴収

抵当権が設定されている財産を譲り受けましたが、前所有者が滞納しているときには、譲渡した当該財産にも追求される場合があると聞きましたが、それはどのような場合ですか。

納税者が、国税の法定納期限後に登記した抵当権を設定した財産を譲渡したときは、その納税者の財産につき滞納処分を執行してもなおその国税に不足すると認めるときに限り、その国税は、その抵当権者がその財産の強制換価手続において、配当を受けるべき金額のうちから徴収することができます。

この国税の徴収は、質権付財産が譲渡された場合においても同じです。

**解説**

納税者が、国税の法定納期限等後に登記した質権又は抵当権を設定した財産を譲渡した場合、その納税者の国税は、その担保権に優先していたにも関わらず、財産の所有権が譲受人に移転したことにより、その財産から徴収することができなくなります。一方、抵当権者などの担保権者は、本来、譲渡がなければ、国税に劣後して配当が受けられなかった金額についても、その財産から配当を受けることができる場合があります。

そこで、納税者が、国税の法定納期限等後に登記した質権又は抵当権を設定した財産を譲渡したときは、その納税者の財産につき滞納処分を執行してもなおその国税に不足すると認めるときに限り、その国税は、その質権者又は抵当権者がその財産の強制換価手続において、配当を受けるべき金額のうちから徴収することができます（徴22①）。

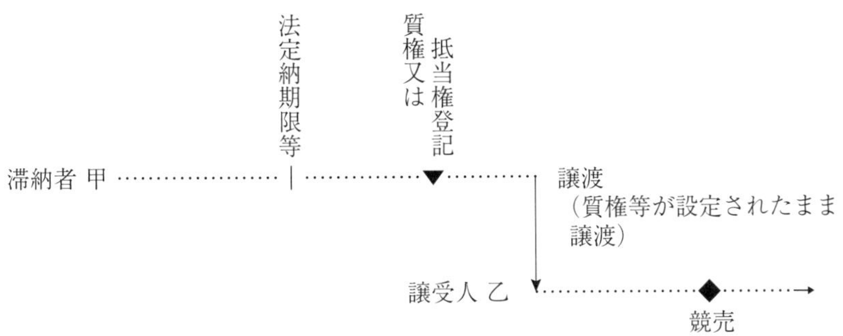


## 1　徴収の要件

担保権付財産が譲渡された場合において、設定者の国税を徴収することのできる要件は、次のとおりです。

**要件**

| |
|---|
| ①　納税者の財産であった当時において、納税者の滞納国税の法定納期限等の後に登記した質権又は抵当権が設定されていること |
| ②　納税者が質権又は抵当権付財産を譲渡したこと |
| ③　その財産の譲渡時において、納税者が他の国税に充てるべき十分な財産がない場合で、しかも質権者又は抵当権者に対する徴収通知書（徴22④）を発する時において、納税者の財産について滞納処分を執行しても納税者の財産がその国税を徴収するのに十分ではない場合 |
| ④　強制換価手続において質権又は抵当権について配当を受けるべき金額があること |

➢「譲渡したとき」とは、納税者が質権又は抵当権の設定されている財産を売買、贈与、交換、現物出資、代物弁済等により第三者から取得したときのほか、分社型による法人の分割による財産の移転が含まれ、相続又は法人の合併による承継若しくは分割型分割による連帯納付責任の場合を除きます（徴基通22－３）。

## 2　徴収可能金額

滞納国税について徴収できる金額は、次のⒶに掲げる金額からⒷに掲げる金額を控除した額と、滞納国税の金額のうち、いずれか少ない金額となります（徴22②、徴基通22－８）。

Ⓐ　徴収法第22条第１項の質権又は抵当権の被担保債権が、譲渡に係る財産の換価代金から配当を受けることができる金額（以下「**配当金額**」といいます。）

Ⓑ　譲渡に係る財産を納税者の財産とみなして、その財産の換価代金につき納税者の国税の交付要求があったものとした場合において、徴収法第22条第１項の質権又は抵当権の被担保債権が配当を受けることができる金額（以下「**仮定配当金額**」といいます。）

**〔設例〕抵当権が１つの場合**

納税者（譲渡人）の国税（法定納期限等　令和４.３.15）・・・800万円
抵当権甲の被担保債権（設定登記　令和４.４.11）・・・・・・600万円
換価代金・・・・・・・・・・・・・・・・・・・・・・・・1,000万円

1　上記本文Ⓐに規定する配当金額と本文Ⓑに規定する仮定配当金額は、次のとおりです。
○　**配当金額**・・・・・・・・・・・・・・・・・・・・・・・　600万円
○　**仮定配当金額**（換価代金1,000万円－国税800万円）・・・　200万円
2　徴収額の限度は、滞納国税800万円と配当金額600万円から仮定配当金額200万円を控除した金額400万円のうち、少ない額であるから、400万円となります。
3　したがって、国税は、抵当権者が配当を受けることができる金額600万円のうちから、400万円を徴収することができ、徴収法第22条の規定による配当は、次のとおりです。
○　**納税者（譲渡人）の国税・・・400万円**
○　**抵当権甲の被担保債権・・・・200万円**
○　**差押え時の所有者・・・・・・400万円**

## 3　徴収手続

質権者又は抵当権者に対する通知 → 質権又は抵当権の代位実行 → 交付要求による徴収

### (1)　質権者又は抵当権者に対する通知

税務署長は、譲渡された質権又は抵当権付財産から、譲渡人の国税を徴収しようとするときは、その旨を質権者又は抵当権者に通知しなければなりません（徴22④）。

### (2)　質権又は抵当権の代位実行

税務署長は、譲渡された質権又は抵当権付財産から譲渡人の国税を徴収しようとするため、質権者又は抵当権者に代位して、その質権又は抵当権を実行することができます（徴22③）。

(注)1　上記の規定により代位実行ができるのは、徴収法第22条第1項の質権又は抵当権についてその実行をすることができる要件を充足した場合に限られます（徴基通22－12）。

2　徴収法基本通達第22条関係13《質権又は抵当権の実行の要件》及び同14《質権又は抵当権の実行の要件の特例》参照。

### (3)　交付要求による徴収

税務署長は、譲渡された抵当権付財産につき強制換価手続が行われた場合には、執行機関に対し、交付要求をすることができます（徴22⑤。なお、徴基通22－25参照）。

(注)　交付要求は、裁判所書記官が定めた配当要求の終期までにしなければなりません（徴基通22－22）。

## ［９］　国税と仮登記に係る債権との調整

国税の滞納処分と担保のための仮登記とが競合した場合、その優先関係はどのようになりますか。

仮登記担保法第１条《趣旨》に規定する仮登記担保契約に基づく仮登記又は仮登録（以下「担保のための仮登記」といいます。）が滞納処分と競合した場合の調整、配当、消滅等について、強制換価等の手続と同様に担保のための仮登記を抵当権に準じて取り扱うこととし、国税の法定納期限等と仮登記の時との先後により、優先劣後を判定することとなります。

**解説**

### 1　法定納期限以前に担保のための仮登記によって担保される債権の優先

国税の法定納期限等以前に納税者の財産について、その者を登記義務者として担保のための仮登記がされているときは、その国税は、その換価代金につき、その担保のための仮登記により担保される債権に次いで徴収されます（徴23①）。

**仮登記担保契約**

仮登記担保契約とは、金銭債務を保全するため、その不履行があるときは、債権者に債務者又は第三者に属する所有権その他の権利を移転等をすることを目的としてされた代物弁済の予約、停止条件付代物弁済契約その他の契約で、その契約による権利について仮登記又は仮登録のできるものをいいます（仮登１、徴基通23－１）。

**仮登記担保契約の要件**

①それが金銭債務の担保を目的とするものであること
②債務者の債務不履行があるときに、所有権その他の権利（地上権、賃借権など）を債権者に移転することを内容とする契約であること
③この契約による権利は、仮登記又は仮登録をすることができるものであること

これらの要件を欠く仮登記担保契約も有効ですが、仮登記担保法の適用はありません。

**仮登記**

仮登記とは、本登記をすべき形式的又は実質的要件を完備していない場合に、将来なされるべき本登記の順位を保全するためになされる登記をいいます。次の2つの場合があります（不登105参照）。

**1号仮登記（物権保全の仮登記）**

登記の申請に必要な手続上の条件が具備しない場合

**2号仮登記（請求権保全の仮登記）**

所有権等の権利の設定、移転、変更又は消滅の請求権（始期付き又は停止条件付きのもの、その他将来確定することが見込まれるものを含みます。）を保全する場合

＊仮登記担保は、将来の権利移転によって債権回収を確実にしようとするものであり、所有権移転請求権保全のための仮登記、つまり「2号仮登記」を利用するものです。

## 2　譲受け前にされた担保のための仮登記によって担保される債権の優先

納税者が担保のための仮登記がされている財産を譲り受けた場合には、その国税は、その換価代金から、その担保のための仮登記によって担保される債権に次いで徴収します（徴23③、17①）。

つまり、納税者が担保のための仮登記がされている財産を譲り受けたときは、いかに古い国税を滞納していても、その担保のための仮登記によって担保される債権は、国税に優先します。

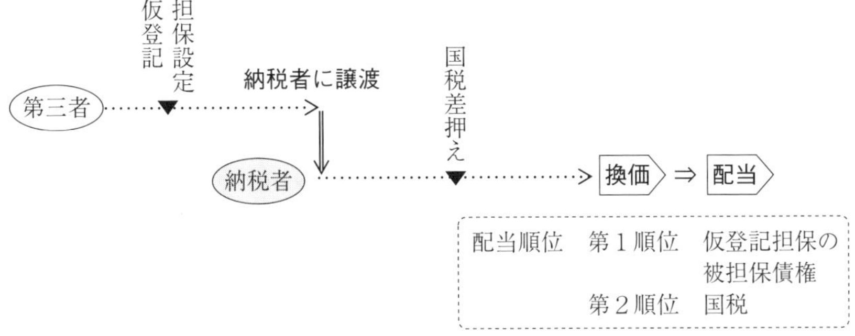

### 3　担保のための仮登記がされた財産が譲渡された場合の徴収

納税者が他に国税に充てるべき十分な財産がない場合において、その者がその国税の法定納期限等後に担保のための仮登記をした財産を譲渡したときは、抵当権付財産が譲渡された場合の取扱い（徴22①）に準じて、納税者の財産につき滞納処分を執行しても、なおその国税に不足すると認められるときに限り、その国税は、仮登記担保権者がその財産の強制換価手続において、配当を受けるべき金額のうちから、徴収することができます（徴23③）。

☞　要件については、［８］の解説１徴収の要件参照

### 4　根担保目的の仮登記の効力

仮登記担保法第１条に規定する仮登記担保契約で、消滅すべき金銭債務がその契約の時に特定されていないものに基づく仮登記及び仮登録（以下「**根仮登記担保**」といいます。）は、国税の滞納処分においては、その効力を有しません（徴23④）。

この徴収法第23条第４項の規定は、仮登記担保法第14条の「（**根仮登記担保**は、）強制競売等においては、その効力を有しない。」とする規定に対応するものです。抵当権と違って、根仮登記担保の場合は、被担保債権の範囲や債権極度額を公示する方法がなく、極度額によって優先弁済の範囲を画することができません。目的物の全価値が、根仮登記担保権によって支配されてしまうことになり、設定者の余剰価値の利用が阻害されることにもなります。このような理由から、根仮登記担保の効力は否定されています（徴基通23－18）。

したがって、担保のための仮登記がされている財産の換価代金の配当に当たって根担保目的の仮登記によって担保される債権は、仮に債権現在額申立書に債権額が記載されている場合であっても、その債権額がないものとして取り扱われます（徴基通23－18）。

## 配当順位の一覧表

| | |
|---|---|
| 第１グループ<br>（差押えに係る国税に常に優先する債権等） | ・直接の滞納処分費（徴10）<br>・強制換価の場合の消費税等（徴11）<br>・留置権（徴21①）<br>・特別の場合の前払借賃（徴59③、71④）<br>・不動産保存の先取特権等（徴19①）<br>・質権、抵当権、不動産賃貸の先取特権等又は担保のための仮登記で財産の譲受前にあったもの（徴17、20①、23③） |
| 第２グループ<br>（国税の法定納期限等以前に設定又は成立した担保権により担保される債権等） | ・質権、抵当権、不動産賃貸の先取特権等又は担保のための仮登記で国税の法定納期限等以前にあったもの（徴15①、16、20①、23①）<br>・担保権付の国税、地方税（徴14） |
| 第３グループ | 差押国税（徴12①） |
| 第４グループ<br>（国税の法定納期限等後に設定又は成立した担保権により担保される債権等） | ・質権、抵当権、不動産賃貸の先取特権等又は担保のための仮登記で国税の法定納期限等後にあったもの（徴15①、16、20①、23①）<br>・交付要求の国税、地方税（徴12②）<br>・交付要求の公課（健保182、国保80④等） |
| 第５グループ<br>（特別の場合の損害賠償請求権等残余金から配当を受けるもの） | ・特別の場合の損害賠償請求権（徴59①④、71④）<br>・滞納者（特定の譲渡担保権者を含む。）、滞調法の適用がある場合の執行官又は執行裁判所（徴129③、滞調６①他） |

（令和５年版　図解 国税徴収法Ｐ53より引用、一部修正）

☞　第１編第７章　滞納処分―財産の換価〔34〕換価代金等の配当参照

**仮登記担保の現状**

債権の保全を目的とする担保権には、法律が認めた法定担保権のほかに、他の法律形式を用いた非典型担保権があります。国税徴収法は、制定時によく使われていた非典型担保権である仮登記担保（徴23）と、譲渡担保（徴24）との調整を行っています。前者の仮登記担保は、昭和53年に法制化されましたが、当時の地価上昇を背景にした清算義務や受戻権など債務者保護の規制が忌避されたようで、現在はほとんど利用されていないようです。それに対して譲渡担保は特に法規制もされず、登記制度のない債権や動産でも利用が可能なこと。更には、中小企業の資金調達に役立つとして、現在は非典型担保の中心的な存在になっています。

## [10]　国税と譲渡担保に係る債権との調整

納税者が譲渡した財産で、その譲渡により担保の目的となっているものがある場合、その財産に対する徴収上の追求方法はありますか。

納税者が国税を滞納した場合において、その者が譲渡した財産でその譲渡により担保の目的となっているもの（以下「**譲渡担保財産**」といいます。）があるときは、その者の財産につき滞納処分を執行してもなお徴収すべき国税に不足すると認められるときに限り、譲渡担保財産から納税者の国税を徴収することができます。

譲渡担保財産からの国税の徴収

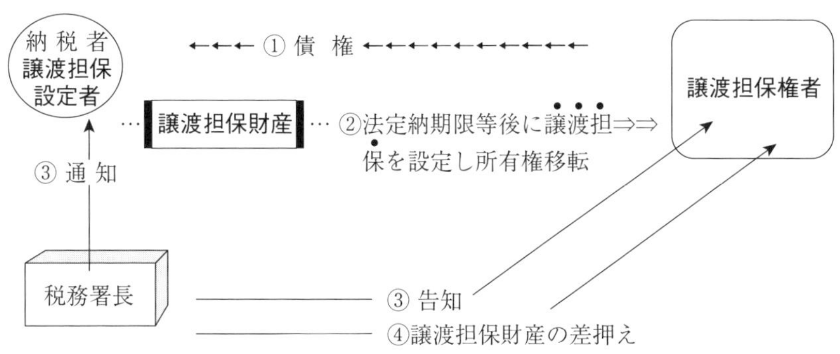


**解説**

### 1　譲渡担保権者の物的納税責任

納税者が国税を滞納した場合において、譲渡担保財産があるときは、その者の財産につき滞納処分を執行してもなお徴収すべき国税に不足すると認められるときに限り、譲渡担保財産から納税者の国税を徴収することができます（徴24①）。

**「譲渡担保権者の物的納税責任」の趣旨**

譲渡担保財産は、法形式上、その所有権が譲渡担保権者に移転していることから、譲渡担保設定者の財産としては滞納処分ができないのが原則です。

しかしながら、譲渡担保の実質が担保であることから、質権、抵当権等の他の担保権とのバランスにも配意し、法形式上は譲渡担保権者の財産でありながら、国税徴収法は譲渡担保設定者の国税を徴収できることにしています。

**参考**　**徴収法第24条と将来債権譲渡担保**

将来発生すべき債権を目的とする譲渡担保契約（いわゆる「集合債権譲渡契約」）が締結され、その債権譲渡につき対抗要件が法定納期限前に具備されているときは、譲渡担保の目的債権の発生が法定納期限後であっても、徴収法24条の適用はされません（徴基通24－34、平19.２.15最高判参照）。

## 2　譲渡担保財産から納税者の国税を徴収できる場合

次に掲げる全ての要件に該当する場合、譲渡担保財産から納税者の国税を徴収することができます（徴24①⑧）。

| 要件 |
| --- |
| ①納税者が譲渡した財産で、その譲渡により担保の目的となっている財産があること |
| ②納税者の財産につき滞納処分しても、なお徴収すべき国税に不足すると認められること |
| ③譲渡担保の設定が、納税者の納付すべき国税の法定納期限等後にされたものであること |

㈱1　譲渡担保の設定と国税の法定納期限等の先後は、登記ができる財産については、譲渡担保による権利移転の登記の日付によって決められます。

また、登記ができない財産については、譲渡担保権者は、国税の法定納期限等以前に譲渡担保財産となっている事実を、その財産の売却決定の日の前日（譲渡担保財産が金銭による取立ての方法により換価するものであるときは、その取立ての日の前日）までに、登記ができる質権以外の質権と同様の証明をする必要があります（徴24⑧、徴令８④）。

2　譲渡担保財産が手形である場合（手形割引）には、譲渡担保権者の物的納税責任は、当分の間、適用しないとされています（徴附則５④）。

なお、約束手形は2026年度を目途に手形交換所が廃止される予定であり、それに代わるものとして電子記録債権による電子手形の活用が推奨されています。

## 3　譲渡担保権者に対する告知等

税務署長は、譲渡担保財産から納税者の国税を徴収しようとするときは、次のとおり書面により、それぞれの者に対し告知及び通知をしなければなりません（徴24②）。

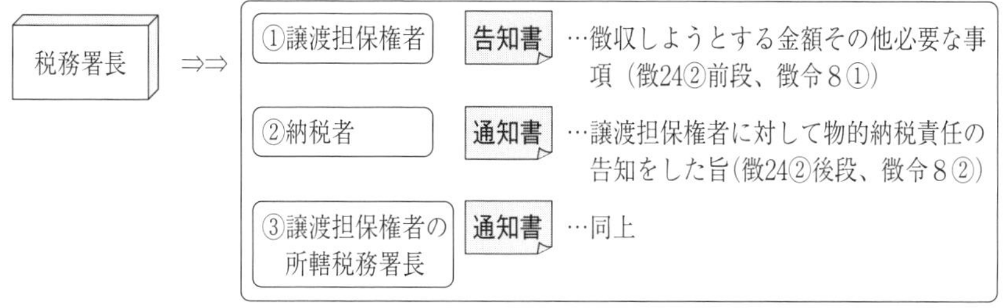


(注)　告知書に記載する「徴収しようとする金額」は、徴収法第24条第１項及び第８項の適用がある滞納国税の全額であって、徴収不足の判定による不足額に限られません（徴基通24－４）。

## 4　譲渡担保財産に対する滞納処分

譲渡担保と国税の関係については、譲渡担保財産は滞納者に帰属しないので、他の担保権のように滞納処分の換価代金から配当して調整することができません。そこで、譲渡担保権の設定が法定納期限等より前のときは追及を不可とし、法定納期限等よりも後に設定されていたときは譲渡担保財産を公売して徴収するという割り切りをしています。譲渡担保権者に対し告知書を発した日から10日を経過した日までに、その徴収しようとする金額が完納されていないときは、徴収職員は、譲渡担保権者を第二次納税義務者とみなして、その譲渡担保財産に対して差押え等の滞納処分を行うことができます（徴24③）。

**差押えの繰上**

譲渡担保権者について、告知書を発した日から10日を経過した日までの間に繰上請求事由（通38）のいずれかに該当する事実があり、かつ、請求に係る期限までに完納されていないときは、その譲渡担保財産を直ちに差し押さえることができます（徴24③、32③、徴基通24－11）。

**譲渡担保財産の換価制限**

譲渡担保財産の換価（債権の取立てを除きます。）は、原則として、納税者の財産を換価に付した後でなければ行うことができません。また、譲渡担保権者に対する告知又はその告知に基づいて行った滞納処分について、譲渡担保権者から訴えの提起があったときは、その訴訟の継続する間は、その財産を換価することができません（徴24③後段、32④、90③）。

**譲渡担保権者の求償権**

譲渡担保財産から納税者の国税が徴収された場合において、譲渡担保権者が納税者に対し求償権を取得するときは、その行使ができます（徴24③後段、32⑤）。

### 5　譲渡担保財産を納税者の財産として行った滞納処分との関係

**譲渡担保財産を納税者の財産として行った差押えとの関係**

譲渡担保財産になっている動産や債権を滞納者（譲渡担保設定者）の財産として行った差押えは、譲渡担保権者に告知した場合であっても、差押えの相手が違うので、本来は差押えをやり直すべきです。しかし、滞納を徴収する財産は同じなので、改めて差押えをし直さず、譲渡担保権者の財産として行われた差押えとして、滞納処分を続行することができます（徴24④）。

この場合において、税務署長は、遅滞なく、譲渡担保権者及び納税者等に告知及び通知をしなければなりません（徴24④）。

㈱　不動産は登記が譲渡担保権者に移っているので、滞納者の財産として差押えることはありません。

**第三債務者等に対する通知**

税務署長は、前項の譲渡担保権者の財産として行われた差押えとして滞納処分を続行する場合において、譲渡担保財産が次に掲げる財産であるときは、次に定める者に対し、納税者の財産としてした差押えを譲渡担保財産に対する差押えとして滞納処分を続行する旨を通知しなければなりません（徴24⑤、徴令８③）。

この場合において、徴収法第55条第１号又は第３号《質権者等に対する差押えの通知》に掲げる者のうち知れている者があるときは、これらの者に対し、納税者の財産としてした差押えを譲渡担保権者の財産として行われた差押えとして滞納処分を続行する旨を通知しなければなりません（徴24⑥、徴令８③）。

| 財　産　の　種　類 | 通　　知　　先 |
|---|---|
| **第三者が占有する動産**（船舶、航空機、自動車、建設機械又は小型船舶及び無記名債権を除きます。）**又は有価証券** | **動産又は有価証券を占有する第三者** |
| **債権**（電話加入権、賃借権その他取り立てることができないもの、電子記録債権及び権利の移転につき登記を要するものを除きます。） | **第三債務者** |
| **第三債務者又はこれに準ずる者のある無体財産権**（財産の権利の移転につき登記・登録を要するものを除きます。） | **第三債務者又はこれに準ずる者** |

## ６　譲渡担保財産が確定的に譲渡担保権者に移転した場合の滞納処分の効力

譲渡担保権者に対する告知又は譲渡担保財産に対する差押えをした後においては、被担保債権の弁済期が経過するなどして、譲渡担保財産が譲渡担保権者に確定的に帰属した場合であっても、なお譲渡担保財産が存続するものとして、その告知又は差押えに係る滞納処分を続行することができます（徴24⑦）。

**その他弁済以外の理由**

「その他弁済以外の理由」とは、譲渡担保財産が納税者に復帰しないこととなる理由をいいます。したがって、相殺（民505）、免除（民519）、混同（民520）、消滅時効の完成（民166以下）等は、これに該当しません（徴基通24－24）。

## ７　譲渡担保財産が納税者に復帰した場合の滞納処分の効力

譲渡担保財産につき、徴収法第24条第３項の差押えをした後、その譲渡担保財産が被担保債権の弁済により納税者に復帰した場合であっても、その差押えの処分禁止の効力により譲渡担保財産として行った差押えについて、滞納処分を続行することができます（徴基通24－28)。

## 8　譲渡担保財産の換価の特例

買戻しの特約のある売買の登記、再売買の予約の請求権の保全のための仮登記その他これに類する登記（以下「買戻権の登記等」といいます。）がされている譲渡担保財産で、その買戻権の登記等の権利者が滞納者であるときは、その差し押さえた買戻権の登記等に係る権利及び徴収法第24条第３項の規定により差し押さえたその買戻権の登記等のある譲渡担保財産を一括して換価することができます（徴25①)。

なお、一括換価した場合において、配当した金銭に残余があるときは、その残余金は譲渡担保権者に交付します（徴基通25－２)。

## 9　譲渡担保権者の国税等に対する譲渡担保設定者の国税の優先徴収の特例

譲渡担保財産について、譲渡担保権者の国税と譲渡担保設定者の国税とが競合したときには、譲渡担保設定者の国税が譲渡担保権者の国税に優先する結果となるように、差押先着手及び交付要求先着手による優先規定の特例が設けられています（徴令９)。

### ⑴　差押先着手の特例

徴収法第24条により譲渡担保財産から徴収する譲渡担保設定者の国税が、譲渡担保権者の固有の国税又は地方税と競合する場合において、その財産が譲渡担保権者の国税等につき差し押さえられているときは、差押先着手による国税の優先の規定の適用については、その差押えがなかったものとみなし、譲渡担保設定者の国税につきその財産が差し押さえられたものとみなされます。この場合においては、譲渡担保権者の国税等につき交付要求があったものとみなされます（徴25②、徴令９①)。

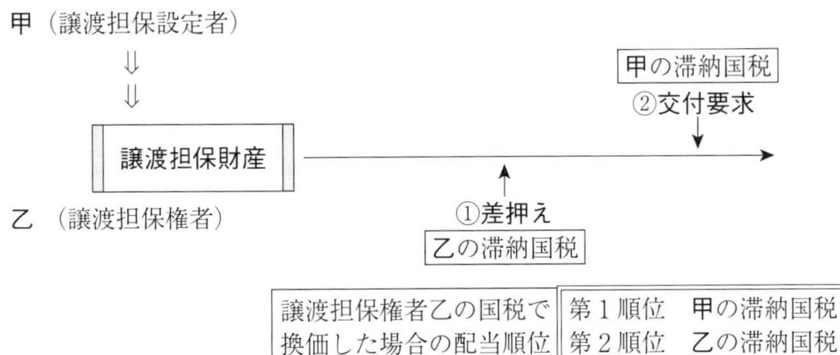


| 譲渡担保権者乙の国税で換価した場合の配当順位 | 第１順位　甲の滞納国税<br>第２順位　乙の滞納国税 |
|---|---|

### (2)　交付要求先着手の特例

譲渡担保権者の国税等の交付要求の後にされた譲渡担保設定者の国税の交付要求があるときは、交付要求先着手の規定の適用については、その譲渡担保設定者の国税の交付要求は、譲渡担保権者の国税等の交付要求よりも先にされたものとされます（徴25②、徴令９②前段）。

この場合において、譲渡担保設定者の国税の交付要求が２以上あるときは、これらの交付要求の順位に変更がないものとされます（徴25②、徴令９②後段）。

甲（譲渡担保設定者）

甲の滞納国税（A）　①差押え

甲の滞納国税（B）　③交付要求

譲渡担保財産

②交付要求　乙の滞納国税

乙（譲渡担保権者）

| 譲渡担保設定者の国税（A）で換価した場合の配当順位 | 第１順位　甲の滞納国税（A）<br>第２順位　甲の滞納国税（B）<br>第３順位　乙の滞納国税 |
|---|---|

**手形交換所の廃止と電子記録債権**

商品売買や工事請負などの取引決済では、一定の期間（支払サイト）を置いた上で支払いをする慣行（売掛金）がありますが、その際の手続を合理化するため、従来から支払手形が用いられています。しかし、2026年を目途に手形交換所が廃止される見込みなことから、近い将来に手形が消滅する可能性があります。

そこで手形に代わる資金の支払い方法として金融機関が推進するのが、売掛金の電子記録債権化による電子手形です。

**債権等の流動化に向けた法律の整備**

日本の多くの企業取引では、大手の発注先が中小の受注先に仕事をさせて（下請け）、代金を支払う関係があります。その際に代金の決済は売掛金という形で、無利子の支払猶予期間が設けられ、それが中小企業の資金的な体力を弱めているという認識がされています（平成15年６月経産省「産業金融部会中間報告」）。そうしたことで、中小企業の持つ売掛金や販売前の製品等を資金化（流動化）して、資金的な体力を強めようとする制度が作られています。その一つが売掛金の譲渡担保を容易にする動産・債権譲渡特例法で、第三者対抗要件の具備を原則である譲渡通知や承諾ではなく（民467②）、登記ファイルへの登録で可能にし、発注先に知られることなく譲渡担保に供して資金を得ることができるようになりました。また、令和３年の民法改正で、将来債権の譲渡が原則認められたことも併せて（民466の６）、将来にわたるかなり広範囲な売掛金の譲渡が、登録という手法で差押えに対抗できるようになりました。

## [11]　国税及び地方税等と私債権との競合の調整

滞納者の財産について、例えば国税の差押え、地方税の交付要求、抵当権等の設定がなされている場合、このような三つどもえの競合関係の状態において、その優先関係はどのようになりますか。

国税、地方税及び私債権が三つどもえで競合し、優劣が決められない場合には、債権を税債権グループと私債権グループに分けた上で、まずは税債権と私債権の各グループどうしで優劣を決め、その後に税債権グループ内で差押え、交付要求の先着手で優劣を決めます。

**解説**

強制換価手続における配当の優先順位については、国税や地方税の租税どうしでは差押え、交付要求の先着手で決められ、一方、租税と私債権との間では法定納期限等と質権・抵当権等の担保権設定時期との先後によって優劣が決まります。

このような配当順位の優劣の基準が異なることから、配当手続において

①　国税は地方税等に優先

②　地方税等は抵当権等により担保される債権に優先

③　抵当権等により担保される債権は国税に優先

という三つどもえの状態、いわゆる「**ぐるぐる回り**」が生ずることがあります。

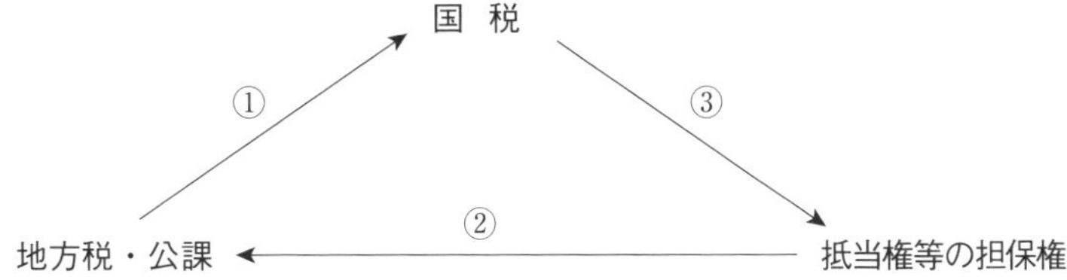


このように、どの債権が配当の第一順位になるのかわからない競合が生じた場合の調整については、次のように行います（徴26）。

| | |
|---|---|
| 第一段階<br>（徴26一） | 次に掲げる債権（国税、地方税等及び私債権に対して常に優先するもの）について、その掲げる順位に従って、それぞれの配当金額を算定します。<br>①強制換価手続の費用又は直接の滞納処分費（徴９、10）<br>②強制換価の場合の消費税等（徴11）<br>③留置権の被担保債権（徴21）<br>④特別の場合の前払借賃（徴59③④、71④）<br>⑤不動産保存の先取特権等の被担保債権（徴19） |
| 第二段階<br>（徴26二） | 「租税公課グループ」と「私債権グループ」ごとにそれぞれの配当金額の総額を算定します。<br>①国税、地方税等の法定納期限等の日及び私債権の担保権設定時期を古い順に並べます。<br>②①の順位に従って、換価代金から第一段階の優先債権額を控除した残りの額に満つるまで、仮の配当金額を算定します。<br>③②で定めた仮の配当額を租税公課グループと私債権グループに分けて合計し、グループごとの配当額を算定します。 |
| 第三段階<br>（徴26三） | 租税公課グループの配当額を、国税、地方税及び公課との調整により配当順位を定め、順次国税及び地方税等に充てます。 |
| 第四段階<br>（徴26四） | 私債権グループの配当額を、民法等の規定により配当順位を定め、順次私債権に充てます。 |

〔設例〕

換価代金……………………8,810万円

直接の滞納処分費…………… 10万円

私債権

Ａ抵当権（債権者Ａ、令和３年12月13日設定登記）の被担保債権

1,800万円

Ｂ抵当権（債権者Ｂ、令和３年12月20日設定登記）の被担保債権

1,000万円

租税公課

国税の差押え……令和４年５月９日

（国税の法定納期限等・令和４年３月31日、債権額2,200万円）

Ｃ県の交付要求…令和４年６月６日

（県税の法定納期限等・令和３年10月１日、債権額

3,200万円）

Ｄ市の交付要求…令和４年５月25日
（市税の法定納期限等・令和４年４月20日、債権額1,600万円）

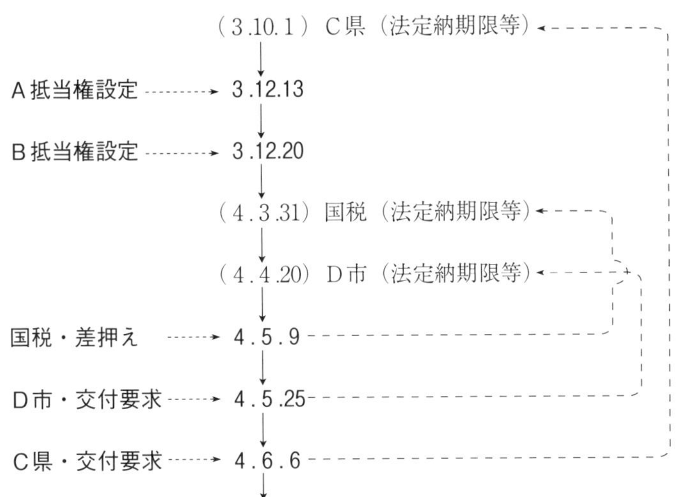


―配当の計算―

**第１段階**

1　換価代金を、まず、直接の滞納処分費に配当（徴26一）
・直接の滞納処分費……10万円

**第２段階・第３段階**

2　１の金額を控除した換価代金8,800万円について、法定納期限等の日と担保権の設定登記をした日の古い順に分配し、その分配した額を租税公課グループと私債権グループに分けて、グループごとの配当額を計算（徴26二）

| 租税公課グループ | | 私債権グループ | | |
|---|---|---|---|---|
| ①Ｃ県（3.10.1） | 3,200万円 | ②Ａ抵当権の被担保債権（3.12.13） | 1,800万円 | |
| ④差押国税（4.3.31） | 2,200万円 | ③Ｂ抵当権の被担保債権（3.12.20） | 1,000万円 | |
| ⑤Ｄ市（4.4.20） | 600万円 | | | |
| | 6,000万円 | | 2,800万円 | 8,800万円 |

**第４段階**

3　次に、租税公課グループの配当総額6,000万円をグループ内の優先順位（徴８、12）に従って配当（徴26三）

・差押国税（差押え：４.５.９）………　2,200万円
・Ｄ　　市（交付要求：４.５.25）……　1,600万円
・Ｃ　　県（交付要求：４.６.６）……　2,200万円(6,000－2,200－1,600)
　　　　　　　　　　　　　　　　計　6,000万円

4　私債権グループの配当総額2,800万円をグループ内の優先順位（民373）に従って配当（徴26四）

・Ａ抵当権の被担保債権（３.12.13設定）……1,800万円
・Ｂ抵当権の被担保債権（３.12.20設定）……1,000万円
　　　　　　　　　　　　　　　　計　2,800万円

「ぐるぐる回り」の場合の配当計算の手順

| | 第１段階 | 第２段階 | | 第３段階 | 第４段階 |
|---|---|---|---|---|---|
| 換価代金 8,810万円 | 換価代金 8,800万円 | Ｃ県交付要求※ 3,200万円 | 租税公課グループ | Ｃ県交付要求※ 3,200万円 | ①差押国税 2,200万円 |
| | | Ａ抵当権 1,800万円 | | 差押国税※ 2,200万円 | ②Ｄ市交付要求 1,600万円 |
| | | Ｂ抵当権 1,000万円 | | Ｄ市交付要求※ 600万円 | ③Ｃ県交付要求 2,200万円 |
| | | 差押国税※ 2,200万円 | 私債権グループ | Ａ抵当権 1,800万円 | ①Ａ抵当権 1,800万円 |
| | | Ｄ市交付要求※600万円 | | Ｂ抵当権 1,000万円 | ②Ｂ抵当権 1,000万円 |
| | 直接の滞納処分費 10万円 | | | | |

### 国税及び地方税等の優先権の反復的行使

先行する強制換価手続において徴収法第26条の規定による競合の調整が行われた場合、私債権に優先するものとして国税及び地方税等に充てるべき金額の総額を決定するために用いられながら、配当を受けることができなかった国税及び地方税は、後行の強制換価手続においても私債権に優先するものとして取り扱われます（徴基通26－８）。

㈲　異なる不動産競売事件については、平４.７.14最高判参照。
　　同一の不動産競売事件については、平11.４.22最高判参照。

# 第３章　第二次納税義務

## [12]　第二次納税義務の制度・態様等

本来の滞納者以外の者にも滞納処分がなされる「第二次納税義務」という制度があると聞いていますが、どのような制度ですか。

滞納税金の徴収は、滞納者の財産から行うのが原則です。しかし、滞納者の財産からの徴収が見込めない場合には、一定の要件を満たす滞納者以外の者を第二次税義務者として、補充的に納税義務を負担させます。

**解説**

### 1　第二次納税義務の制度

**第二次納税義務の基本的な性格**

徴収法は第32条から第39条まで及び第41条に、第二次納税義務に関する規定を設けています。この第二次納税義務の基本的な性格として、昭和32年の租税徴収制度調査会の答申では、次のように述べています。

> 第二次納税義務の制度は、形式的に第三者に財産が帰属している場合であっても実質的には納税者にその財産が帰属していると認めても、公平を失しないときにおいて、形式的な権利の帰属を否認して、私法秩序を乱すことを避けつつ、その形式的に権利が帰属している者に対して補充的に納税義務を負担させることにより、徴税手続の合理化を図るために認められている制度である。

**第二次納税義務の意義**

第二次納税義務者は、滞納者の財産からの徴収が見込めない場合において初めて適用されることからは、滞納税金を補充的に徴収する制度です。また、本来の納税義務があって初めて適用されることからは、滞納税金に付従する制度です。

| 個　別　要　件 | | 第二次納税義務・共通の要件 |
|---|---|---|
| 個別に定められた要件<br>(徴収法第33条～ 39条、41条) | ＋ | 主たる納税者の財産につき滞納処分を執行しても、なお徴収すべき額に不足すると認められること |

## 2　第二次納税義務の態様

| | |
|---|---|
| 第二次納税義務 | 合名会社等の社員の第二次納税義務（徴33） |
| | 清算人等の第二次納税義務（徴34） |
| | 同族会社の第二次納税義務（徴35） |
| | 実質課税額等の第二次納税義務（徴36） |
| | 共同的な事業者の第二次納税義務（徴37） |
| | 事業を譲り受けた特殊関係者の第二次納税義務（徴38） |
| | 無償又は著しい低額の譲受人等の第二次納税義務（徴39） |
| | 人格のない社団等に係る第二次納税義務（徴41） |

**参考**　第二次納税義務に類似する制度

第二次納税義務と同様に、滞納者以外の者に対して滞納処分を行う制度があります。配当における担保権との調整ができない譲渡担保財産については、譲渡担保権者を第二次納税義務者とみなします（徴24③）。また、滞納税金の納付を保証した者には、直接に滞納処分を行います（通52④）。

| | 譲渡担保権者の物的納税責任 | 第二次納税義務 | 保証人の納税義務 |
|---|---|---|---|
| 趣旨 | 納税者が設定した譲渡担保財産から国税を徴収する制度 | 一定の要件に該当する第三者に納税を負わせる制度 | 国税の担保として納税を保証した者から徴収する制度 |
| 徴収の要件 | 主たる納税者の国税が徴収不足であること（徴24、33 ～ 39、41） | | 担保の提供されている国税が納期限までに完納されていないこと（通52①） |
| 換価制限 | 納税者の財産を先に換価しなければならないこと（徴24③、32④、通52⑤） | | |

## ［13］　各種第二次納税義務

第二次納税義務には、どのようなものがありますか。

各第二次納税義務の主な要件、第二次納税義務を負う者及び第二次納税義務の範囲などについて、説明してください。

第二次納税義務に関して、徴収法第32条以下、９か条の規定が設けられています。

それぞれ個別に定められた要件に該当する場合において、納税者の財産につき滞納処分をしてもなお徴収すべき額に不足すると認められるときに限り、納税者と一定の関係にある者に対して、第二次納税義務を負わせるものです。

第二次納税義務

・合名会社等の社員の第二次納税義務
・清算人等の第二次納税義務
・同族会社の第二次納税義務
・実質課税額等の第二次納税義務
・共同的な事業者の第二次納税義務
・事業を譲り受けた特殊関係者の第二次納税義務
・無償又は著しい低額の譲受人等の第二次納税義務
・人格のない社団等に係る第二次納税義務

| 個々の要件 | | 第二次納税義務に共通の要件 |
|---|---|---|
| 徴収法第33条～39条、第41条 | ＋ | 主たる納税者の財産につき滞納処分を執行しても、なお徴収すべき国税の額に不足すると認められること |

**解説**

### 1　合名会社等の社員の第二次納税義務

合名会社又は合資会社の債務は、その無限責任社員が責任を負うこととされています（会社576②③、580①）。この会社法や税理士法などの規定を前提とし、合名会社、合資会社又は税理士法人等の士業法人の租税債務について、会社財産に対する滞納処分だけでは徴収不足を生ずると認められる場合に、その会社の無限責任社員に第二次納税義務を負わせることとしています（徴33）。

(注)　平成29年度税制改正により、徴収法第33条の第二次納税義務の対象となる社員の範囲に、士業法人の社員を加えることとされました。

## (1)　成立要件

**成立要件**

| |
|---|
| ①　合名会社、合資会社又は士業法人が国税を滞納したこと |
| ②　これらの会社につき滞納処分を執行しても、なお徴収すべき額に不足すると認められること |

➢　第二次納税義務を課する場合に共通する要件として、いわゆる「**徴収不足**」があります。すなわち、第二次納税義務の納付告知を発する時の現況において、納税者に帰属する財産（納税保証や担保財産を含む。）で滞納処分（交付要求及び参加差押えを含む。）により徴収可能な価額が滞納の総額に満たないことをいいますが、判定に際しては、次の点に留意します。

①　徴収できる金額は、滞納処分を現実に行った結果ではなく(昭47.５.25最高判参照)、その財産の見積価額等により行います（徴基通22－４)。

②　判定を行う際の財産の範囲は、課税庁側が財産の存否を知らなかったことにつき、十分な調査を尽くしていたかといった、調査の合理性などの主観的なもので決まるのではなく、徴収可能な財産が実際にあるか否かという客観的なもので判断がされます(平27.11.６最高判参照)。

## (2)　第二次納税義務を負う者

合名会社又は合資会社の国税について、第二次納税義務を負う無限責任社員は、次に掲げるとおりです（徴基通33－４、５)。

| 第二次納税義務を負う無限責任社員 | 責任の範囲 |
|---|---|
| **国税が成立する前から引き続き無限責任社員である者** | 滞納国税の全額 |
| **新入社員等（国税の成立後に無限責任社員となった者）**<br>例①　新たに無限責任社員として加入した者<br>②　合資会社又は監査法人の有限責任社員でその責任を変更し無限責任社員となった者<br>③　無限責任社員の持分を譲り受けた者<br>④　定款の定めるところに従い被相続人に代わって無限責任社員となった相続人等 | 滞納国税の全額<br>無限責任社員となる前に成立した会社の国税についても、第二次納税義務を負います（会社583①、605)。 |

| | |
|---|---|
| 退社した社員等<br>（例①　退社し又は持分の全部を譲渡した無限責任社員<br>②　合資会社又は監査法人の無限責任社員から有限責任社員となった者） | 本店の所在地において退社の登記又は責任変更の登記をする前に成立した会社の国税について、第二次納税義務を負います（会社612①、586①、583③）。 |

㈲　退社は任意にすることができますが（会社606①）、その旨の登記をしないと善意の第三者に対抗できないので（会社90①）、第二次納税義務が課されます（昭63.11.10最高判）。

### ⑶　第二次納税義務の範囲

無限責任社員から徴収することのできる金額は、合名会社、合資会社又は士業法人の滞納国税の全額であり、会社財産によって徴収すべき国税の額に不足すると認められる額に限られません（徴基通33－８）。

なお、無限責任社員は、連帯して第二次納税義務を負います（徴33後段）。

## ２　清算人等の第二次納税義務

清算人が法人の債務を弁済しないでその法人財産を分配した場合において、法人に対する滞納処分だけでは徴収不足を生じると認めるときに、清算人及びその財産を分配又は引渡し（以下「分配等」といいます。）を受けたものに対しその法人の租税債務について第二次納税義務を負わせることとしています（徴34）。

㈲　清算人が法人の債務を弁済しないで法人の財産を分配した場合、清算人は任務懈怠により法人に対する損害賠償を負うとともに、悪意又は重大な過失があったときは、第三者に対しても損害賠償を負います（会社486①、487①、652、653等）。

### ⑴　成立要件

| 成立要件 |
|---|
| ①　法人が解散した場合であること |
| ②　その法人に課されるべき又は法人が納付すべき国税を納付しないで、清算人が残余財産の分配等をしたこと |
| ③　その法人に対して滞納処分を執行しても、なお徴収すべき額に不足すると認められること |

### 法人が解散した場合

法人が解散した場合とは、次のような場合をいいます（一般法人148、会社471等）。

| 解散事由 | 解散の時期 |
|---|---|
| 株主総会その他これに準ずる総会等の決議等による解散 | 解散の日を定めたときは、その日が経過したとき<br>解散の日を定めなかったときは、解散決議をしたとき |
| 定款で定めた存続期間の満了 | その存続期間が満了したとき |
| 定款で定めた解散の事由の発生 | その事由が発生したとき |
| 裁判所の命令又は裁判による解散 | その命令又は裁判が確定したとき |
| 主務大臣の命令による解散 | その命令の効力を生じたとき |
| 休眠会社のみなし解散 | みなし解散となったとき |

**解散に関する留意事項（徴基通34－１）**

①　会社法第921条・第922条《合併の登記》、第919条・第920条《組織変更等の登記》等の規定による解散の登記をしたときは、清算の手続きは行われないので、徴収法上の「法人が解散した場合」には含まれません。

②　解散は、その登記の有無を問いません。

③　法人が解散しないで事実上解散状態にある場合には、その法人の財産の分配等がされているときでも、徴収法第34条第１項《清算人等の第二次納税義務》の規定を適用することはできませんが、徴収法第39条《無償又は著しい低額の譲受人等の第二次納税義務》、通則法第42条《債権者の代位及び詐害行為の取消し》等の規定を適用できる場合があります。

④　１人の株主が発行済株式の全部を所有する株式会社（１人会社）にあっては、招集手続がなくても、１人の株主の意思決定により解散決議をし得る（昭44.３.18大阪地判、昭46.６.24最高判参照）ことから、客観的事実（例えば、事業譲渡した後に廃業しているような場合）に基づき、招集手続がなくても解散決議をしたものと認定できる場合には、徴収法第34条第１項の「解散した場合」に該当します。

また、１人会社と同様と認められるような株式会社についても同様です（昭52.２.14最高判参照）。

**解散を経ない廃業と第二次納税義務**

法人としての企業は、会社法の解散（会社471）をして清算手続を踏むことで消滅します（会社476）。しかし中小の企業では、資金的に窮迫したり、事業の後継者がいないなど、経営が継続困難になったときに解散をしないで、そのまま事業をやめてしまうこと（廃業）が多く見られます。そうした場合に、会社の残余財産（債務を弁済した後に残った財産）を経営者等が手にしていたことが、清算人等の第二次納税義務（徴34）の追及を受けるかが問題になります。

同条は残余財産の分配に係る清算人の損害賠償責任（会社487）をベースにして、財産の分配を受けた者への追及まで拡張したものですが、法人の解散は会社法の固有概念ですから、それをしていない場合には適用できません（徴基通34－１）。なお、出資者が単独の一人会社の場合や、同居の親族等で構成されていて必要な株主総会が開かれていないといった事情がある場合は、会社法上の解散をしていなくても、事実として解散決議があったと認定して、清算人等の第二次納税義務を適用することがあります（徴基通34－１(注)２）。

### 法人に課されるべき又は法人が納付すべき国税

「法人に課されるべき又は法人が納付すべき国税」とは、法人が結果的に納付しなければならないこととなるすべての国税をいい、解散の時又は残余財産の分配等の時において成立していた国税に限られません（徴基通34－２）。

### 残余財産の分配又は引渡し

| | |
|---|---|
| 残余財産 | 「残余財産」とは、一般的には法人解散の場合の現務の結了、債権の取立て及び債務の弁済をした後に残った積極財産をいいます（会社481、502等）が、徴収法第34条第１項の「残余財産」は、その国税を完納しないで、その有する財産の分配等をした時のその積極財産をいいます（昭47.７.18広島高判、昭47.9.18東京地判参照）。 |
| 分配 | 「分配」とは、法人が清算する場合において、残余財産を株主等（株主、社員、組合員、会員等）に、原則としてその出資額に応じて分配することをいいます（会社504、505、666等）。 |
| 引渡し | 「引渡し」とは、法人が清算する場合において、残余財産を一般社団法人及び一般財団法人に関する法律第239条（残余財産の帰属）等の規定により処分することをいいます（宗教法人法50等）。 |

(注)　「分配」又は「引渡し」は、法人が解散した後に行ったものに限らず、解散を前提にそれ以前に行った分配又は引渡しも含まれます（徴基通34－３）。

**【平26. 1 .28東京高判要旨】**

残余財産の分配とは、一般に、法人の清算の場合においては、残余財産を株主や社員等にその出資額に応じて分与することをいうものとされているが、徴収法第34条の趣旨、目的に鑑みれば、同条にいう残余財産の「分配」には、株主に対する分配が株主の株式数に応じたものではないなど、出資額と異なる分配がされている場合も含むものと解すべきである。

### (2) 第二次納税義務を負う者

徴収法第34条第１項の第二次納税義務を負う者
- 残余財産の分配又は引渡しをした清算人
- 残余財産の分配又は引渡しを受けた者

#### ア　残余財産の分配又は引渡しをした清算人（徴基通34－５）

**分配等をした清算人**

① 「分配等をした清算人」とは、解散法人（合併により解散した法人及び破産した法人を除きます。）の清算事務を執行する者で、残余財産の分配等をした者をいい、納付通知書を発する時において清算人でない者も含まれます。
② 清算人に就任することを承諾した上、清算事務を第三者に一任している者は、直接に清算事務に関与しなくても徴収法第34条第１項の「清算人」に該当します（昭和52. 2 .14最高判参照）。

**【昭47. 7 .18広島高判要旨】**

徴収法第34条は、文言上第二次納税義務を負う清算人の範囲を限定していないのであり、有限会社においては、清算人は代表権の有無を問わず会社のため忠実に清算人としての職務を遂行する義務を負っているのであるから、代表権を有さず、清算事務も事実上執行していなかったからといって、第二次納税義務を免れることはできない。

### イ　残余財産の分配又は引渡しを受けた者

**分配等を受けた者**

① 「残余財産の分配を受けた者」とは、法人が清算する場合において、残余財産の分配を受けた社員、株主、組合員、会員等をいいます。
② 「残余財産の引渡しを受けた者」とは、法人が清算する場合において、残余財産を一般社団法人及び一般財団法人に関する法律第239条《残余財産の帰属》等の規定により処分した場合の処分の相手方となった者をいいます。

### (3)　第二次納税義務の範囲

清算人は分配又は引渡しをした財産の価額の限度において、残余財産の分配又は引渡しを受けた者はその受けた財産の価額の限度において、それぞれ主たる納税者の滞納国税の全額について、その責めを負います（徴34①）。

| | | |
|---|---|---|
| 残余財産の分配又は引渡しをした清算人の第二次納税義務 | ⇒ | 分配又は引渡しをした財産の価額の限度 |
| 残余財産の分配又は引渡しを受けた者の第二次納税義務 | ⇒ | 分配又は引渡しを受けた財産の価額の限度 |

## 3　同族会社の第二次納税義務

滞納者が有する同族会社の株式又は出資に市場性がない等のため滞納に係る国税につき徴収不足を生じると認められる場合には、その同族会社に第二次納税義務を負わせることとしています（徴35）。

これは、事業を営む納税者が、自己を中心とする会社を設立し、これに自己の資産の大部分を出資している場合には、納税者に対する滞納処分として差押えの対象となる財産は、会社に対する株式又は出資以外にはほとんどないのが実情です。このような少数の株主社員によって占められ、その支配下におかれている会社の株式又は出資は、一般的に市場性が乏しく、換価が困難になることから、徴収法第35条にこのような規定を設けています。

### ⑴　成立要件

**成立要件**

① 滞納者が、その者を判定の基礎となる株式又は社員として選定した場合に同族会社に該当する会社の株式又は出資を有すること

② 滞納者が有するその株式又は出資につき次に掲げるような理由があること
・その株式又は出資を再度換価に付してもなお買受人がないこと
・その株式若しくは出資の譲渡につき法律若しくは定款に制限があるか、又は株券の発行がないため、これを譲渡することにつき支障があること

③ 滞納者の有するその同族会社の株式又は出資以外の財産につき、滞納処分を執行してもなお徴収すべき国税に不足すると認められること

㈱　滞納者は個人に限られません。

**株券不発行と第二次納税義務**

同族会社のオーナーが滞納している場合に、オーナーが持つ株式を差し押さえても、定款で譲渡制限がされていたり、買受希望者がいないなど市場性が乏しいことがあります。そうしたケースで、いわば差し押さえた株式の価値に相当する金銭の支払いを、株式の発行会社に求めるのが同族会社の第二次納税義務です。

追及できるのは、差し押さえた株式（株券）を２回以上公売に付しても買受人がいない場合（徴35①一）または、株券の発行がされず株式の譲渡に支障があるとき（徴35①二）です。なお、平成16年の会社法改正で株券の発行は原則不要（株券不発行会社）になりましたが、そうした会社は株式を公売できるので、株式の譲渡に支障がある場合に該当しません（徴基通35－７）。

### ⑵　第二次納税義務を負う者

第二次納税義務を負う者は、滞納者を判定の基礎とする株主又は社員として選定した場合に、法人税法第２条第10号の同族会社に該当する会社です。

| 法人税法第２条第10号の同族会社 | 「株主等の３人以下」並びに「これらと政令で定める特殊の関係のある個人及び法人」で、次に掲げるような場合の会社をいいます。<br>・その会社の発行済株式の総数又は出資の総額の100分の50を超える株式又は出資を有する場合<br>・議決権の総数100分の50を超える数を有する場合<br>・持分会社の社員（業務を執行する社員を定めた場合は、業務を執行する社員に限られます。）の総数の半数を超える数を占める場合 |
|---|---|

### ⑶　第二次納税義務の範囲

同族会社は、滞納者の有するその同族会社の株式又は出資のうち、滞納に係る国税の法定納期限の１年以上前までに取得したものを除いたものの価額を限度として、第二次納税義務を負います（徴35①）。

| 滞納者が有する**同族会社**の株式又は出資の価額 | － | 滞納国税の法定納期限の１年以上前までに取得したものの価額 | ＝ | 第二次納税義務 |
|---|---|---|---|---|

## ４　実質課税額等の第二次納税義務

### ⑴　実質課税額等の第二次納税義務

実質所得者課税の原則（所12、法11）又は事業所の所得の帰属の推定（所158）の規定により課された国税につき、滞納者の財産に対し滞納処分を執行してもなお徴収すべき国税に不足すると認められるときに、その国税の賦課の基因となった収益が法律上帰属すると認められる者に対し、その収益が生じた財産を限度として、その滞納に係る国税の第二次納税義務を負わせることとしています（徴36一）。

#### ア　成立要件

**成立要件**

①　納税者が、実質所得者課税の原則等の規定（所12、158、法11）により課された国税を滞納したこと

②　①の国税につき、滞納者の財産に対して滞納処分を執行しても、なおその徴収すべき額に不足すると認められること

### イ　第二次納税義務を負う者

第二次納税義務を負う者は、実質所得者課税の原則等の規定による国税の賦課の基因となった収益が法律上帰属するとみられる者です。

**収益が法律上帰属するとみられる者**とは（徴基通36－８）

| 区　　分 | 収益が法律上帰属するとみられる者 |
|---|---|
| 実質課税（所12、法11）の場合 | 所有権その他の財産権の名義人又は事業の名義人等、通常であれば、その者がその財産又は事業から生ずる収益を享受する者であると認められる者 |
| 事業所の所得の帰属の推定による課税（所158）の場合 | その事業所の属する法人 |

### ウ　第二次納税義務の範囲

第二次納税義務者から徴収できる金額は、「収益が生じた財産」（その財産の異動により取得した財産及びこれらの財産に基因して取得した財産（取得財産）を含みます。）を限度として、実質課税に基づく主たる納税義務の滞納国税の全額です。

この第二次納税義務は「**物的第二次納税義務**」です。

## (2)　資産の譲渡等を行った者の実質判定による課税額の第二次納税義務

消費税法第13条《資産の譲渡等又は特定仕入れを行った者の実質判定》の規定により課された国税につき、その国税の賦課の基因となった当該貸付けを法律上行ったとみられる者に対し、貸付けに係る財産を限度として、その滞納に係る国税の第二次納税義務を負わせることとしています（徴36二）。

### ア　成立要件

**成立要件**

①　納税者が、資産の譲渡等を行った者の実質判定の規定（消13）により課税された国税を滞納したこと

②　①の国税につき、滞納者の財産に対して滞納処分を執行しても、なおその徴収すべき額に不足すると認められること

#### イ　第二次納税義務を負う者

第二次納税義務を負う者は、資産の譲渡等を行った者の実質判定の規定（消13）により国税の賦課の基因となった当該貸付けを法律上行ったとみられる者です。

#### ウ　第二次納税義務の範囲

第二次納税義務者から徴収できる金額は、「貸付けに係る財産」（取得財産を含みます。）を限度として、消費税法第13条に基づく主たる納税者の滞納国税の全額です。

この第二次納税義務は「**物的第二次納税義務**」です。

### (3)　同族会社等の行為又は計算の否認による第二次納税義務

同族会社の行為又は計算の否認等の規定により課税された国税につき、その否認された納税者の行為につき利益を受けた者とされる者に対し、その受けた利益の額を限度として、その滞納に係る国税の第二次納税義務を負わせることとしています（徴36三）。

#### ア　成立要件

| 成立要件 |
| --- |
| ①　納税者が、同族会社等の行為又は計算の否認等の規定（所157、法132、132の２、132の3、相64）により課された国税を滞納したこと |
| ②　①の国税につき、滞納者の財産に対して滞納処分を執行しても、なおその徴収すべき額に不足すると認められること |

#### イ　第二次納税義務を負う者

第二次納税義務を負う者は、同族会社の行為又は計算の否認等の規定により否認された納税者の行為（否認された計算の基礎となった行為を含みます。）につき利益を受けたとされる者です。

☞「否認された納税者の行為につき利益を受けたとされる者」については、徴収法基本通達第36条関係10参照。

#### ウ　第二次納税義務の範囲

第二次納税義務者から徴収できる金額は、「受けた利益の額」を限度として、主たる納税者の滞納国税の全額です。

なお、受けた利益が現存しているかどうかを問いません（価額責任）。

## 5　共同的な事業者の第二次納税義務

納税者と生計を一にする配偶者など、納税者と特殊な関係にある者が、その納税者の事業の遂行に欠くことのできない重要な財産を有し、その財産の提供を受けて納税者が事業を遂行している場合、一定の要件のもと、その特殊な関係にある者に対し、その財産を限度として滞納に係る第二次納税義務を負わせることとしています（徴37）。

### (1)　成立要件

**成立要件**

| 成立要件 |
|---|
| ①　納税者の事業の遂行に欠くことができない重要な財産（重要財産）が特殊関係者の所有に属していること |
| ②　上記①の重要財産に関して生ずる所得が納税者の所得となっていること |
| ③　納税者が上記①の重要財産が供されている事業に係る国税を滞納していること |
| ④　上記③の事業に係る滞納国税につき、滞納処分を執行してもなお徴収すべき額に不足すると認められること |

**「重要財産」とは**

「重要財産」とは、納税者の事業の種類、規模等に応じて判断すべきですが、一般的には、判断の対象とする財産がないものと仮定した場合に、その事業の遂行が不可能になるか又は不可能になるおそれがある状態になると認められる程度に、その事業の遂行に関係を有する財産をいいます（徴基通37－１）。

(注)　重要財産が供されている事業に係る国税を滞納していることが要件ですから、滞納者が複数の事業を営んでいる場合に、Ａ事業に供されている重要財産につきＢ事業の滞納での追及はできません。ただし、Ａ事業とＢ事業が全体として不可分一体であると認められるときは、Ｂ事業の滞納での追及は可能です。

**「重要財産に関して生ずる所得が納税者の所得となっている場合」とは**

重要財産から直接又は間接に生ずる所得が納税者の所得となっている場合及び所得税法その他の法律の規定又はその規定に基づく処分により納税者の所得とされる場合をいい（平25.4.24東京高判参照）、例えば、次に掲げる場合があります（徴基通37－２）。

| |
|---|
| ①　所得税法第56条《事業から対価を受ける親族がある場合の必要経費の特例》の規定により、納税者と生計を一にする配偶者その他の親族がその納税者の経営する事業で不動産所得、事業所得又は山林所得を生ずべきものから対価の支払を受ける場合で、その対価に相当する金額が納税者の所得とされる場合 |
| ②　法人税法第132条《同族会社等の行為又は計算の否認》の規定により、同族会社の判定の基礎となった株主又は社員の所得が同族会社の所得とされる場合 |
| ③　同族会社の判定の基礎となった株主又は社員の所有する財産をその同族会社が時価より低額で賃借しているため、その時価に相当する借賃の金額とその低額な借賃の金額との差額に相当するものが同族会社の実質的な所得となっている場合（昭48.10.15広島高（岡山支）判参照） |
| ④　納税者と生計を一にする配偶者その他の親族が所有する公債、社債又は無記名の貸付信託若しくは証券投資信託の受益証券について、納税者が利子、配当、利益又は収益の支払を受けている場合 |
| ⑤　納税者の事業の収支計算では損失が生じているが、重要財産から直接又は間接に生ずる収入が納税者の収益に帰属している場合 |

㈲　重要財産に関して生ずる所得が納税者の所得になっているかについては、滞納者が営んでいる複数の事業のうち、重要財産を供しているＡ事業は税金が出ていなくても、Ａ事業と不可分の関係にあるＢ事業で税金が出ていれば、いずれの所得も納税者に帰属するので、Ｂ事業の滞納での追及は可能です。

**「重要財産が供されている事業に係る国税」とは**

共同的な事業者の第二次納税義務は、重要財産に関して生ずる所得が納税者に帰属することが問題で、追及できる滞納はその所得につき課せられる国税に限定していませんから、消費税も対象になります。ただし、重要財産が供されている事業に係る国税に限定されるので、複数の事業が分離独立しているときは、滞納額を按分して追及を行います（徴令12③）。

なお、重要財産が供されている事業に係る国税は、その納税者の事業に係る国税のうち、その重要財産が供されていた期間に対応する部分の国税の額に限るものとします（徴基通37－３）。

「事業に係る国税」とは

| | |
|---|---|
| 納税者が同族会社 | すべての国税 |
| 納税者が個人 | ①　所得税のうち所得税法第27条《事業所得》の事業所得に係るもの<br>②　所得税（源泉所得税を含みます。）のうち、①の事業所得に係る所得税以外の所得に係る所得税については、これらの事業に係るもの<br>③　消費税等（消費税を除きます。）については、重要財産が供されている事業に属する物品に係るもの<br>④　消費税<br>⑤　登録免許税、印紙税などは、事業に係るこれらの国税 |

### (2)　第二次納税義務を負う者

第二次納税義務を負う者は、納税者の事業の遂行に欠くことのできない重要財産を有している特殊関係者です。

| 納税者 | 特　殊　関　係　者 |
|---|---|
| 個人の場合 | 納税者と生計を一にしている配偶者その他の親族で、その納税者の経営する事業から所得を受けている者（徴37一） |
| 同族会社の場合 | 同族会社の判定の基礎となった株主又は社員（徴37二） |

### (3)　第二次納税義務の範囲

第二次納税義務者から徴収できる金額は、重要財産（取得財産を含みます。）を限度として、主たる納税者の滞納国税の全額です。

この第二次納税義務は「**物的第二次納税義務**」です。

## 6　事業を譲り受けた特殊関係者の第二次納税義務

事業の譲渡が行われる場合、その事業用財産の権利とともに、通常、その事業に係る債権債務も譲受人に移転します（会社22①）が、租税債務は移転しないことから、その租税を譲受人から徴収することはできません。そこで、租税徴収の適正を期するために、一定の要件に該当する場合には、事業の譲受人に対し譲渡人の滞納に係る国税の第二次納税義務を負わせることとしています（徴38）。

### (1) 成立要件

| 成立要件 |
|---|
| ①　国税の法定納期限の１年前の日後に、納税者が生計を一にする親族その他の特殊関係者に事業を譲渡したこと |
| ②　譲受人が同一又は類似の事業を営んでいること |
| ③　納税者が譲渡した事業に係る国税を滞納していること |
| ④　上記③の滞納国税につき滞納処分を執行しても、なおその徴収すべき額に不足すると認められること |

### (2) 第二次納税義務を負う者

| 納税者の親族 | 特殊関係人 |
|---|---|
| ①　納税者の配偶者（婚姻の届出をしていないが、事実上婚姻関係と同様の事情にある者を含みます。）その他の親族で、納税者と生計を一にし、又は納税者から受ける金銭その他の財産により生計を維持しているもの（徴令13①一） | ②　納税者の使用人その他の個人で、納税者から受ける特別の金銭その他の財産により生計を維持しているもの（徴令13①二） |
| | ③　納税者に特別の金銭その他の財産を提供してその生計を維持させている個人（徴令13①三） |
| | ④　納税者が法人税法第67条第２項に規定する会社に該当する会社（以下「被支配会社」という。）である場合には、その判定の基礎となった株主又は社員である個人及びその者と①~③のいずれかに該当する関係がある個人（徴令13①四） |
| | ⑤　納税者を判定の基礎として被支配会社に該当する会社（徴令13①五） |
| | ⑥　納税者が被支配会社である場合において、その判定の基礎となった株主又は社員（これらの者と①から③までに該当する関係がある個人及びこれらの者を判定の基礎として被支配会社に該当する他の会社を含みます。）の全部又は一部を判定の基礎として被支配会社に該当する他の会社（徴令13①六） |

### (3) 第二次納税義務の範囲

第二次納税義務者から徴収できる金額は、譲受財産の価額を限度として、主たる納税者の滞納国税の全額です。

この第二次納税義務は従来「物的第二次納税義務」とされてきましたが、平成28年度税制改正により、「金銭的第二次納税義務」とされました。

**事業再生と第二次納税義務**

中小企業の経営が悪化した場合に、一定のノウハウがあったり、ブランド力のある事業については、その事業だけを本体から分離して別会社を立ち上げたり、あるいは他の企業に譲渡することがあります（いわゆる「Ｍ＆Ａ」です。）。これら企業の事業再生は活発化していますが、再生の企業に滞納がある場合には、その納付が問題になります。

再生に向けた話し合いの中で、債権者である銀行や取引先は債務の減免に応じますが、税は延滞税を含めた全額を直ちに納付するのが原則なので、減免などの話し合いに応じることはできません。そして、滞納額が多額で、それを納付したならば再生計画が成立しなければ、納税がされないまま、事業再生の実行がされるケースが出てきます。しかもその手法として、会社法に定める会社分割がされたときは、優良な事業を切り離した残りである無価値化された分割法人に滞納が取り残されてしまいます（事業再生で使われる分社型分割では、分割した承継会社に対する追及はできません（通９の３））。

そうした滞納については、会社分割そのものを詐害行為として取り消す方法もありますが、より直截的に事業譲渡の第二次納税義務（徴38）を追及する方法があります。

会社分割は事業の譲渡とは異なることや、制度の趣旨が個人事業の法人成りに対処するためといった点から否定的に解する見解もあります。しかし、適用する際に障害だった同一の場所要件を平成28年改正で削除するなどして、会社分割にも適用する取扱いがされています（徴基通38－９(4)）。

## 7　無償又は著しい低額の譲受人等の第二次納税義務

租税の徴収を免れようとする特定の行為について、訴訟によって詐害行為の取消しを行ったのと同じような効果をより直接的に行うため、一定の要件に該当する場合には、財産の譲受人等に対し納税者の滞納に係る国税の第二次納税義務を負わせることとしています（徴39）。

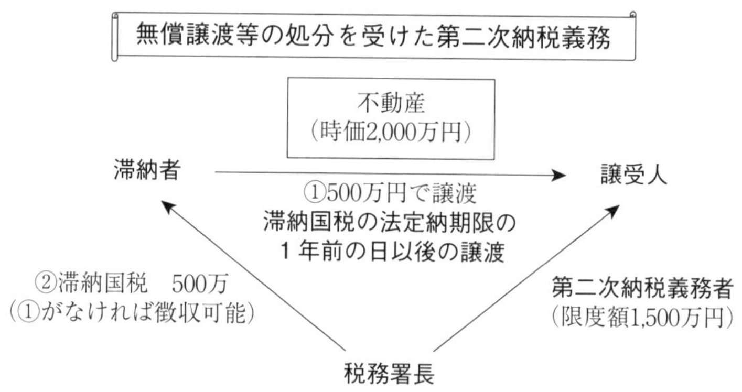


### (1)　成立要件

**成立要件**

① 納税者が、その財産につき、無償又は著しく低い額の対価による譲渡（担保の目的でする譲渡を除きます。）、債務の免除、その他第三者に利益を与える処分をしたこと

② ①の無償譲渡等の処分が、滞納国税の法定納期限の１年前の日以後になされたものであること
(注)　法定納期限の１年前の応答日当日にされた無償譲渡等の処分についても適用されます（徴基通39－２）。

③ 納税者の滞納国税につき滞納処分を執行しても、なおその徴収すべき額に不足すると認められること

④ ③の不足すると認められることが、①の無償譲渡等の処分に基因すると認められること

**成立要件の適否の判定等**

| 成立要件等 | 成立の具体例・判定基準 | |
|---|---|---|
| 無償譲渡等の処分 | 譲渡 | 贈与、特定遺贈、売買、交換、債権譲渡、出資、代物弁済等による財産権の移転（相続等の一般承継によるものを含みません。）（徴基通39－３） |
| | 債務の免除 | 民法第519条《免除》の規定による債務免除のほか、契約による免除（徴基通39－４） |

| | | |
|---|---|---|
| | 第三者に利益を与える処分 | 地上権、抵当権、賃借権等の設定処分、遺産分割協議、株主に対する剰余金の配当など、滞納者の積極財産の減少の結果、第三者に利益を与えることとなる処分（徴基通39－５） |
| 著しく低額の譲渡 | 対価の具体例 | ・売買、交換、債権譲渡については、それにより取得した金銭又は財産<br>・債務の免除については、それと対価関係にある反対給付<br>・地上権等の設定については、設定により受けた反対給付（例えば、権利金、礼金等）（徴基通39－３～５） |
| | 低額の判定 | ・当該財産の種類、数量の多寡、時価と対価の差額の大小等を総合的に勘案して、社会通念上、通常の取引に比べ著しく低い額の対価であるかどうかによって判定（平２.２.15広島地判、平13.11.９福岡高判参照）<br>・原則として、その譲渡等の処分の基因となった契約が成立した時の現況により判定（徴基通39－７、８） |
| １年前の日以後 | ・契約が成立した時とそれに基づき譲渡等の処分がされた時（権利を取得し、又は義務を免れた時）が異なるときは、譲渡等の処分がされた時<br>・譲渡等の処分につき登記等の対抗要件又は効力発生要件の具備を必要とするときは、その要件を具備した日（仮登記とそれに基づく本登記があるときは、本登記）（徴基通39－２） | |
| 基因関係 | 「基因すると認められるとき」とは、その無償譲渡等の処分がなかったならば、現在の徴収不足は生じなかったであろう場合（徴基通39－９） | |

**国外資産の無償譲渡等と第二次納税義務**

滞納者が財産を無償又は著しい低額で譲渡等をしたときの第二次納税義務は（徴39）、その無償譲渡等に起因して徴収不足になったという関係が求められます。そして徴収不足とは「滞納処分の執行」できる財産が不足していることをいい、国外資産に滞納処分はできないので、国外財産が無償譲渡等されても徴収不足との基因関係が認められず、第二次納税義務の追及はできませんでした。その原則は変わりませんが、令和３年の改正で、徴収共助が可能な国にある国外財産に限っては、直接に滞納処分はできなくても共助により徴収は可能なので、基因性を認める手当をしました。なお、追及ができるのは実際に徴収共助の要請をした場合に限られ、その国外資産が徴収共助の対象になる財産である必要があります。

㈱　第二次納税義務は徴収不足が要件ですが、国外財産は滞納処分ができないので、それらは除いて判定する取扱いです（徴基通22－４参照）。しかし、無償譲渡等の第二次納税義務の徴収不足については上記の改正がされたことから、徴収共助により徴収可能な国外財産を含めて判定するよう、取扱いが変更されました（徴基通39－１）。

### ⑵　第二次納税義務を負う者

第二次納税義務を負う者は、無償譲渡等の処分により権利を取得し、又は義務を免れた者です。

| | |
|---|---|
| 権利を取得し、又は義務を免れた者（徴基通39－10） | 無償譲渡等の処分により所有権、地上権、賃借権、無体財産権その他の財産権を取得した者 |
| | 債務の免除により債務を免れた者又は負うべき債務を免れた者 |

### ⑶　第二次納税義務の範囲

第二次納税義務者が、「納税者の親族その他の特殊関係者」又は「納税者の親族その他の特殊関係人以外の第三者」である場合、次に掲げる限度で、主たる納税者の滞納国税の全額について第二次納税義務を負います。

| 第二次納税義務者 | 第二次納税義務の範囲・限度 |
|---|---|
| 納税者の親族その他の特殊関係者 | 無償譲渡等の処分により受けた利益を限度 |
| 納税者の親族その他の特殊関係人以外の第三者 | 無償譲渡等の処分により受けた利益が現に存する限度 |

## 8　人格のない社団等に係る第二次納税義務

人格のない社団等とは、法人でない社団又は財団で代表者又は管理人の定めがあるものをいい、徴収法の適用に当たっては法人とみなされます（徴３）。この人格のない社団等に対する第二次納税義務としては、財産の名義人の第二次納税義務と財産の払戻し等を受けた者の第二次納税義務があります。

人格のない社団等に係る第二次納税義務……財産の名義人の第二次納税義務
……財産の払戻し等を受けた者の第二次納税義務

### ⑴　人格のない社団等の財産の名義人の第二次納税義務

人格のない社団等に帰属する財産のうち、登記・登録制度のある者については、人格のない社団等に登記・登録の能力がないため登記等は代表者等の名義となっています。徴収法第41条第１項は、滞納処分を受ける者とその財産所有者とが形式的にも一致するように、その財産の名義人に対して第二次納税義務を負わせることとしています（徴41①）。

#### ア　成立要件

| 成立要件 |
| --- |
| ①　人格のない社団等が国税を滞納したこと |
| ②　人格のない社団等に属する財産（第三者名義となっているため、その者に法律上帰属すると認められる財産を除きます。）につき、滞納処分を執行しても、なおその徴収すべき額に不足すると認められること |

#### イ　第二次納税義務を負う者

第二次納税義務を負う者は、人格のない社団等の財産の名義人となっている第三者（人格のない社団等の構成員を含みます。徴基通41－１）です。

#### ウ　第二次納税義務の範囲

第二次納税義務者から徴収できる金額は、人格のない社団等に属する財産で第三者名義となっている財産を限度として、主たる納税者の滞納国税の全額です。

この第二次納税義務は「**物的第二次納税義務**」です。

### ⑵　人格のない社団等から財産の払戻し等を受けた者の第二次納税義務

人格のない社団等がその財産の払戻し・分配を行った場合、清算人等の第二次納税義務（徴34）と同様の趣旨で、払戻し又は分配を受けた者に第二次納税義務を負わせることとしています（徴41②）。

㈱　人格のない社団等が解散の決議をしたときその他社会通念上解散したとみられるときは、徴収法第41条第２項の適用はなく、清算人等の第二次納税義務（徴34）の規定が適用される場合があります（徴基通41－５）。

#### ア　成立要件

| 成立要件 |
| --- |
| ①　滞納者である人格のない社団等がその財産の払戻し又は分配をしたこと |
| ②　①の払戻し又は分配が滞納国税の法定納期限の１年前の日後に行われたこと |
| ③　人格のない社団等の財産（第三者名義の財産を含みます。）につき、滞納処分を執行しても、なおその徴収すべき額に不足すると認められること |

#### イ　第二次納税義務を負う者

第二次納税義務を負う者は、人格のない社団等の財産の払戻し又は分配を受けた者です。

#### ウ　第二次納税義務の範囲

第二次納税義務者から徴収できる金額は、払戻し又は分配を受けた財産の価額を限度として、主たる納税者の滞納国税の全額です。

㈱「財産の価額」とは、払戻し又は分配がなされた時におけるその財産の価額をいいます（徴基通41－７）。

## 第二次納税義務一覧表

<table>
<tr><th>第二次納税義務の基となる国税の納税者</th><th>第二次納税義務の成立要件</th><th>第二次納税義務者</th><th>第二次納税義務の限度</th></tr>
<tr><td>合名会社等<br>（徴33）</td><td>納税者の財産について滞納処分を執行しても、なお徴収すべき額に不足すると認められること（以下「徴収不足」といいます。）</td><td>無限責任社員</td><td>滞納税額</td></tr>
<tr><td rowspan="2">解散法人<br>（徴34①）</td><td rowspan="2">・法人に課されるべき、又はその法人が納付すべき国税を納付しないで、清算人が残余財産の分配又は引渡しをしたこと<br>・徴収不足であること</td><td>清算人</td><td>分配又は引渡しをした財産の価額</td></tr>
<tr><td>残余財産の分配又は引渡しを受けた者（持主等）</td><td>分配又は引渡しを受けた財産の価額</td></tr>
<tr><td rowspan="2">信託に係る清算受託者<br>（徴34②）</td><td rowspan="2">・信託が終了した場合において、その信託に係る清算受託者に課されるべき、又はその清算受託者が納付すべき国税を納付しないで、信託財産に属する財産を残余財産受益者等に給付したこと<br>・徴収不足であること</td><td>清算受託者（特定清算受託者）</td><td>給付をした財産の価額</td></tr>
<tr><td>残余財産受益者又は帰属権利者</td><td>給付を受けた財産の価額</td></tr>
<tr><td>同族会社の株主又は社員<br>（徴35）</td><td>・同族会社に該当する株式、出資を有すること<br>・その者が有している同族会社の株式又は出資を再度換価に付しても買受人がないか、その譲渡について制限があり又は株券の発行がないため譲渡に支障があること<br>・徴収不足であること</td><td>同族会社</td><td>納税者の有するその同族会社の株式又は出資の価額</td></tr>
<tr><td>実質所得者課税の規定の適用を受けた個人又は法人<br>（徴36一）</td><td>・実質所得者課税の規定（所12、158、法11）の適用を受けた国税を滞納したこと<br>・徴収不足であること</td><td>実質所得者課税の基因となった収益が法律上帰属すると認められる者</td><td>その収益が生じた財産</td></tr>
</table>

| 第二次納税義務の基となる国税の納税者 | 第二次納税義務の成立要件 | 第二次納税義務者 | 第二次納税義務の限度 |
|---|---|---|---|
| **資産の譲渡等を行った者の実質判定の規定の適用を受けた者**<br>（徴36二） | ・資産の譲渡等を行った者の実質判定の規定（消13）の適用を受けた国税を滞納したこと<br>・徴収不足であること | 消費税の賦課の基因となった貸付けを法律上行ったとみられる者 | その貸付けに係る財産 |
| **同族会社の行為又は計算の否認等の規定の適用を受けた者**<br>（徴36三） | ・同族会社の行為又は計算の否認等の規定の適用を受けた国税を滞納したこと<br>・徴収不足であること | 同族会社等のその否認された行為により利益を受けたものとされる者 | その受けた利益の額 |
| **生計を一にする配偶者のその他の親族からその所有する財産の提供を受けて、事業を遂行していると認められる個人業業者**<br>（徴37一） | ・納税者と生計を一にする配偶者その他の親族が納税者の事業遂行に不可欠な重要財産を有していること<br>・その財産に関して生ずる所得が納税者の所得となっており、それらの親族はその事業から所得を得ていること<br>・納税者がその供されている事業に係る国税を滞納したこと<br>・徴収不足であること | 納税者と生計を一にする配偶者その他の親族で、その納税者の経営する事業から所得を受けている者 | 第二次納税義務の原因となった事業遂行に不可欠な重要財産 |
| **その判定の基礎となった株主又は社員からその所有する財産の提供を受けて事業を遂行していると認められる同族会社**<br>（徴37二） | ・同族会社の判定の基礎となっている株主又は社員がその事業遂行に不可欠な重要財産を有していること<br>・その財産に関して生ずる所得が同族会社の所得となっていること<br>・納税者がその供されている事業に係る国税を滞納したこと<br>・徴収不足であること | その判定の基礎となった同族会社の株主又は社員 | 第二次納税義務の原因となった事業遂行に不可欠な重要財産 |

| 第二次納税義務の基となる国税の納税者 | 第二次納税義務の成立要件 | 第二次納税義務者 | 第二次納税義務の限度 |
|---|---|---|---|
| 親族その他の特殊関係者に事業を譲渡した者<br>（徴38） | ・親族その他の特殊関係者に事業を譲渡し、その譲受人が同一又は類似の事業を営んでいること<br>・同族会社が譲渡した事業に係る国税を滞納したこと<br>・徴収不足であること | 事業を譲り受けた親族その他の特殊関係者 | 譲り受けた財産の価額 |
| 無償又は著しく低い額による譲渡や債務の免除その他第三者に利益を与える処分をした者<br>（徴39） | ・無償又は著しく低い額による譲渡や債務の免除その他第三者に利益を与える処分をしたこと<br>・無償譲渡等の処分が、国税の法定納期限の１年前の日以後にされたものであること<br>・徴収不足が無償譲渡等の処分に基因すること<br>・徴収不足であること | 財産の譲受人その他利益を受けた者 | ①　親族その他特殊関係者<br>…無償譲渡時における受けた利益<br>②　①以外の第三者<br>…受けた利益が現に存する額 |
| 人格のない社団及び財団<br>（徴41①） | 徴収不足であること | 人格のない社団等に帰属する財産の形式的名義人 | その名義となっている財産 |
| 解散類似の事態となった人格のない社団及び財団<br>（徴41②） | ・財産の払戻し又は分配がされたこと<br>・徴収不足であること | 財産の払戻し又は分配を受けた者 | 財産の払戻し又は分配により受けた財産の価額 |

## [14]　第二次納税義務の徴収手続

第二次納税義務に係る国税を徴収するための手続はどのようになりますか。

第二次納税義務に係る国税を徴収するに当たっては、納付通知書により告知し、その納期限までに完納しない場合には、納付催告書により督促します。その後に第二次納税義務者を滞納者として滞納処分をします。

第二次納税義務者からの徴収手続

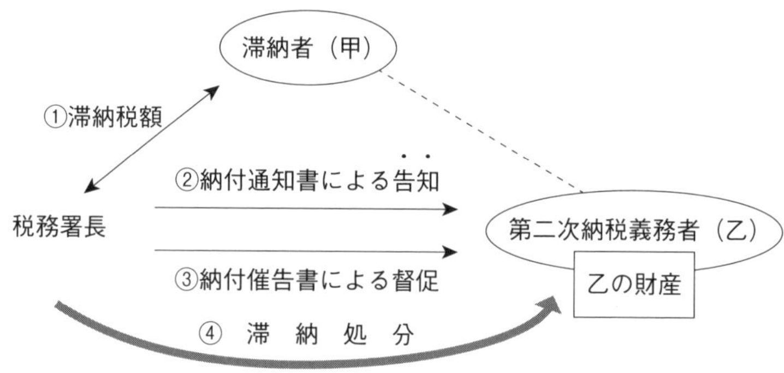


解説

### 1　第二次納税義務の成立

第二次納税義務は、徴収法第33条から第39条又は第41条に規定する特定の納税者が国税を滞納し、かつ、これらに規定する要件を満たすことにより成立します。

㈲　第二次納税義務が成立し、納付通知書による告知を行うことにより確定した後にその成立要件となった事実に変更があっても、いったん確定した第二次納税義務には影響ありません（昭47.５.25最高判参照）。

### 2　納付通知書による告知

#### ⑴　告知の方法・効力発生時期

納税者の国税を第二次納税義務者から徴収しようとするときは、徴収しようとする金額、納付の期限等所定の事項を記載した「**納付通知書**」により告知します（徴32①）。

➤ 第二次納税義務は、主たる納税者の財産では徴収不足と認められる場合に、徴収法32条以下の要件に該当する者に主たる納税義務の履行責任を補充的に負わせるものですから、この意味において、第二次納税義務の納付告知は徴収手続上の一処分ということができます（昭50.８.27最高判参照）。したがって、第二次納税義務は主たる納税義務と別個独立に発生するものではなく、主たる納税義務がある限り、必要に応じいつでも課すことができます（平６.12.６最高判参照）。

なお、告知の効力は、納付通知書が第二次納税義務を課せられた者に送達された時に生じます（徴基通32－２）。

第二次納税義務の成立 ⇒ **納付通知書**による告知 ⇒ 納期限 ⇒ **納付催告書**による督促 ⇒ 差押え

## ⑵ 納付通知書の記載事項

納付通知書の記載事項

① 滞納者の氏名及び住所又は居所
② 滞納に係る国税の年度、税目、納期限及び金額
③ 第二次納税義務者から徴収しようとする金額※、納付の期限及び場所
④ 適用される第二次納税義務の規定

㈱「徴収しようとする金額」（徴基通32－４）

| 第二次納税義務の区分 | 徴収しようとする金額 |
|---|---|
| 合名会社等社員の第二次納税義務（徴33） | 主たる納税者の滞納国税の全額 |
| 財産等の価額を限度とする第二次納税義務（徴34、35、36三、38、39、41②） | 財産等の価額（金額で表示）を限度として主たる納税者の滞納国税の全額 |
| 財産を限度とする第二次納税義務（徴36一・二、37、41①） | その財産（財産自体を表示）を限度として主たる納税者の滞納国税の全額 |

### 3　他の税務署長への通知

第二次納税義務者に対する告知は、主たる納税者の所轄税務署長が発しますが、告知をした税務署長は、第二次納税義務者の住所又は居所の所在地を所轄する税務署長に対しその旨を通知しなければなりません（徴32①）。

### 4　納付の手続

第二次納税義務に係る国税は、主たる納税者の国税であることを記載した納付書によって、その第二次納税義務者の名義により納付します（徴基通32－８、通則法施行規則第16条に規定する別紙第１号書式備考７参照）。

### 5　納付催告書による督促・差押え

第二次納税義務者が告知に係る国税を納付通知書に係る納付の期限までに完納しないときは、税務署長は、繰上請求の規定による請求をする場合を除き、**納付催告書**によりその納付を督促しなければなりません。この場合においては、その納付催告書は、納税の猶予等の別段の定めがあるものを除き、その納付の期限から50日以内に発することとされています（徴32②）。

また、納付催告書を発した日から起算して10日を経過した日までに、第二次納税義務者が国税を完納しないときは、徴収職員はその財産を差し押さえることができます（徴47③）。

### 6　第二次納税義務における通則法の準用

| 読替条項 | 通則法上の規定 | 第二次納税義務における準用 |
|---|---|---|
| 通則法第38条第１項 | 納税者 | 第二次納税義務者 |
| | 納付すべき税額の確定した国税 | 納付通知書により告知した徴収しようとする金額 |
| | 納期限 | 納付通知書に記載された納付の期限 |
| 通則法第46条第１項・第２項 | 納税者 | 第二次納税義務者 |
| | 納期限 | 納付通知書に記載された納付の期限 |
| | 納付すべき税額が確定した国税 | 納付通知書により告知した徴収しようとする金額 |
| 通則法施行令第15条第１項 | 納付すべき国税の年度、税目、納期限及び金額 | 納付通知書に記載された告知年月日、納付の期限及び納付すべき金額並びに主たる納税者の住所、氏名及び滞納税額の年度、税目、納期限、金額 |

| 通則法第55条 | 納税者 | 第二次納税義務者 |
|---|---|---|

## 7　換価の制限

第二次納税義務者の財産の換価は、その財産の価額が著しく減少するおそれ（保存費を多額に要する場合を含みます。徴基通32－15）があるときを除き、主たる納税者の財産を換価に付した後でなければ行うことができません（徴32④）。

なお、ここにいう「換価」とは、狭義の換価（徴89①）をいい、債権の取立ての方法による換価は含まれません。

## 8　物的第二次納税義務の特質

物的第二次納税義務（徴36一、二、37、41①）は、追及財産そのものを限度とする納税義務ですので、第二次納税義務に対する滞納処分は、その追及財産に対してのみ行うことができます。

**物的第二次納税義務についての留意事項**（徴基通32－16）

① 第二次納税義務者に対する滞納処分は、追及財産以外のものについては、することができません。

なお、追及財産と他の財産とが一つの財産を構成している場合には、その財産について滞納処分をすることができます。この場合において、公売の日時の始期の属する日（随意契約により売却する場合には、その売却をする日）の前日までに、その財産を追及財産と他の財産とに分割し、その旨及び差押えを解除すべき旨の申出があったときは、他の財産の部分について差押えを解除します。

㈲ 一つの財産が、追及財産と他の財産とに分割されないまま換価された場合には、換価代金のうち他の財産の部分に相当するものは、第二次納税義務者に交付します（徴基通129－6参照）。

② 第二次納税義務者が納付する場合には、追及財産の価額にかかわらず、その第二次納税義務の基因となった主たる納税者の滞納国税が存する限り、その金額に相当する第二次納税義務額について納付しなければなりません。ただし、徴収法第37条《共同的な事業者の第二次納税義務》の規定による物的

第二次納税義務額について、追及財産の価額に相当する金額を一時に納付した場合で、徴収上支障がないと認められるときは、その後は、その第二次納税義務額について追及しない取扱いになっています。

③　第二次納税義務者が過誤納金及びその還付加算金の請求権を有する場合には、その請求権が追及財産であるときを除き、第二次納税義務者の意思に反する充当はしないものとされています。

## [15]　主たる納税義務との関係

主たる納税義務者と第二次納税義務者とは、どのような関係にありますか。

第二次納税義務者は、主たる納税者の納税義務とは別個に納税義務を負いますが、主たる納税者が納税義務を履行しない場合に初めて二次的に履行する責任を負うこと（**補充性**）、主たる納税者の納税義務なくして成立せず、主たる納税義務が消滅すれば消滅すること（**付従性**）から、保証債務に類似する性格を有しています。

**解説**

### 1　差押えの時期

第二次納税義務の財産は、主たる納税者の財産の差押えに着手する前に差し押さえることができます（徴基通32－17）。

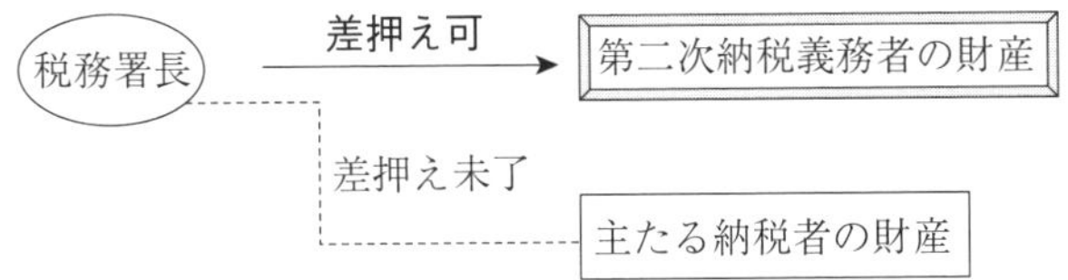


➢ 第二次納税義務者に対する滞納処分と、主たる納税者に対する滞納処分の着手順位については、最終的な処分である換価の順序の制限を除いて特別の制限はありません。

### 2　差押財産の換価の制限

第二次納税義務者の財産の換価は、その財産の価額が著しく減少するおそれがあるときを除き、主たる納税者の財産を換価に付した後でなければ行うことができません（徴32④）。

### 3　納税の猶予等

主たる納税者の国税について納税の猶予をしている間は、その国税の第二次納税義務について納付通知書若しくは納付催告書を発し、又は滞納処分

（交付要求を除きます。）をすることはできません（徴基通32－18）。

しかしながら、第二次納税義務者に対して納税の猶予をしている間においては、主たる納税者に対する滞納処分は制限されません（徴基通32－18）。

### 4　換価の猶予

主たる納税者の国税について換価の猶予をしても、その国税の第二次納税義務について納付通知書若しくは納付催告書を発し、又は滞納処分を行うことができますが、換価については、徴収法第32条第4項の規定による制限があります（徴基通32－19）。

### 5　納付等

主たる納税者又は第二次納税義務者のいずれかがその納税義務の全部又は一部について納付又は過誤納金若しくは還付金の充当等により消滅した場合には、他方の納税義務の全部又は一部が消滅します。

しかしながら、第二次納税義務の限度が主たる納税者の国税の一部であるときは、主たる納税者の納税義務の一部が消滅しても、第二次納税義務の限度に影響がない場合があります（徴基通32－20）。

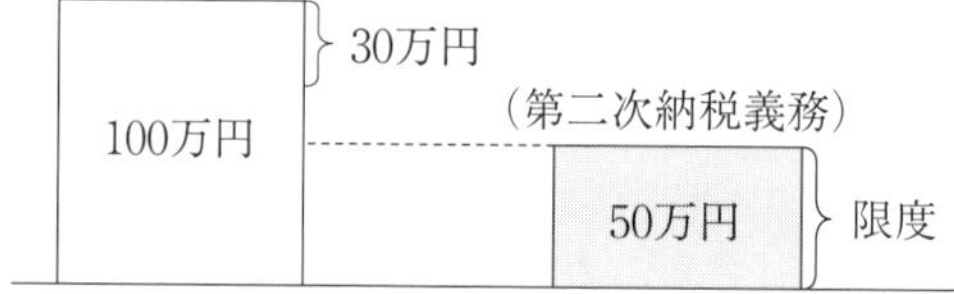


※　主たる納税義務者が30万円納付しても第二次納税義務の限度には影響がありません。

### 6　免除

主たる納税者の納税義務の全部又は一部が免除されたときは、第二次納税義務も全部又は一部が消滅します。しかしながら、第二次納税義務の限度が主たる納税者の国税の一部であるときは、主たる納税者の納税義務の一部が免除されても、第二次納税義務の限度に影響がない場合があります。

なお、第二次納税義務者に対する第二次納税義務の免除の効力は、主たる納税者に対しては効力が及びません（徴基通32－21）。

## 7　主たる納税者に更生手続開始の決定があった場合

主たる納税者につき会社更生法による更生手続開始の決定があった場合には、主たる納税者に対する滞納処分は制限されますが（更50②）、この場合においても、その者の国税に係る第二次納税義務者に対して滞納処分をすることができます（徴基通32－22、昭45.7.16最高判参照）。

## 8　滞納処分の停止

第二次納税義務者がその第二次納税義務について滞納処分の停止を受けた場合であっても、その効力は、主たる納税者には及びません。また、徴収法第153条第４項又は第５項《滞納処分の停止に係る納税義務の消滅》の規定によりその第二次納税義務が消滅した場合においても同様です（徴基通32－23）。

一方、主たる納税者について滞納処分の停止を行い、その国税の納税義務が消滅した場合には、第二次納税義務も消滅します。このため、第二次納税義務者から主たる納税者の国税の徴収ができる場合には、主たる納税者の国税については、滞納処分の停止をしないこととしています（徴基通153－７）。

## 9　過誤納金の還付

主たる納税者と第二次納税義務者との納付に係る国税の一部につき過誤納が生じた場合には、その過誤納金の還付又は充当に関しては、まず、第二次納税義務者が納付した額につきその過誤納が生じたものとします（通令22①）。

また、税務署長は、第二次納税義務者に生じた過誤納額を還付又は充当をしたときは、その旨を主たる納税者に通知しなければなりません（通令22②）。

## 10　限定承認等

主たる納税者が死亡し、相続人が相続財産について限定承認（民922）をした場合においても、その責任は相続財産に限定されるにすぎないものであることから（通５①）、第二次納税義務の額には影響はありません（徴基通32－25）。

なお、相続人全員が相続の放棄をした場合又は相続人が不存在の場合には、被相続人の国税を徴収するため、相続財産法人（民951）を主たる納税者として、被相続人が生存していたときに第二次納税義務者となるべき者に対し、第二次納税義務の追及をすることができます（徴基通32－25㈲）。

### 11　会社更生法による免責の効果

株式会社である主たる納税者が会社更生法第204条《更生債権等の免責等》の規定により国税の納付義務について免責された場合においても、その効力は株式会社と共に債務を負担する者に対して有する権利には影響を及ぼさないことから（更203②）、第二次納税義務に係る国税の額には影響はありません（徴基通32－26）。

### 12　破産との関係

主たる納税義務者につき破産開始決定がされたときは、新たな滞納処分は禁止されますが（破42①）、第二次納税義務の追及は破産財団に属する財産に対するものではないので、制限は受けません。

第二次納税義務を負うべき者が破産手続開始の決定を受けた場合には、破産手続開始の決定前に納付通知書による告知をした第二次納税義務に係る国税は、その納期限から１年を経過していないものに限り、財団債権（破148①三）となります（徴基通47－40㈲１）。

また、破産手続開始の決定前に第二次納税義務の成立要件を満たしている場合において、破産手続開始の決定後に納付通知書による告知をした第二次納税義務に係る国税は、財団債権（破148①）になります（徴基通32－27）。

### 13　時効の完成猶予及び更新・消滅

第二次納税義務者に関して消滅時効の完成猶予及び更新になることをしても、主たる納税者の納税義務には及びません。しかし、主たる納税者の納税義務の消滅時効が完成しない限りにおいては、第二次納税義務の消滅時効は完成しません（徴基通32－28前段）。

なお、主たる納税者の納税義務が時効により消滅した場合には、第二次納税義務もその付従性に基づき消滅することから、主たる納税者の納税義務が時効の完成により消滅するおそれがある場合には、その納税義務の存在確認の訴えの提起等により時効の完成猶予及び更新の措置をとることとされています（徴基通32－28なお書、平６.６.28名古屋地判参照）。

## 14　求償権

第二次納税義務者がその納税義務を履行した場合には、主たる納税義務者に対して求償権を行使することができます（徴32⑤）。

## 15　第二次納税義務の重複賦課

他の行政機関等が既に第二次納税義務を負わせている場合においても、同一の事由に基づき、重ねて第二次納税義務を負わせることができます（徴基通32－29、昭45.7.29東京地判参照）。

## 16　第二次納税義務に係る国税についての第二次納税義務

第二次納税義務者がその第二次納税義務を履行しない場合において、その第二次納税義務について更に第二次納税義務の成立要件を満たす第三者がいるときは、その第二次納税義務者を主たる納税者として、その第三者に対し、第二次納税義務を負わせることができます。

なお、第二次納税義務の成立要件との関係から、第二次納税義務を主たる納税者とする第二次納税義務が成立しない場合があります。例えば、実質所得者課税の規定により課された国税については、その国税についてだけ第二次納税義務を追及できるため（徴36）、第二次納税義務者を主たる納税者として徴収法第36条を適用することはできません（徴基通32－30）。

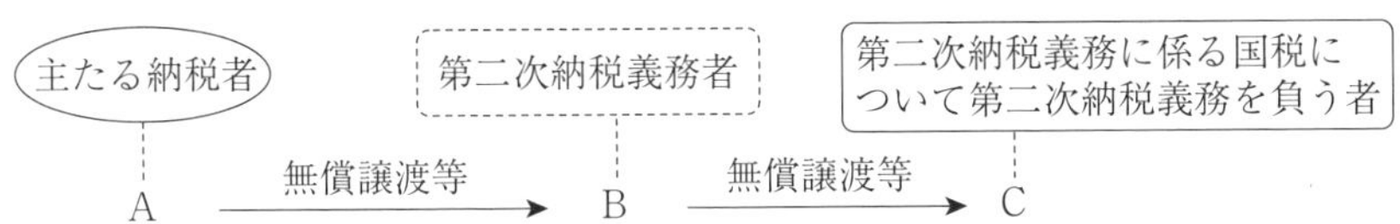


## 17　第二次納税義務と詐害行為取消権との関係

滞納者が行った法律行為が、第二次納税義務の成立要件と詐害行為取消権の成立要件（通42、民424）の双方を満たす場合は、いずれによることもできます（徴基通32－31）。

㈲　徴収法第39条と詐害行為取消権（民424）
　納税者がした財産譲渡が、通則法第42条において準用する民法424条《詐害行為取消権》に定める詐害行為に該当する場合には、債権者である国は、その行為を取り消し、納税者の一般財産から逸脱した財産を納税者の財産として復帰させた上で、これに対して滞納処分を行うこともできます。

しかしながら、詐害行為取消権の行使は、訴訟によることとされているため、詐害行為に該当する行為をすべて詐害行為取消権の行使によって処理することは、租税の簡易、迅速な確保を期する上で適当とは言えません。

徴収法第39条は、詐害行為の取消しを行ったのと同じような効果を行政処分によって上げようとするため、一定の要件に該当する場合には、財産の譲受人等に対し納税者の滞納に係る国税の第二次納税義務を負わせることとしています。

### 参考　無償譲受人等の第二次納税義務（徴39）と詐害行為取消権

<table>
<tr><th colspan="2"></th><th>無償譲受人等の第二次納税義務</th><th>詐害行為取消権</th></tr>
<tr><td rowspan="7">行使の要件等</td><td>主観的要件</td><td>（不要）</td><td>・債務者が悪意であること<br>・受益者（転得者）が悪意であること</td></tr>
<tr><td rowspan="3">客観的要件</td><td>滞納者の行った財産の無償譲渡等、債務の免除その他第三者に利益を与える処分であること。</td><td>債務者の行った財産権を目的とする行為であること。</td></tr>
<tr><td>徴収不足が滞納者の無償譲渡等に基因すると認められること。</td><td>上記の法律行為によって債権者が害されていること。</td></tr>
<tr><td>滞納者の国税につき滞納処分を執行してもなおその徴収すべき額に不足すると認められること。<br>・徴収不足は、無償譲渡等の行為の時点ではなく、納付通知書を発するときの現況によって判定します（徴基通39－１）。</td><td>債務者が上記の法律行為をした時に弁済の資力が不足していること。ただし、取消権を行使する時点で債務者の資力が回復した場合は、取り消すことができません。</td></tr>
<tr><td rowspan="3">その他</td><td>滞納に係る国税の法定納期限の１年前の日以後にされた行為（処分）であること。</td><td>制限はありません。</td></tr>
<tr><td>第二次納税義務者が、納税者の親族その他の特殊関係人以外の第三者の場合、処分された財産が費消された場合には、原則として適用されません（現に在する利益の限度において第二次納税義務を負います）。</td><td>処分された財産が費消された場合にも行使することができます（価額償還）。</td></tr>
<tr><td>処分の対価として支払われたものがある場合には、その対価を控除した処分財産の価額を責任の限度とします（徴基通39－12、13）。</td><td>処分の対価として支払われたものは考慮しません。</td></tr>
<tr><td colspan="2">期間制限</td><td>期間制限はありません。<br>・主たる納税義務が存続している限り賦課することができます。</td><td>期間制限があります。<br>・債権者が詐害行為を確知してから２年。<br>・行為のときから10年。</td></tr>
<tr><td colspan="2">行使の方法</td><td>納付通知書による告知という行政処分によります。</td><td>必ず訴訟によって行使しなければなりません。</td></tr>
</table>

| 効果 | 納付通知書による告知に係る国税だけを徴収することができます。 | 取消しの効果は総債権者のために生じます。 |
| --- | --- | --- |
| | 金銭を納付する義務を負わせます。 | 原則として財産の返還を求めます。返還できない場合には、価額償還として金銭の支払を請求することができます。 |

（令和５年版　図解 国税徴収法Ｐ146より引用）

 第二次納税義務者が主たる納税義務の存否等を争うことの可否

第二納税義務者は、主たる納税義務についての違法を理由に第二次納税義務の告知処分の取消しを求めることはできません。

ただし、第二次納税義務者は、主たる納税義務者の課税処分そのものにつき、直接、不服を申し立て、その取消しを求めることができます。

【昭50.８.27 最高判要旨】

第二次納税義務の納付告知は、主たる課税処分等により確定した主たる納税義務の徴収手続上の一処分としての性格を有するものであるから、主たる課税処分等が不存在又は無効でない限り、右納付告知を受けた第二次納税義務者は、当該納付告知の取消訴訟において、主たる納税義務の存否又は数額を争うことはできない。

【平18.１.19 最高判要旨】

第二次納税義務者は、主たる課税処分により自己の権利若しくは法律上保護された利益を侵害され又は必然的に侵害されるおそれがあり、その取消しによってこれを回復すべき法律上の利益を有するというべきである。そうすると、徴収法第39条所定の第二次納税義務者は、主たる課税処分につき通則法第75条に基づく不服申立てをすることができると解するのが相当である。この場合の不服申立期間の起算日は、第二次納税義務の納付告知がされた日の翌日であると解するのが相当である。

# 第４章　滞納処分―総説

## [16]　滞納処分の意義

滞納処分とは、どのようなものですか。

滞納処分は、納税者がその国税を納期限内に納付しない場合に、債権者である国がその国税債権を強制的に実現するため、滞納者の財産を金銭に換価して、滞納国税を徴収する手続です。

なお、滞納処分は、自力執行の手続によって行われ、徴収職員が直接執行する滞納処分と、他の執行機関によって開始された執行手続に参加して配当を受ける交付要求とに大別されます。

☞　自力執行権　第１編第１章総則　４頁参照

**解説**

### 1　滞納処分の性質

滞納処分は、財産の差押え、財産の換価、換価代金の配当という数個の行為からなる一連の手続であり、それぞれが独立した行政処分です。

したがって、差押え、換価等の各処分は独立して不服申立て又は訴訟提起の対象となります。

【昭14.12.14行判要旨】

滞納処分は、強制徴収の目的達成のために行う差押え、公売等各種処分の総体をさすものであり、滞納処分そのものが一個独立の行政処分ではなく、これを組成する差押え、公売等の処分がそれぞれ一個完全の行政処分である。したがって、滞納処分における訴願、訴訟の対象も、差押え、公売等各個の行政処分であって、これに対する訴願、訴訟の期間もまた各処分について計算すべきである。

## 2　違法性の承継

行政処分はそれぞれが目的を異にするので、原則として処分の違法性による取消しは、他の処分には影響を及ぼしません。但し、先行する処分がそれに続く後行処分と同じ目的・効果を有している場合には、先行する処分にある違法性は、後行処分に承継されます。

### (1)　督促、滞納処分における違法性の承継

#### ア　督促と滞納処分

督促は、滞納処分の前提となる処分であり、国税債権の強制徴収という同一目的のための一環をなすものですから、督促の違法性は、滞納処分に承継されます。

#### イ　滞納処分相互間の関係

滞納処分における差押え、換価、配当の各処分は、それぞれが独立した処分ですが、いずれも国税債権の強制徴収という同一目的のための一連の行為であり、滞納処分相互間では、先行処分の違法性が承継されます。たとえば、差押処分の違法性は、その後における換価処分や配当処分に承継される（徴基通47－１）ことから、換価処分や配当処分に違法性がなくても、差押処分の違法性を理由に、換価処分及び配当処分の違法性を争うことができます（大15.７.20行判、昭９.７.24行判参照）。

☞　第１編第10章「不服審査及び訴訟の特例」参照

### ⑵　賦課処分と滞納処分との関係

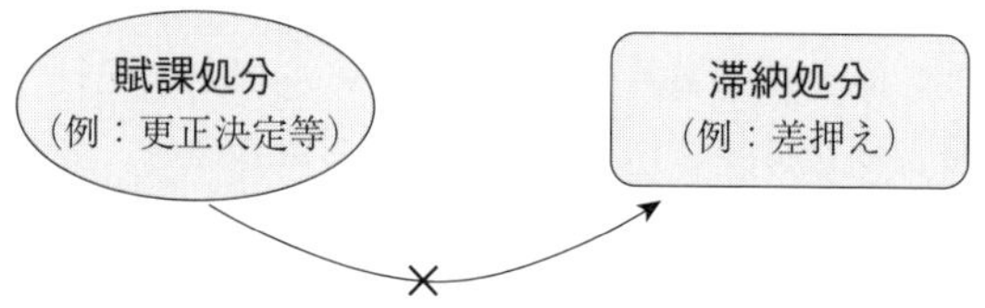


賦課処分は、滞納処分と目的及び効果を異にし、それ自体で完結する別個独立の行政処分であることから、賦課処分の違法性は、当該処分が無効でない限り滞納処分に承継されません。したがって、賦課処分に取り消し得べき瑕疵があっても、その処分が取り消されるまでは、滞納処分を行うことができ、また、賦課処分が取り消されても、その取消し前に完結した滞納処分には影響はありません（徴基通47－２、昭26.２.28鳥取地判、昭39.４.16仙台高判参照）。

**賦課処分**　国税債権の確定を目的とする処分

**滞納処分**　確定した国税債権の強制的実現を目的とする処分

### 参考　第二次納税義務者等に対する告知処分と滞納処分の関係

第二次納税義務者及び納税保証人に対する告知処分とそれらの者に対する滞納処分とは、それぞれ目的及び効果を異にし、それ自体で完結する別個の行政処分ですから、告知処分の違法性は滞納処分には承継されません。したがって、告知処分に取消事由となるべき瑕疵があっても、その処分が取り消されるまでは、滞納処分を行うことができ、また、告知処分が取り消されても、その取消し前に完結した滞納処分の効力には影響がありません（昭43.３.28大阪高判参照、徴基通47－３）。

### 参考　滞納処分等の理由附記

処分の適正化と納税者の予見可能性の確保等の観点から、通則法が改正され（同法第74条の14により国税に関する処分等について行政手続法第８条及び第14条が適用されることになりました。）、平成25年１月１日以後、全ての不利益処分及び申請等に対する拒否処分について理由附記をしなければならないこととされました。

理由附記の趣旨は、行政庁の判断の慎重を担保してその恣意を抑制するとともに、処分の理由を相手方に知らせて不服申立てに便宜を与えることにあるとされており、その記載の程度については、その処分の性質やその根拠法規の趣旨・目的に照らして決せられるべきものであり、処分ごとに理由附記の程度は異なることになるとされています。なお、理由附記が不十分であった場合には、処分の取消事由になるとされています。

したがって、差押え、交付要求、第二次納税義務の告知、納税の猶予の不許可等の処分を行う場合には、滞納者等に送付する通知書等に処分の要件事実を具体的に記載する必要があります。

## 滞納整理事務の手順（督促～配当等）

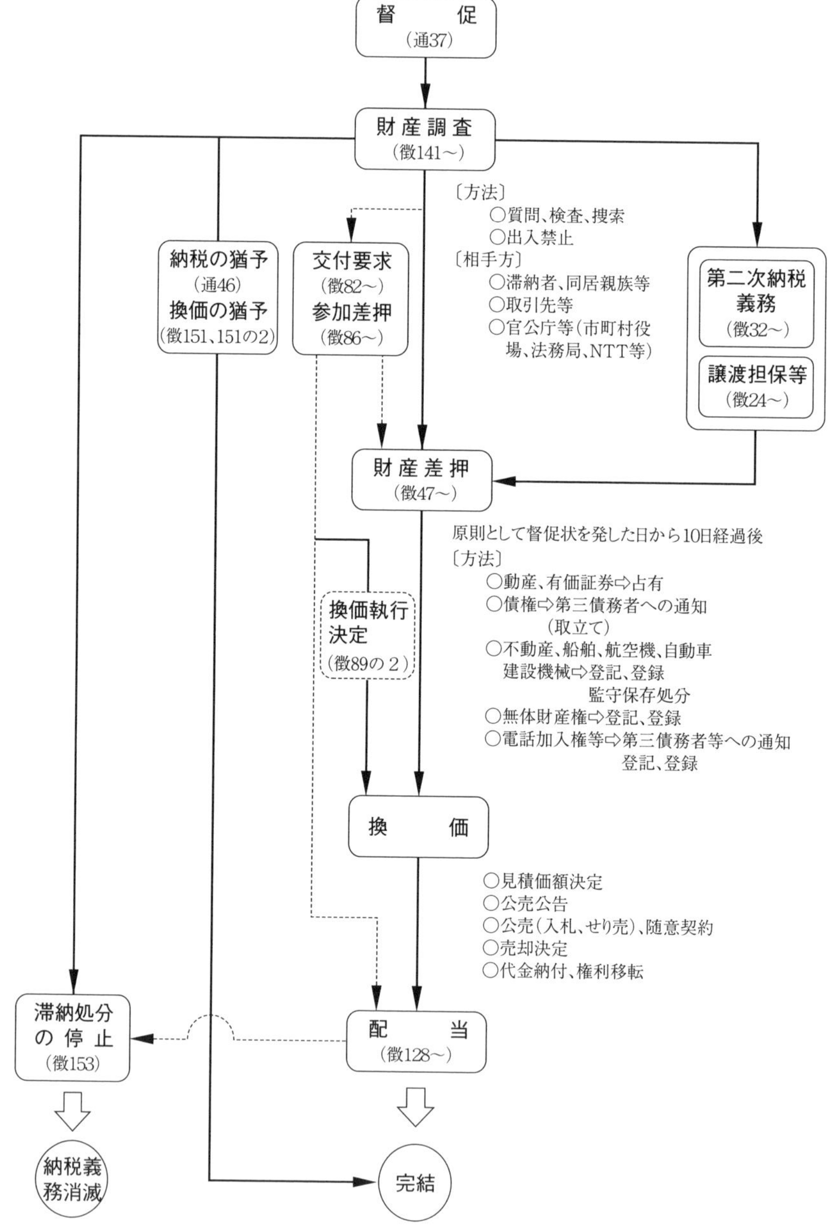

## [17]　滞納処分の効力

滞納者の財産について滞納処分を執行した後に、滞納者が死亡した場合の滞納処分の効力はどのようになりますか。

滞納者の財産について滞納処分を執行した後、滞納者が死亡したときは、その財産について滞納処分を続行することができます。

**解説**

### 1　一般承継があった場合の滞納処分の効力

#### ⑴　死亡又は合併前にした滞納処分の効力

滞納者が死亡（又は合併による消滅）した場合には、処分をする相手が存在しないことになるので、本来は滞納処分をすることはできません。

しかしながら、改めて滞納国税を承継（通５）する承継人に対して滞納処分をやり直すことは手続の混乱を招くだけなので、死亡時において既に滞納処分を執行していた場合には、その執行は続行することができます（徴139①）。

➢　徴収法第139条は、滞納処分の手続をやり直さなくてもよいだけなので、納税義務の承継（通５、６）をしないで滞納処分を続行することはできません。

（滞納者が死亡した場合）

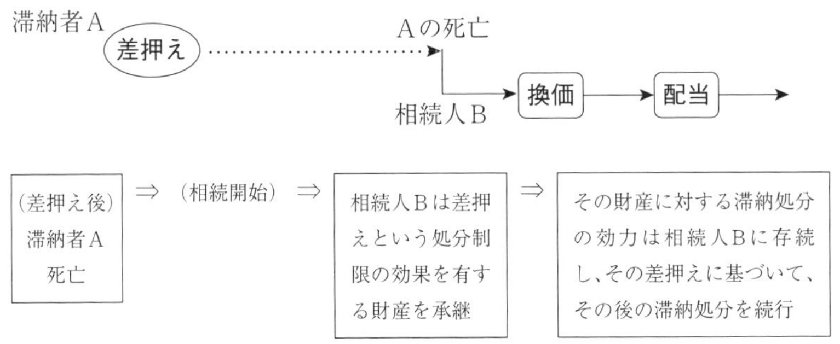


㈟　徴収法第139条第１項の「滞納処分を続行することができる」とは、被相続人又は被合併法人を名宛人として執行した滞納処分の効力が、別段の手続を

とることなく、当然に相続人又は合併法人に及ぶことをいいます。

なお、不動産を換価した場合において、滞納処分による換価に伴う買受人への権利移転に当たっては、被相続人から買受人への権利移転の登記は中間省略登記になるので、税務署長は、買受人に代わって相続人又は合併法人への権利移転の登記の嘱託をした後、買受人のために権利移転の登記の嘱託をする必要があります（昭43.６.５付民事甲第1835号法務省民事局長回答）。

### ⑵　死亡後にした差押えの効力

徴収職員が滞納者の死亡を知らないで、滞納者名義になっている財産を差し押さえた場合であっても、名宛人の表示を誤った場合に相当するものとして、その差押えは、相続人に対してなされたものとみなされます（徴139②）。

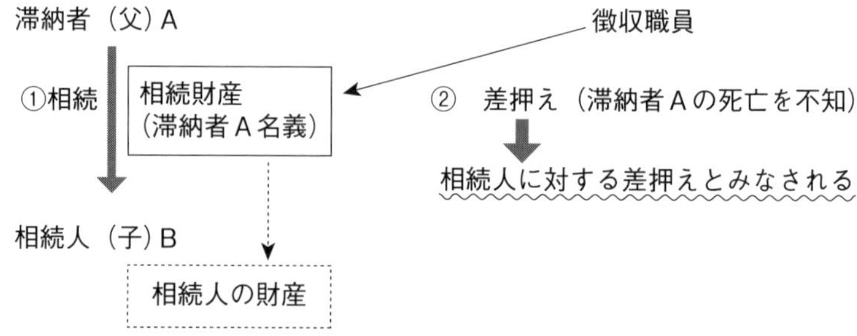


## ２　仮差押え又は仮処分と差押えの効力

滞納者の財産について、仮差押え又は仮処分がされていても、滞納処分の執行には何ら影響を受けることなく、その処分を続行することができます（徴140）。

㈲「仮差押え」及び「仮処分」とは、裁判所の決定に係る仮差押え及び仮処分をいいます（徴基通140－１・２、徴基通55－10・11参照）。

仮差押えがされている財産であっても、滞納処分により差押え・公売はできますが、滞調法による手続の調整を行います。なお、残余金が出た場合には、仮差押えの本案を管轄する裁判所に交付します（滞調18②）。

## [18]　滞納処分の対象となる財産

差押えの対象となる財産とは、どのような財産をいいますか。

滞納処分の第一段階としての「差押え」ですが、この差押えの対象となる財産は、次に掲げる要件を備える必要があります。

差押えの対象となる財産

・滞納者に帰属している財産
・徴収法施行地内に所在する財産
・金銭的価値のある財産
・譲渡性を有する財産
・差押禁止財産以外の財産

解説

### 1　財産の帰属

差押えの対象となる財産は、差押えをする時に滞納者に帰属しているものでなければなりません（徴基通47－５）。

#### (1)　一般の帰属財産

財産が滞納者に帰属しているかどうかの判定は、次に掲げる事項を参考にして行います（徴基通47－20）。

| 財産の種類 | 事　　項 |
|---|---|
| ①動産及び有価証券 | 滞納者が所持していること（民186等）。ただし、他人の所有に属することが明らかなものは除きます。 |
| ②登録国債、振替社債等 | 登録又は記載若しくは記録名義が滞納者であること（国債ニ関スル法律第３条等）。 |
| ③登記・登録された不動産、船舶、航空機、自動車、建設機械、電話加入権、地上権、鉱業権等の権利並びに特許権その他の無体財産権等 | 登記・登録の名義人が滞納者であること（民177、商686等）。 |

| | |
|---|---|
| ④未登記の不動産所有権その他の不動産に関する権利及び未登録の著作権等 | その占有の事実、家屋補充課税台帳（又は家屋台帳）、土地補充課税台帳（土地台帳）その他帳簿書類の記載等により滞納者に帰属すると認められること。 |
| ⑤持分会社の社員の持分 | 定款又は商業登記簿における社員の名義が滞納者であること（会社576等）。 |
| ⑥株式 | 株主名簿の名義人が滞納者であること（会社121等）。 |
| ⑦債権<br>（電子記録債権を除きます） | 借用証書、預金通帳、売掛帳その他取引関係帳簿書類等により、滞納者に帰属すると認められること。 |
| ⑧電子記録債権 | 記録原簿の記録名義が滞納者であること。 |

**滞納者名義の不動産の差押え**

既に滞納者が譲渡しているが、名義移転の登記をしていない不動産が差し押さえられたときは、それは滞納者に帰属しない財産を差し押さえたことになります（民176）。しかし、登記をしていない所有者は、自らの所有権を第三者に主張できない（対抗できない）ので（民177）、差押え時に譲渡の事実を国が知らない限り（背信的悪意者の場合を除く）、税務署による公売を阻止できません（昭31.４.24最高判参照）。

また、滞納者の名義になっている登記が虚偽のときは、その財産は滞納者に帰属しません（無効）。しかし、それを差し押さえた国に対して、真実の所有者は自らの権利に基づき公売を阻止することはできません（民94②類推適用、昭62.１.20最高判参照）。

### (2)　滞納者の名義でない場合の帰属認定

上記(1)の①～③、⑤、⑥及び⑧の財産については、その所持人又は登記・登録等の名義が滞納者でなくても、帳簿書類、当事者の陳述等に基づき、次に掲げる事実が明らかであるときは、その財産は滞納者に帰属していますので、滞納者の財産として差し押さえることができます（徴基通47－21）。

また、その財産が上記(1)の②の登録国債並びに③、⑤、⑥及び⑧であるときは、その登記等の名義を訴訟等により滞納者に変更した上で差し押さえることができます。

**滞納者への帰属認定の根拠となる事実関係**

・その財産が売買、贈与、交換、出資、代物弁済等により、滞納者に譲渡されたこと
・滞納者がその財産を仮装売買等無効な法律行為により、名義人等に譲渡したこと
・相続、包括遺贈又は合併に基づく一般承継により、財産の所有権が滞納者に帰属していること
・上記を除くほか、権利が滞納者に帰属しているにもかかわらず、登記名義が滞納者以外の者になっていること

**売掛金等の帰属認定**

滞納者名義ではない売掛金であっても、①滞納者が売掛金の名義人を意のままに支配する関係にあること、②滞納等の支払いを逃れるために名義を利用していることなどの事実がある場合には、滞納者に帰属するものとして差し押さえることができます（平22.１.15大阪地岸和田支部判決参照）。

### (3)　夫婦又は同居の親族の財産の帰属関係

滞納者の配偶者（届出をしていないが事実上婚姻関係と同様の事情にある者を含みます。）又は同居の親族が主として滞納者の資産又は収入によって生計を維持している場合には、その滞納者の住居にある財産は、その滞納者に帰属するものと認定して差し支えありません（大正６.11.28大判参照）。ただし、次に掲げる財産はこの限りではありません（徴基通47－22）。

①　配偶者が婚姻前から有する財産及び婚姻中自己の名において得た財産
②　配偶者が登記された夫婦財産契約に基づき所有する財産
③　①及び②に掲げる財産以外の財産で配偶者又は親族が専ら使用する財産
④　夫婦のいずれに属するか明らかでない財産（共有財産）についての配偶者の持分

## 2　財産が徴収法施行地内に所在すること

差押えの対象となる財産は、徴収法施行地内（日本国内）に所在するものでなければなりません。なお、その財産の所在に関して、徴収法には規定を設けていませんが、相続税法第10条《財産の所在》に定めるところに準じて行います（徴基通47－６）。

財産の所在地の判定は、その財産の性質によって異なりますが、おおむね次によるものとされています。

| 財産の種類 | 所在地の判定 |
|---|---|
| 動産、不動産、不動産上に存する権利 | 動産又は不動産の所在地 |
| 債権 | 第三債務者の住所又は居所 |
| 船舶、航空機 | 船籍又は航空機を登録した機関の所在地 |
| 国債又は地方債 | 徴収法の施行地内 |
| 保険金 | 保険の契約に係る保険会社の本店又は主たる事業所の所在地 |

➢　滞納者の財産が外国にあると認められる場合には、「租税に関する相互行政支援に関する条約」による徴収共助の対象となる租税については、条約相手国に対し、徴収共助を要請することができます（同条約11、租税条約実特11の２）。

なお、地方税及び公課は徴収共助の対象にはなりません。

## 3　財産が金銭的価値を有していること

差押えの対象となる財産は、金銭的価値を有するものでなければなりません。したがって、金銭又は物の給付を目的としない作為又は不作為を目的とする債権等は、差押えの対象とはなりません（徴基通47－７）。

## 4　財産が譲渡性を有すること

差押えの対象となる財産は、譲渡又は取立てができるものでなければなりません。したがって、例えば、相続権、扶養請求権、慰謝料請求権、財産分与請求権等、納税者に一身専属的に帰属する権利は、差し押さえることができません（徴基通47－８）。なお、譲渡禁止特約のある財産であっても差し押さえることはできます（徴基通47－９）。

## 5　差押禁止財産

差押えの対象となる財産は、法律上差押えを禁止している財産（差押禁止財産）以外の財産でなければなりません（徴75～78）。

なお、徴収法が定める差押禁止財産は、滞納者が個人の場合であり、法人の財産が差押えを制限されることはありません。

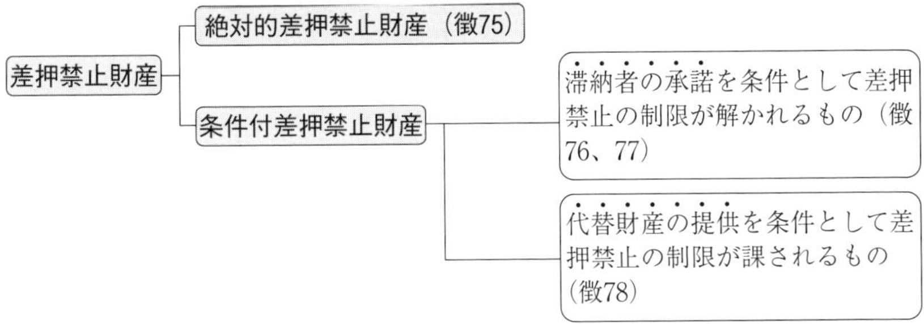


### ⑴　絶対的差押禁止財産

絶対的差押禁止財産とは、次に掲げるような財産で、これらを差し押さえることはできません（徴75）。これは絶対的に差押えを禁止したものであり、差押禁止財産であることが外観上明白なものを差し押さえたときは、その差押えは無効になります。外観上明白でないものについては、その差押えは直ちに無効となるものではありませんが、違法な差押えとして取り消されます（徴基通75－１）。

| | 徴75①各号 | 差押禁止財産の内容 |
|---|---|---|
| 差押禁止財産（徴75①） | 1 | 滞納者及び滞納者と生計を一にする親族の生活に欠かすことができない衣服、寝具、家具、台所用品、畳、建具 |
| | 2 | 滞納者及び滞納者と生計を一にする親族の生活に必要な３月間の食糧、燃料 |
| | 3 | 主として自己の労力により農業を営む者の農業に欠くことができない器具、肥料、労役の用に供する家畜及びその飼料並びに次の収穫まで農業を続行するために欠くことができない種子その他これに類する農産物 |
| | 4 | 主として自己の労力により漁業を営む者の水産物の採捕又は養殖に欠くことができない漁網その他の漁具、えさ及び稚魚その他これに類する水産物 |
| | 5 | 技術者、職人、労務者その他の主として自己の知的又は肉体的な労働により職業又は営業に従事する者（前二号に規定する者を除きます。）のその業務に欠くことができない器具その他の物（商品を除きます。） |
| | 6 | 実印その他の印で職業又は生活に欠くことができないもの |
| | 7 | 仏像、位牌その他礼拝又は祭祀に直接供するため欠くことができない物 |
| | 8 | 滞納者に必要な系譜、日記及びこれに類する書類 |
| | 9 | 滞納者又はその親族が受けた勲章その他名誉の章票 |
| | 10 | 滞納者又はその者と生計を一にする親族の学習に必要な書籍及び器具 |
| | 11 | 発明又は著作に係るもので、まだ公表していないもの |
| | 12 | 滞納者又はその者と生計を一にする親族に必要な義手、義足その他の身体の補足に供する物 |
| | 13 | 建物その他の工作物について、災害の防止又は保安のため法令の規定により設備しなければならない消防用の機械又は器具、避難器具その他の備品 |

㈱1　徴収法に規定する財産以外であっても、例えば、恩給法が規定する恩給を受ける権利、雇用保険法が規定する失業等給付を受ける権利、児童手当法が規定する児童手当の支給を受ける権利、生活保護法が規定する生活扶助等、労働基準法が規定する療養補償など、他の法令により差押えが禁止されているものがあります。

2　農業生活者や漁業生活者（「主として自己の労力により」なので、農業法人は対象外です。）の農業用機械や漁船は、条件付差押禁止財産（徴78）なので、直ちには差押えを制限されません。なお、手工業生活者の製造器具等は差押禁止になりますが、小売や卸売業者の商品は、差押えが禁止されません（徴75①五）。

### (2) 条件付差押禁止財産

条件付差押禁止財産
- 給与の差押禁止（徴76、徴令34）
- 社会保険制度に基づく給付の差押禁止（徴77、徴令35）
- 条件付差押禁止財産（徴78）

#### ア　給与の差押禁止

給与については、給与等（徴76①）、賞与等（徴76③）、退職手当等（徴76④）に分類されます。

| | | |
|---|---|---|
| 給与 | 給料等 | 給料、賃金、俸給、歳費、退職年金及びこれらの性質を有する債権（役員報酬、超過勤務手当、扶養家族手当、宿日直手当、通勤手当等） |
| | 賞与等 | 賞与及びその性質を有する給与に係る債権（公務員の期末手当、勤勉手当その他年末等一定の時期に法令、規約、慣行等により支給される給与で、給料等のように継続的に支給される給与以外のものをいいます。） |
| | 退職手当等 | 退職手当及びその性質を有する給与に係る債権（名称のいかんを問わず、退職（死亡退職を含みます。）を基因として雇用主等から支給される給与のうち、退職年金のように継続的な性質を有しないものをいいます。また、分割支給されるものを含みます。） |

**給料等の差押禁止額**

この場合の「給与等」の債権の差押禁止については、次のようになります。

**差押禁止額**

「(a) (b) (c)の合計額」

(a)　給与等から差し引かれる源泉所得税（徴76①一）、道府県民税及び市町村税（徴76①二）、社会保険料（徴76①三）に相当する金額
　(注)　道府県民税及び市町村民税については、普通徴収の方法により徴収されている場合には、その金額は差押禁止額に該当しません（徴基通76－６）。

(b)　滞納者については、１月ごとに100,000円、生計を一にする配偶者その他の親族１人につき、１月ごとに45,000円として計算した金額の合計額（徴76①四）
　(100,000＋45,000×滞納者と生計を一にする親族の数)

(c)　（給与等－上記(a)－上記(b)）×20/100に相当する金額。
　ただし、この金額が(b)の金額の2倍を超えるときは、その2倍が限度（徴76①五）

〔設例〕

| | | |
|---|---|---|
| 給与等の総支給額 | | 368,000円…① |
| | 源泉徴収の所得税 | 9,300円…② |
| | 住民税 | 16,700円…③ |
| | 社会保険料 | 42,890円…④ |
| | 扶養親族　２人 | |

**差押禁止額の計算**

| | | | |
|---|---|---|---|
| ・徴76①一の金額（②の金額） | | 10,000円……⑤ | (a) |
| ・〃①二の金額（③の金額） | | 17,000円……⑥ | (a) |
| ・〃①三の金額（④の金額） | | 43,000円……⑦ | (a) |
| ・〃①四の金額（100,000円＋45,000円×２人） | | 190,000円……⑧ | (b) |
| ・〃①五の金額（①－(⑤＋⑥＋⑦＋⑧)）×0.2 | | 22,000円……⑨ | (c) |

**差押禁止額計**（⑤～⑨の合計）　282,000円

㈲　差押えができる金額の計算に当たっては、その計算の基礎となる期間が１月未満のときは100円未満の端数を、１月以上のときは1,000円未満の端数を、それぞれ次のように取り扱います（徴基通76－３）。

⑴　給料等の金額については、切り捨てます。

⑵　徴収法第76条第１項各号に掲げる金額については、切り上げます。

**差引差押可能額（①－差押禁止額（⑤～⑨））**

368,000円－282,000円＝　86,000円

㈲１　差押禁止の特例

給料等の差押禁止は、滞納者の承諾があるときは適用されません（徴76⑤）。したがって、承諾があるときは、その承諾の範囲内で、差押禁止額を超えて差し押さえすることができますが、差押えを禁止する趣旨が給与等で生活する者の生活保障にあることからは、差押えの直近での承諾が必要と考えます。

２　給料等の差押禁止は、それで生活する者の生活保障にありますから、給料等が現金支給された場合に自宅にある金銭は、差押禁止額相当分は差押えをすることができません（徴76②）。給料等が金融機関に振り込まれた場合には、預金債権には差押禁止の属性は承継しませんが、同様の取扱いが

求められます（参考「差押禁止財産が預金口座に振り込まれた場合」参照）。

### イ　社会保険制度に基づく給付の差押禁止

社会保険制度に基づき支給される給付の差押禁止額は、次のとおりです（徴77）。

| 社会保険制度に基づき支給される給付 | | | |
|---|---|---|---|
| | 退職年金、老齢年金、普通恩給、休業手当金及びこれらの性質を有する給付に係る債権 | ⇒ | 給料等とみなして差押禁止額を計算 |
| | 退職一時金、一時恩給及びこれらの性質を有する給付に係る債権 | ⇒ | 退職手当等とみなして差押禁止額を計算 |

### ウ　条件付差押禁止財産

次に掲げる財産は、滞納者がその国税の全額を徴収することができる財産で、換価が困難でなく、かつ、第三者の権利の目的となっていないものを提供したときは、その選択により、差し押さえないものとされています（徴78）。これらに掲げられている財産を「**条件付差押禁止財産**」といいます。

**条件付差押禁止財産**（徴78）

①　農業に必要な機械、器具、家畜類、飼料、種子その他の農産物、肥料、農地及び採草放牧地
②　漁業に必要な魚網その他の漁具、エサ、稚魚その他の水産物及び漁船
③　①及び②の事業以外の職業又は事業の継続に必要な機械、器具その他の備品及び原材料その他たな卸をすべき資産

**徴収法基本通達78条関係《条件付差押禁止財産》**

**（国税の全額を徴収することができる財産）**

1　法第78条の「国税の全額を徴収することができる財産」とは、滞納者の差押えをしようとするときにおける滞納国税の全額を徴収することができる財産をいい、その財産の処分予定価額がその国税の全額以上である財産をいう。
　なお、上記の「国税の全額を徴収することができる」かどうかの判定については、滞納国税につき既に差押えをした財産があるときは、その財産の処分により徴収できると見込まれる金額を除いたものにより判定するものとする。

**（提供）**

2　法第78条の「提供」とは、徴収職員が直ちに差押えができる状態におくこ

とをいう（昭和32.6.26高松高判参照）。したがって、滞納者が提供しようとする財産の権利関係が明らかではなく又はその財産が著しく遠隔地にあるなどにより、調査するために日時を要する場合には、法第78条の「提供」には該当しない。

（その選択により）

3　法第78条の「その選択により」とは、滞納者の選択によることをいう。

## 差押禁止財産が預金口座に振り込まれた場合

差押えが禁止されている債権が滞納者の預金口座に振り込まれた場合は、その差押禁止債権は預金債権に転化し、差押禁止債権としての属性を承継しないため、その預金債権を差押えることは禁止されていません（平10.2.10 最高判参照）。

しかしながら、徴収職員が預金口座に差押禁止債権が振り込まれていることを認識した上で、その原資が差押禁止債権の振込によって形成されている預金債権を差押えた場合は、実質的に差押差禁止財産からの徴収を意図したものとして、違法な差押えとなります（令元.９.26 大阪高判参照）。

**新型コロナ関連助成金の差押え**

差押えが禁止される財産は、その旨が法律に規定されている場合に限られます。その点で、新型コロナ関連で支給された助成金や特別融資を受けた金銭は、法律で差押禁止はされていませんが、それらを交付する趣旨を踏まえて、慎重に対応することが求められています。また、同様の趣旨から、災害等があった場合の災害義援金も同様の取扱いが求められています。なお、それらの交付される金銭が滞納者の預金口座に振り込まれた場合も、これらの趣旨を踏まえるよう求められています。

## [19]　財産の調査

徴収職員が滞納処分を行うためには、どのような調査を行うのですか。

徴収職員は、滞納処分を行うに当たり、滞納者が差押えの対象となる財産を所有しているか、また、その所有している財産を差し押さえることが適当であるかなどを調査する必要があります。

徴収法では、この調査に関して、①質問及び検査、②捜索、③出入禁止について規定しています。

財産調査に関する権限 ⇒ ①質問及び検査　②捜　索　③出入禁止

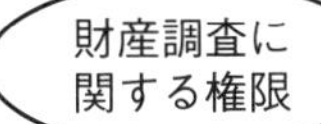

### 1　財産の調査

徴収職員が滞納処分を行うためには、①差押えの対象となる財産が滞納者に帰属しているか、また、②その所有している財産を差し押さえることが適当であるかなど、調査する必要があります。

徴収法は、徴収職員が滞納処分のために行う、①質問及び検査（徴141)、②捜索（徴142)、③出入禁止（徴145）について規定しています。

財産調査のための権限

| | | |
|---|---|---|
| 質問及び検査の権限 | ……………… | 任意調査＊ |
| 捜索の権限 | ……………… | 強制調査＊ |
| 出入禁止の権限 | ……………… | 強制調査 |

＊「任意調査」と「強制調査」

・「任意調査」は、調査の相手方においてそれを受忍しなければならない義務を課していますが、相手方がそれに応じない場合に、威力をもって応じることを強要できない調査です。
・「強制調査」は、調査の相手方が調査に応じない場合であっても、威力をもって強要することができる調査です。したがって、相手が人である質問については強制調査はできませんが、相手が物である検査は強制調査である捜索をすることができます。
・徴収職員には、財産調査のために、任意調査としての「質問及び検査」の権限と強制調査としての「捜索」及び「出入禁止」の権限が与えられています。

## 2　質問及び検査

徴収職員は、滞納処分のため滞納者の財産を調査する必要があるときは、その必要と認められる範囲内において、滞納者や滞納者の財産を占有する第三者などに質問し、又はその者の財産に関する帳簿書類（電磁的記録を含みます。）を検査することができます（徴141）。

➤ **「電磁的記録」**

電子的方式、磁気的方式その他の人の知覚によって確認することができない方式で作られる記録であって、電子計算機による情報処理のように供されるものをいいます（徴141①）。

### (1)　質問・検査の相手方

質問・検査の相手方については、次のとおりです（徴141一～四、徴基通141－２～４）。

| 質問・検査の相手方 | 具体的な相手方 |
|---|---|
| 滞納者 | ―――― |
| 滞納者の財産を占有する第三者 | 正当な権原の有無にかかわらず、滞納者の財産を自己の占有に移し、事実上支配している第三者（徴基通141－２） |
| 滞納者の財産を占有していると認めるに足りる相当の理由がある第三者 | 滞納者等の陳述、帳簿書類の調査、伝聞調査等により、滞納者の財産を占有していると認められる第三者（徴基通141－３） |
| 滞納者に対し債権若しくは債務があると認めるに足りる相当の理由がある者 | 滞納者等の陳述、帳簿書類の調査、伝聞調査等により、滞納者に対し、金銭、物品又は役務等の給付を目的とする債権を有し、又は債務を負うと認められる者（徴基通141－３） |
| 滞納者から財産を取得したと認めるに足りる相当の理由がある者 | 滞納者等の陳述、帳簿書類の調査、伝聞調査等により、売買、贈与、交換、出資等により滞納者から財産を取得したと認められる者（徴基通141－３） |

| 滞納者が株主又は出資者である法人 | 滞納者が株主である株式会社又は滞納者が出資者である持分会社、各種協同組合、信用金庫、人格のない社団等（徴基通141－４） |
|---|---|

### ⑵　質問の方法

徴収職員が行う「質問」は、口頭又は書面のいずれによっても差し支えありませんが、口頭による質問の内容が重要な事項であるときは、必ずそのてん末を記録することとし、そのてん末を記載した書面に答弁者の署名押印を求め、その者が署名押印をしないときは、その旨を付記しておきます（徴基通141－５）。

### ⑶　検査の対象

検査の対象となるのは、検査の相手方となる者の「財産に関する帳簿書類」です（徴141、徴基通141－６）。

**財産に関する帳簿書類**

・検査の相手方となる者の有する金銭出納帳、売掛帳、買掛帳、土地家屋等の賃貸借契約書、預金台帳、売買契約書、株主名簿、出資者名簿等これらの者の債権若しくは債務又は財産の状況等を明らかにするため必要と認められる一切の帳簿書類
・これらの帳簿等の作成又は保存に代えて電磁的記録の作成又は保存がされている場合には、当該電磁的記録

### ⑷　検査の方法

検査は、滞納者等に対して財産に関する帳簿書類の呈示を求めて、目視で行う調査です。

検査には、捜索の場合と異なり、その時間的制限はありませんが、特に必要がある場合を除き、捜索の場合の時間の制限に準ずるものとされています（徴基通141－７）。

質問と検査とは、観念的に区別されますが、実務上は不可分に結びついて行われます。例えば、「質問」に対する相手方の答弁の真実の有無を帳簿書類の「検査」によってその裏付けがなされたり、帳簿書類の「検査」に当たって不明な事項を質問したりします。

なお、検査の結果、重要と認められる事項が記載されている帳簿書類に

ついては、コピー等により複写するなどの措置が望まれます（この場合、相手方の署名など求めておくことが望ましいです。）。

**参考**　**質問・検査と罰則**

- 徴収法第141条の質問及び検査については、徴収法第188条及び第189条の規定による罰則の適用があります（徴基通141－９）。
- 質問に対して答弁せず又は偽りの陳述をした場合、検査を拒否、忌避又は妨害等をした場合には、罰則の適用があります（徴188、189）。
- 徴収法第141条の質問及び検査は、刑事罰の対象になるものなので、適用を拡張解釈することはできません。

## ３　捜索

滞納処分のため必要があるときは、徴収職員は、滞納者又は特定の第三者の物又は住居等を捜索することができます（徴142）。この滞納処分による捜索の場合は、令状は必要とされません。

捜索は、捜索を受ける者の意思に拘束されない強制調査であり、極めて強力な権限です。この点、強制力のない任意調査である質問及び検査と異なります。

### (1)　捜索ができる場合

徴収職員は、滞納処分のため必要があるときは、滞納者又は特定の第三者の物又は住居その他の場所につき捜索することができます（徴142）。

**捜索ができる場合**

| 対象者 | 要件 |
|---|---|
| 滞納者（徴142①） | 滞納処分のため必要がある場合 |
| 滞納者の財産を所持する第三者（徴142②一） | 次のいずれにも該当する場合<br>・滞納処分のため必要がある場合<br>・滞納者の財産の引渡しをしない場合 |
| 滞納者の親族その他の特殊関係者（徴142②二） | 次のいずれにも該当する場合<br>・滞納処分のため必要がある場合<br>・滞納者の財産を所持すると認められるに足りる相当の理由がある場合<br>・滞納者の財産の引渡しをしない場合 |

(注)１　「滞納処分のため必要がある場合」とは、徴収法第５章《滞納処分》の規

定による滞納処分のために必要があるときをいい、差押財産の引揚げ（差押自動車の占有やタイヤロックなど）、見積価額の評定等のため必要があるときも含まれます（徴基通142－１）。

2 「所持」とは、物が概観的に直接支配されている状態をいい、時間的継続及びその主体の意思を問いません（徴基通142－２、大3.10.22大判参照、）。

3 「引渡をしないとき」とは、滞納者の財産を所持している者が、その財産を現実に引き渡さない時をいい、引渡命令を受けた者（徴58②）又は保管する者（徴60①）が引渡しをしないときに限られません（徴基通142－３）。

4 「滞納者の財産を主事すると認められるに足りる相当の理由がある場合」とは、滞納者等の陳述、帳簿書類等の調査、伝聞調査等により、財産を所持すると認められる場合をいいます（徴基通142－４）。

### ⑵　捜索をすることができる物及び場所

「物又は住居その他の場所」とは、例えば次に掲げるようなものです。

| | |
|---|---|
| 物 | 滞納者又は第三者が使用し、若しくは使用していると認められる金庫、貸金庫、たんす、書籍、かばん、戸棚、衣装ケース、封筒等があります（徴基通142－５）。<br>㈱　貸金庫については、滞納者が銀行等に対して有する貸金庫の内容物の一括引渡請求権を差し押さえることもできます（平11.11.29最高判参照）。 |
| 住居その他の場所 | 滞納者又は第三者が使用し、若しくは使用していると認められる住居、事務所、営業所、工場、倉庫等の建物のほか、間借り、宿泊中の旅館の部屋等があり、また、建物の敷地はもちろん、船車の類で通常人が使用し、又は物が蔵置される場所が含まれます（徴基通142－６）。<br>㈱　解散した法人については、清算事務が執られたとみられる清算人の住居は、捜索できる「場所」に含まれます（昭45.4.14東京高判参照）。 |

### ⑶　捜索の方法

#### ア　戸、金庫等の開扉

徴収職員は、滞納者又は第三者の物又は住居等の捜索に当たり、戸、扉、金庫等を開けさせなければ捜索の目的を達することができない場合には、その滞納者又は第三者に開かせ、又は自らこれらを開くため必要な処分をすることができます（徴142③）。

ただし、徴収職員が自ら開くのは、滞納者又は第三者が徴収職員の開扉の求めに応じないとき、不在のとき等やむを得ないときに限ります（徴基通142－７）。

なお、徴収職員が自ら開く場合には、これに伴う必要な処分を行うことができますが、これらの処分を行うに当たっては、器物の損壊等は、必要最小限度にとどめるよう配慮する必要があります（徴基通142－８）。

**貸金庫の捜索**

金融機関内にある貸金庫については、利用者が金融機関に対して有する（内容物が特定されていない）動産の引渡請求権を差し押さえて、内容物の引渡しを求めることができ、その前提として「内容物全体について一個の包括的な占有がある」ことを認めています（平11.11.29最高判参照）。そうなると、金融機関は「滞納者の財産を所持する第三者」に該当するので（徴142②一）、貸金庫に対する捜索は可能です（徴基通142－５）。

### イ　捜索の立会人

捜索をするときは、その執行の適正を期するために、次のいずれかの者を立ち会わせなければなりません（徴144）。

なお、捜索の際の立会は、執行の適正を確保することが目的なので、地方税の徴税吏員が２名で捜索を行った場合の片方の徴税吏員は、この地方公共団体の職員には該当しないと考えます。

**捜索の立会人**

- 捜索を受ける滞納者又は第三者（これらの者が法人の場合には、その法人を代表する権限を有する者）
- 捜索を受ける滞納者又は第三者の同居の親族で相当のわきまえのある者
- 捜索を受ける滞納者又は第三者の使用人その他の従業者で相当のわきまえのある者
- 上記の者が不在であるとき、又は立会いに応じないときは、成年に達した者二人以上又は地方公共団体の職員若しくは警察官

㈲「地方公共団体」とは、捜索をする場所の所在する都道府県、市町村、特別区、地方公共団体の組合及び財産区をいいます（地方自治法第１条の３参照）。

### (4) 搜索の時間制限

搜索に関する時間制限は、次に掲げるとおりです。

| | | |
|---|---|---|
| 原　則 | | 捜索は、日没後から日出前までの間はすることができませんが、日没前に着手した捜索は、日没後でも継続することができます（徴143①）。<br>日出と日没　太陽面の最上点が地平線上に見える時刻を標準とするものであって、その地方の暦の日の出入りをいいます（大11.6.24大判参照、徴基通143－１）。 |
| 例外等 | 捜索時間の制限の例外 | 次のいずれにも該当する場合には、日没後であってもその公開した時間内は捜索することができます（徴143②）。<br>①　旅館、飲食店その他夜間でも公衆が出入りすることができる場所（徴基通143－４）<br>②　捜索の相手方が夜間だけ在宅するなど、捜索を行うやむを得ない相当の理由があること（徴基通143－５） |
| | 休日等の捜索 | 休日等において個人の住居に立ち入って行う捜索については、特に必要があると認められる場合のほか行わないこととしています（徴基通143－３）。 |

(注)　民事執行法においては、執行官等が午後７時から翌日の午前７時までの間に人の住居に立ち入って職務を遂行するには、執行裁判所の許可を受けなければならないとされています（民執８）。

### (5) 捜索における手続―捜索調書の作成……捜索調書

ア　捜索をしたときは、徴収職員は、**捜索調書**を作成し、その謄本を捜索を受けた者及び立会人に交付しなければなりません。この場合において、徴収職員は、立会人に対して捜索調書に署名押印を求め、立会人がこれに応じないときは、その理由を附記しなければなりません（徴令52②）。

イ　例外として、捜索に引き続いて財産の差押えをした場合には、捜索調書の作成及びその謄本の交付を省略し、**差押調書**（徴54、徴令21、徴規３）を作成して、その謄本を捜索を受けた者及び立会人に交付することになります（徴146③）。この場合、徴収職員は、差押調書に、①捜索をした旨、②その日時及び場所を記載するとともに、③立会人に対して署名を求め、④立会人がこれに応じないときは、その理由を附記しなければなりません（徴令21②）。

なお、差押財産の搬出をする場合には、通常は**搬出調書**を作成することとなりますが（徴令26の２①）、この場合において、差押調書又は捜索調書を作成するときは、これらの調書に差押財産を搬出した旨を記載することにより、その搬出調書の作成に代えることができます（徴令26の２②）。

ウ　捜索調書には、徴収職員が次の事項を記載して署名押印をしなければなりません（徴令52①）。

**捜索調書の記載事項**

① 滞納者の氏名及び住所又は居所
② 滞納国税の年度、税目、納期限及び金額
③ 第三者の物又は住居その他の場所につき捜索した場合には、その者の氏名及び住所又は居所
④ 捜索した日時
⑤ 捜索した物又は住居その他の場所の名称又は所在その他必要な事項

### (6) 捜索と時効の完成猶予及び更新

滞納処分による差押えのため捜索したが、差し押さえるべき財産がないために差押えができなかった場合には、その捜索に着手した時に時効の完成が猶予され、捜索が終了した時に時効が更新されます（昭34.12.７大阪高判、昭42.１.31名古屋地判参照）。

この場合において、その捜索が第三者の住居等について行ったものであるときは、捜索した旨を捜索調書の謄本等により滞納者に対して通知した時に限り、時効の完成猶予及び更新の効力が生じます（通基通73－２）。

## 4　出入禁止

徴収職員は、捜索、差押え又は差押財産の搬出する場合において、これらの処分の執行のため支障があると認めるときは、これらの処分をする間は、次に掲げる者を除き、その場所に出入りすることを禁止することができます（徴145）。

この出入禁止とは、徴収職員の許可を得ないで捜索、差押処分又は差押財産の搬出を行う場所へ出入りすることを禁止すること、及びそれらの場所に

いる者を退去させることができることをいいます（徴基通145－５）。

なお、出入禁止は、掲示、口頭その他の方法により、出入りを禁止した旨を明らかにします（徴基通145－６）が、出入禁止に従わない者に対しては、扉を施錠するなど必要な措置が執られます（徴基通145－７）。

**出入りが認められる者**

① 滞納者（法人の場合には、その法人を代表する権限を有する者）
② 差押財産を保管する第三者及び捜索を受けた第三者
③ ①及び②に掲げる者の同居の親族
④ 滞納者の国税に関する申告、申請その他の事情につき滞納者を代理する権限を有する者

## 5　官公署等への協力要請

徴収職員は、滞納処分に関する調査について必要があるときは、官公署又は政府関係機関に、当該調査に関し参考となるべき帳簿書類その他の物件の閲覧又は提供その他の協力を求めることができます（徴146の２）。

なお、この規定は、調査を受けた官公署等が協力し易くするためのものであり、協力義務を課すものではありません。したがって、情報を提供することが守秘義務に抵触するかは、回答をする官公署等が判断します。

㈡１　「滞納処分に関する調査について必要があるとき」とは、滞納者の所在調査等を含め滞納処分に関し調査が必要と認められるときをいい、滞納者の財産調査が必要と認められるときに限りません（徴基通146の２－１）。
２　「官公署」は、国、地方公共団体その他の各種の公の機関の総称であり、国及び地方公共団体の各種の機関は全て含まれます（徴基通146の２－２）。
３　「帳簿書類」には、その作成又は保存に代えて電磁的記録が作成又は保存されている場合における当該電磁的記録が含まれます（徴基通146の２－３）。
４　行政機関が保有する個人情報は、目的外使用が禁止されますが（行政機関保有個人情報保護法３①）、法令に基づく事務を遂行するために利用する場合は、保有する情報を他の行政機関に提供することは許されます（同法８②三）。

## 質問・捜索との比較一覧

| | 質問・検査（徴141） | 捜　　索（徴142） |
|---|---|---|
| 要件 | ・滞納処分のため滞納者の財産を調査する必要があるとき<br>・その必要と認められる範囲内 | ・滞納処分のため必要があるとき |
| 対象となる相手方 | ・滞納者<br>・滞納者の財産を占有する第三者及びこれを占有していると認めるに足りる相当の理由がある第三者<br>・滞納者に対し債権若しくは債務があり又は滞納者から財産を取得したと認めるに足りる相当の理由がある者<br>・滞納者が株主又は出資者である法人 | ・滞納者<br>・滞納者の財産を所持する第三者でその財産の引渡しをしない者<br>・滞納者の親族その他特殊関係者で滞納者の財産を所持すると認めるに足りる相当の理由がある者で、その財産の引渡しをしない者 |
| 内容 | ・上記の者に対する口頭又は書面による**質問**<br>・上記の者が所持する帳簿書類の**検査** | ・上記の者の物又は住居その他の場所に対する**捜索** |
| 方法 | ・戸、金庫等の開扉<br>　任意の相手方に開扉するよう求めることができますが強制力はありません。<br>・立会人<br>　特に規定はありません。<br>・**聴取書**<br>　必要に応じて作成します。 | ・戸、金庫等の開扉<br>　捜査に際し必要があるときは相手方に開扉させ又は自ら開扉します。<br>・**立会人**<br>　捜索する場合には立会人を置かなければなりません。<br>・**捜索調書**<br>　差押調書を作成した場合を除き、捜索調書を作成します。 |
| 時間の制限 | ・特に規定はありませんが、捜索の場合に準じて行います。 | ・日出から日没まで。ただし、日没前に着手した場合には日没以降も継続することができます。<br>・上記の例外として、旅館等については必要があると認められた場合、日没以降も公開された時間内は捜索できます。 |

| | | |
|---|---|---|
| 時効の更新 | ・質問、検査によっても時効は更新されません。 | ・差押えのために捜索したが、差し押さえるべき財産がなかったときは、捜索が終了した時に時効が更新されます。ただし、第三者の住居等を捜索したときは、捜索調書の謄本等により滞納者に通知しなければ時効の更新の効力は生じません。 |
| 出入禁止の措置 | ・任意には求められますが、強制力はありません。 | ・捜索に支障がある場合には、特定の者を除き、その場所への出入禁止をすることができます。 |
| 身分証明書の呈示 | ・捜索の場合と同じ。 | ・関係人の請求があった場合、呈示します。 |
| 罰則 | ・質問に対して答弁をせず又は偽りの答弁をし、あるいは検査を拒み、妨げた場合等には罰則の適用があります（徴188）。 | ・特に徴収法上に規定はありませんが、捜索に際して暴行、脅迫を加えた場合には、公務執行妨害罪の適用があります（刑95）。なお、徴187、189参照。 |

（令和５年版　図解 国税徴収法Ｐ216より引用）

**課税調査と滞納処分のための調査**

平成23年度の税制改正で、課税に関する調査においては、調査に関する事前通知（通74の９）、調査の終了の際の手続（通74の11）等が整備されましたが、滞納処分のための調査は対象になっていません。

また、課税に関する調査で納税者の取引先を対象にする反面調査は、本人調査で十分な資料の取得ができなかった場合の補完的なものとされていますが、滞納処分での取引先は売掛金等の差押えの当事者なので、当然に調査を受ける対象者になります。

##  令和5年度の一部改正

昭和35年の制定からほとんど変わらなかった調査規定ですが、次の改正がされました（令和6年1月施行）。

1　「提示」若しくは「提供」の追加（徴141）

帳簿書類等の調査は、目視で確認する「検査」のみが規定されていましたが、電子帳簿保存法が令和5年10月に施行されることに伴い、請求書や領収書等の各種書類も電子データ保存が義務付けられ、それらの調査をする際にデータの持ち帰りをできるようにするため、調査方法の追加がされました。

2　「過去」の取引先への調査（徴141三）

滞納処分は現にある財産が対象なので、現在の取引先に対してのみ調査ができました。しかし、第二次納税義務等を追及する際には、過去の取引も対象になるので調査対象の拡張がされました。

3　「事業者等」への協力要請（徴146の2）

個人情報保護等の観点から官公署等のみが対象だった協力条項に、課税調査の場合（通74の12）と同様に「事業者」が追加されました。郵政事業者からの転送先情報の取得（令和3年12月閣議決定）が影響していると思われますが、これまで徴収法の調査権限が及ばないとして回答が得られなかった、滞納者の取引先から振込みがされたときの仕向銀行の調査にも使えると考えます。

## [20]　滞納処分の引継ぎ

滞納者の財産が、滞納者を管轄する税務署の管轄区域以外の場所にある場合、その滞納処分はどのようにして行うのですか。

滞納処分は、納税者の納税地を所轄する税務署長が行うこととされていますが、滞納者の財産が他の税務署の管轄区域内にある場合、例えば、A税務署管内の滞納者の財産が、B税務署管内にある場合には、A税務署長はB税務署長に滞納処分の引継ぎを行うことができます。

**解説**

### 1　滞納処分の引継ぎ

滞納者の納税地を所轄する税務署長又は国税局長（以下「引継庁」といいます。）は、差し押さえるべき財産又は差押財産がその管轄区域外にあるときは、その財産の所在地を所轄する税務署長又は国税局長（以下「引受庁」といいます。）に滞納処分をすることができる権限を引き継ぐことができます（徴182②、徴基通182－1・2）。

**滞納処分の引継ぎの態様**

① 税務署長から他の税務署長への引継ぎ

② 税務署長からその税務署を所轄する国税局長への引継ぎ

③ 税務署長からその税務署を所轄する国税局長以外の国税局長への引継ぎ

④ 国税局長から他の国税局長への引継ぎ

⑤ 国税局長から他の国税局管内の税務署長への引継ぎ

⑥ 国税局長からその管轄区域内の地域を所轄する税務署長への引継ぎ

㈲　公売事案の滞納処分の引継ぎ

税務署長は、差押財産又は参加差押不動産を換価に付するため必要があると認めるときは、他の税務署長又は国税局長に滞納処分の引継ぎをすることができます（徴182③）。

**引き継がれる権限**

徴収法第182条第２項の「滞納処分の引継ぎ」により引き継がれる権限の範囲は、次のとおりです（徴基通182－１－２）。

| 引き継がれる権限 | 引き継がれない権限 |
|---|---|
| 滞納処分に関する権限の全部又は一部<br>（財産の差押え、交付要求、債権の取立て、公売、換価代金の配当、供託、交付要求により交付を受ける金銭の受領等） | 滞納処分に関する権限以外<br>（納税の猶予、換価の猶予、滞納処分の停止、延滞税の免除等） |

㈱　上記のほか、国税徴収法基本通達第182条関係１－２の⑵参照。

## 2　滞納者への通知

滞納処分の引継ぎを受けた引受庁は、遅滞なく、その旨を滞納者に通知するものとされています（徴182④）。この通知は、原則として書面によることとされています（徴基通182－３）。

### 参考　「滞納処分の引継ぎ」と「徴収の引継ぎ」

**徴収の引継ぎ**

税務署長からその所轄の国税局長及び他の税務署長に対する徴収の引継ぎについては、通則法第43条第３項及び第４項《徴収の引継ぎ》の規定があります。

**「滞納処分の引継ぎ」と「徴収の引継ぎ」**

| | | 滞納処分の引継ぎ（徴182） | 徴収の引継ぎ（通43） |
|---|---|---|---|
| 処分権限 | 引継庁 | 引継ぎに係る国税についての処分権限あり | 引継ぎに係る国税についての処分権限なし |
| | 引受庁 | 引継ぎに係る国税についての差押え、換価、配当処分に限定 | 徴収に関する一切の権限（督促、滞納処分、納税の猶予等） |
| 引受庁からの再引継ぎ | | 引受庁は、更に他の税務署長等に滞納処分の引継ぎをすることができません（徴基通182－２）。 | 引受庁は、更に他の税務署長等に徴収の引継ぎをすることができます。 |

| | | |
|---|---|---|
| **税務署長から他の国税局長への引継ぎ** | 税務署長からその税務署を所轄する国税局長以外の国税局長に引き継ぐことができます（徴基通182－２(2)）。 | 税務署長からその税務署を所轄する国税局長以外の国税局長に引き継ぐことができません（通43③）。 |

# 第５章　滞納処分―財産差押え

## [21]　差押えの意義・効力等

財産の差押えとは、どのようなことですか。その性質、効力等はどのようなものですか。

差押えは、徴収職員が滞納者の特定の財産について、法律上又は事実上の処分を禁止し、これを国が換価できる状態におく処分です。

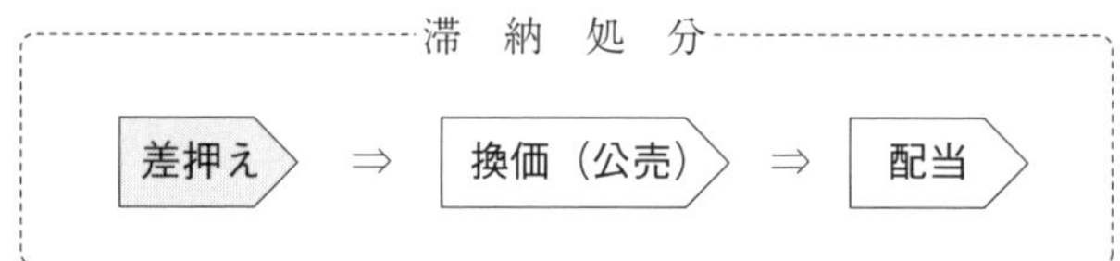


解説

### 1　差押えの意義等

差押えは、国税債権の履行を強制的に実現するため、滞納者の財産を換価する滞納処分の最初の段階をなす手続です。徴収職員が滞納者の特定の財産について、法律上又は事実上の処分を禁止し、これを国が換価できる状態におく強制的な処分です。

また、その差押えの性質としては、次のようになっています。

**差押えの性質**

| |
|---|
| ①　差押えを行った場合、差押財産の処分が禁止されますが、その財産の帰属が滞納者から差押権者である国に変わるものではありません。このため、差押えをしている間、天災その他の不可抗力によってその財産が滅失しても、損害は滞納者が負担することになります。 |
| ②　差押えは、徴収職員が行う強制的な処分であることから、滞納者の同意を要しません。 |

## 2　差押えの要件

徴収職員は、督促状を発した日から起算して10日を経過した日までに、滞納者がその督促に係る国税を完納しない場合に、滞納者の財産につきその財産を差し押さえなければならないとされています（徴47①）。

差押えは、このような一般的な場合(A)のほか、次に掲げるような繰上請求等（(B)～(E)）の場合があります。

<table>
<tr><td colspan="2">一般的な場合（A）</td><td>督促状を発した日から起算して10日を経過した日までに、滞納者がその督促に係る国税を完納しない場合（徴47①一）。</td><td rowspan="2">督促・要</td><td rowspan="3">納税義務確定後</td></tr>
<tr><td colspan="2">繰上差押え（B）</td><td>督促状を発した日から起算して10日を経過した日までに、繰上請求事由※が生じた場合（徴47②）</td></tr>
<tr><td rowspan="3">繰上請求等の場合</td><td>繰上請求（C）</td><td>繰上請求に係る国税について、滞納者がその繰上請求により指定された納期限までに完納しない場合（徴47①二、通38①）</td><td rowspan="3">督促・否</td></tr>
<tr><td>保全差押え（D）</td><td>納税義務のある者が、不正に国税を免れたこと等の嫌疑に基づき、犯則事件の調査及び処分の規定により差押え、領置等を受け、国税の確定後においては、その徴収を確保することができないと認められる場合（徴159①）</td><td rowspan="2">納税義務確定前</td></tr>
<tr><td>繰上保全差押え（E）</td><td>納税義務の成立した国税で、法定申告期限前に繰上請求事由が生じ、国税の確定後においては、その徴収を確保することができないと認められる場合（通38③）</td></tr>
</table>

㈱「一般的な場合」の差押えができる時期

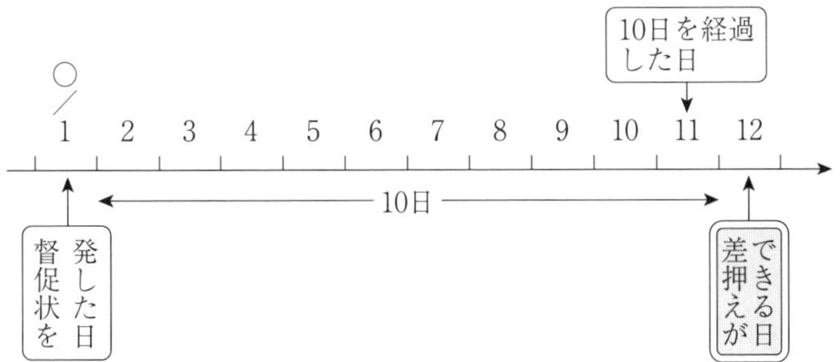

**「差し押えなければならない」の意味**

徴収法第47条第１項は「差し押えなければならない」としていますが、これは徴収職員に差押えを義務付けたものではありません。もし「差押えできる」としたならば、滞納者の側に差押えをされない選択肢を認めることになるので、それがないことを明らかにしたものです。したがって、差押えは滞納者の実情に従い、必要に応じて行うのが妥当です。

## 繰上請求等

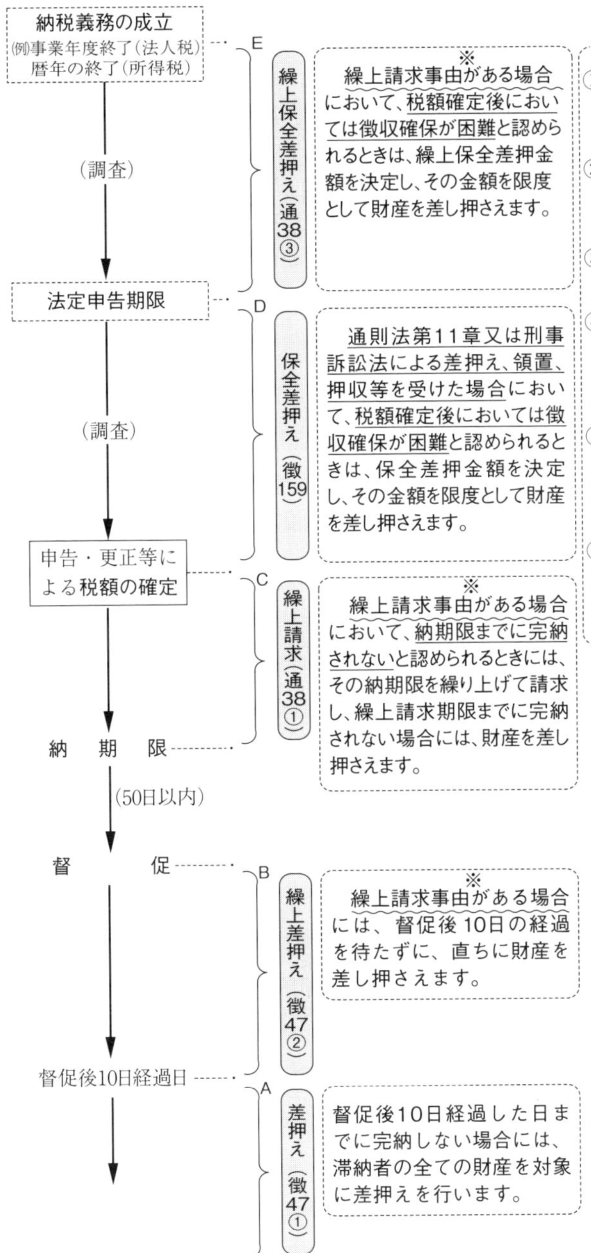


※繰上請求事由(通38①)

① 納税者の財産につき、競売、滞納処分等が開始されたとき

② 納税者が死亡し、その相続人が限定承認をしたとき

③ 納税者(法人)が解散したとき

④ その納める義務が信託財産責任負担債務である国税に係る信託が終了したとき

⑤ 納税者が納税管理人を定めないで法施行地に住・居所を有しないこととなるとき

⑥ 偽り不正の行為により国税を免れ又は滞納処分の執行を免れようとしたと認められるとき

### 3　差押えの制限

徴収法の規定では差押えの要件が満たされている場合であっても、次の場合には、徴収手続の緩和等のため、新たな差押えが制限されています（徴基通47－16）。

| 差押えが制限される要件 | | 制限される期間 |
|---|---|---|
| 納税の猶予等がされている場合 | 通則法に定める納税の猶予（通46①②③、48） | 猶予期間 |
| | 会社更生法に定める納税の猶予（更169①） | |
| | 更正の請求がされた場合の徴収の猶予（通23⑤） | |
| | 不服申立てがされた場合の徴収の猶予（通105②⑥） | |
| | 予定納税額の徴収の猶予（所118） | |
| | 相続税法に基づく延納又は物納申請があった場合の徴収の猶予（相40①、42㉜） | |
| | 資力喪失による再評価税免除申請があった場合の徴収の猶予（資産再評価法87⑤） | |
| 滞納処分の停止がされている場合 | 滞納処分の停止（徴153①） | 停止期間 |
| 倒産処理手続が開始された場合 | 包括的禁止命令（更25①、破25①） | 倒産処理手続の係属期間又は免責許可の申立てに係る裁判の確定までの期間 |
| | 更生手続開始の決定（更50②） | |
| | 企業担保法の実行手続の開始決定（企担28） | |
| | 破産手続開始の決定（破43①） | |
| | 免責許可の申立てがされ、かつ、破産手続廃止の決定若しくは破産手続廃止の決定の確定又は破産手続終結の決定がされた場合（破249①） | |

### 4　差押財産の選択等

#### (1)　差押財産の選択

差押財産の選択の一般的基準………

① 第三者の権利の尊重
② 滞納者の生活維持等
③ 行政の効率性

滞納者の財産のうちどれを差し押さえるかという選択に当たっては、徴収職員の**裁量（合理的な判断）**によりますが、次に掲げる事項に十分留意することとしています。

また、この場合において、差し押さえるべき財産について滞納者の申出があるときは、諸般の事情を十分考慮の上、滞納処分の執行に支障がない限り、その申出に係る財産を差し押さえるものとします（徴基通47－17）。

| | |
|---|---|
| ①　第三者の権利を害することが少ない財産であること | 第三者の権利の尊重 |
| ②　滞納者の生活の維持又は事業の継続に与える支障が少ない財産であること | 滞納者の生活維持等 |
| ③　換価に便利な財産であること | 行政の効率性 |
| ④　保管又は引揚げに便利な財産であること | |

## (2)　超過差押えの禁止

徴収職員は、国税を徴収するために必要な財産以外の財産は、差し押さえることができません（徴48①）。したがって、不動産などで既に滞納国税を満足できる財産を差し押えているにもかかわらず、重ねて預金を差し押えることは超過差押えになります。

なお、滞納国税を満足できるかどうかは、差押えをしようとするときにおける価額が、差押えに係る国税の額を著しく超えないかどうかで判定します。

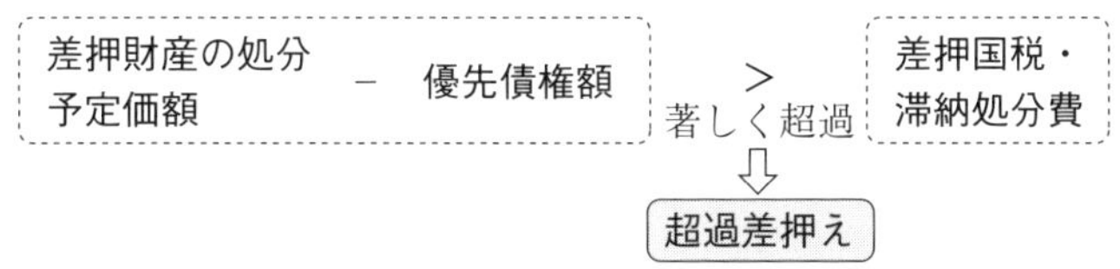


㈲　超過差押えにならない場合

1　一棟建物や一筆の土地のように、分割することのできない財産は、その全部を差し押さえたとしても超過差押えになりません。

2　滞納者が滞納国税を満足できる他の適当な価額の財産を有しているときに、滞納国税を大幅に超過する財産を差し押さえることは、徴収職員がそれを知って行った場合は、差押財産の選択に関する不当な処分として、差押えが取り消されることが考えられます。

3　債権は全額差押えが原則なので、一の債権であれば金額に関係なく超過差押えにはなりません。

## (3)　無益な差押えの禁止

差し押さえることができる財産の処分予定価額（下図(A)）が、その差押えに係る滞納処分費及び徴収すべき国税に先だつ他の国税、地方税その他の債権の金額の合計額（下図(B)）を超える見込みがないことが一見して明らかなときは（平11.7.19高松高判参照）、その財産は、差し押さえることができません（徴48②）。

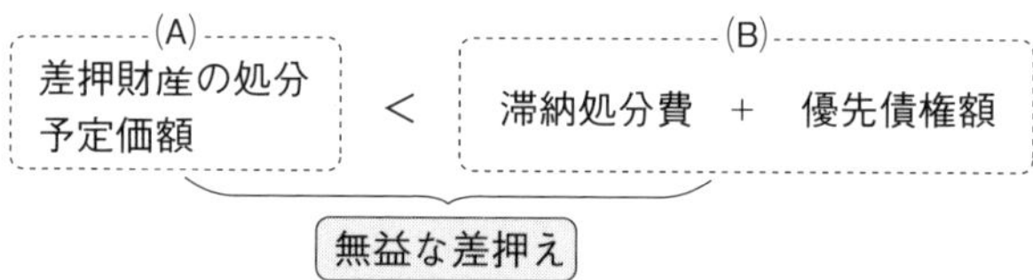


**参考**　徴収法基本通達第48条関係６《個別財産についての判定》

法第48条第２項の「合計額をこえる見込がないとき」とは、差押えの対象となる財産についてそれぞれ個別に判定すると合計額を超える見込みがない場合をいうが、これらの財産の全部又は一部を一体として判定すると合計額を超える見込みがある場合を含まない。例えば、数個の不動産上に国税に優先する共同担保権が設定されている場合に、その不動産について個別に判定すると差押えに係る滞納処分費及びその被担保債権の合計額を超える見込みはないが、その数個の不動産の全部又は一部を一体として判定すると、その合計額を超える見込みのある場合は、無益な差押えにはならない。

### (4)　第三者の権利の尊重

徴収職員は、滞納者の財産を差し押さえるに当たっては、滞納処分の執行に支障がない限り、その財産につき第三者が有する権利を害さないように努めなければなりません（徴49）。

(注)　徴収法第49条の「**害さないように努めなければならない**」とは、徴収職員が差押えをするに当たって通常の調査によって知った第三者の権利を害さないように努めることをいうのであって、第三者の権利を害さないための特別の調査までも行わなければならないことをいうものではありません（徴基通49－４）。

### (5)　第三者の権利の目的となっている財産の差押換え

差押財産の選択に当たっては、第三者の権利を尊重すべき旨徴収法第49条に規定されていますが、第三者の権利の目的となっている財産を差し押さえた場合には、徴収法第50条では第三者の「**差押換えの請求**」に関する手続を定めています。

### ア　差押換えの請求

| 差押換えの請求ができる者（徴50①） | 滞納者の財産について、その差押え前から、質権、抵当権、先取特権、留置権、賃借権その他の権利を有する第三者 |
|---|---|
| 差押換えの請求の理由（徴50①） | ①　滞納者が差押財産以外に換価の容易な財産を有しており、かつ、その財産が他の第三者の権利の目的となっていないものであること |
| | ②　上記①に該当する財産により、その滞納者の国税の全額を徴収することができること |

㈲　不動産の賃借権者は、差押不動産を公売した際に抹消される抵当権に対抗できない場合は、賃借権は消滅し（徴基通89－９）、公売後に退去が求められることから、差押換えの請求が認められます。

### イ　差押換えの請求の方法及び期限

差押換えの請求は、徴収法施行令第19条第１項各号《差押換えの請求書の記載事項》に掲げる事項を記載した書面により、その請求に係る請求者の権利の目的となっている財産の**公売公告の日**（随意契約による売却をする場合にはその売却決定の時、また、その財産が金銭による取立ての方法により換価するものである場合にはその取立てが終わる時）までにしなければなりません（徴50①、徴令19①、徴基通50－９）。

**差押換えの請求書の記載事項（徴令19①）**

- ・滞納者の氏名及び住所又は居所
- ・差押えに係る国税の年度、税目、納期限及び金額
- ・差し押さえた財産（差押財産）の名称、数量、性質及び所在
- ・差押財産につき差押換えを請求する者が有する権利の内容
- ・差押えを請求する財産の名称、数量、性質、所在及び価額

## 5　差押手続

徴収法では、差押えの対象となる財産を次に掲げるような区分に分類して、それぞれ差押手続を定めています。

<table>
<tr><th colspan="2">財産の区分</th><th colspan="3">共　通　の　差　押　手　続</th></tr>
<tr><td rowspan="3">不動産等</td><td>①　不動産</td><td rowspan="7">差押調書の作成（徴54）</td><td rowspan="4">—</td><td rowspan="7">利害関係人への差押えの通知（徴55）</td></tr>
<tr><td>②　船舶・航空機</td></tr>
<tr><td>③　自動車・建築機械・小型船舶</td></tr>
<tr><td rowspan="2">無体財産権等</td><td>④　第三債務者等のないもの</td></tr>
<tr><td>⑤　第三債務者等のあるもの</td><td rowspan="3">差押調書謄本の滞納者への交付（徴54一～三）</td></tr>
<tr><td colspan="2">⑥　債　　権</td></tr>
<tr><td colspan="2">⑦　動産・有価証券</td></tr>
</table>

**差押手続フロー**

差押調書の作成

搜索時の立会人の署名押印

→ 差押調書謄本の交付

→ 利害関係者への差押えの通知

### (1)　差押調書の作成

徴収職員は、財産を差し押さえたときは、所定の事項を記載した**差押調書**を作成し、これに署名押印（記名押印を含みます。）をしなければなりません（徴54、徴令21①）。

ここに「署名」とは、徴収職員が自らその氏名を記載することをいい、「記名」とは、署名に代えて印判、謄写、印刷等によってその氏名を表示することをいいます（徴基通54－６）。

**差押調書の記載事項**

・滞納者の氏名及び住所又は居所

・差押えに係る国税の年度、税目、納期限及び金額

・差押財産の名称、数量、性質及び所在

・差押調書の作成年月日

(注)　徴収法第54条は、差押えの事績を記録証明するために、徴収職員は、差押財産の種類のいかんを問わず、常に差押調書を作成しなければならないことを定め、徴収法施行令第21条第１項各号（差押調書の記載事項）に掲げる上記の事項を記載した徴収法施行規則第３条（書式）に規定する別紙３号様式を使用すべきことを定めています。

なお、差押調書の作成は、差押えがあったという事績を記録証明するために行うものであり、差押えの効力発生要件ではありません（徴基通54－１）。

### (2)　捜索を行った場合の立会人の署名押印

捜索を行い差押えをしたときは、差押調書に捜索をした旨、捜索の日時及びその場所を記載し、立会人の署名を求めます（徴令21②前段）。

この場合において、立会人が署名をしないときは、その理由を付記する必要があります（徴令21②後段）。

### (3)　差押調書謄本の交付

徴収職員は、差押調書を作成した場合において、差押財産が次に掲げる財産であるときは、その謄本を作成し、滞納者に交付しなければなりません（徴54）。

滞納処分などの行政処分は、処分の相手方にその旨を通知しないと効力は生じません（最判昭57.7.15）。その意味で、差押調書謄本の送達は不可欠です。

差押調書の「謄本」とは、差押調書と同一の文字符号を用いて、差押調書の内容を完全に写し取った書面をいい、謄写したものであると筆写したものであるとを問いませんが、謄本である旨を記載します（徴基通54－13）。

差押調書謄本の交付
- 動産･有価証券（徴54一）
- 債権（電子記録債権を含みます。）（徴54二）
- 第三債務者等のある無体財産権等（振替社債等を含みます。）（徴54三）

○　差押調書謄本への付記事項（徴令21③）。

| 財産の区分 | 差押調書謄本への付記事項 |
|---|---|
| 債権 | その債権の取立てその他の処分を禁ずる旨（徴令21③一） |

| 電子記録債権 | その電子記録債権の取立てその他の処分、電子記録の請求を禁ずる旨（徴令21③二） |
|---|---|
| 振替社債等 | その振替社債等の取立てその他の処分、振替・抹消の申請を禁ずる旨（徴令21③三） |

滞納処分のために捜索を行った結果、差押財産を発見して差押えを行った場合には、その差押調書謄本を滞納者に交付するとともに、捜索を受けた第三者及び立会人に対しても差押調書謄本を交付しなければなりません（徴146③後段）。

(注)　捜索と同時に差押えを行った場合には、捜索調書を作成せず、差押調書に捜索した旨並びにその日時及び場所を記載します（徴令21②前段）。

### (4)　質権者等の利害関係人への差押えの通知

税務署長は、次に掲げる財産を差し押さえたときは、その財産ごとに次に掲げる者のうち知れている者に対して、所定の事項を記載した書面により、財産を差し押さえたこと等を通知しなければなりません（徴55、徴令22）。

| 財産の区分 | 通知する対象者 |
|---|---|
| 質権、抵当権、先取特権、留置権、賃借権その他の第三者の権利（担保のための仮登記に係る権利を除く。）の目的となっている財産（徴55一） | 左の権利を有する者 |
| 仮登記がある財産（徴55二） | 仮登記の権利者 |
| 仮差押え又は仮処分がされている財産（徴55三） | 仮差押え又は仮処分をした保全執行裁判所又は執行官 |

(注)１　「知れている者」とは、上記の者のうち、徴収職員がその差押えを行うに際して、その氏名及び住所又は居所を知ることができた者をいいます（徴基通55－１）。

２　不動産を差し押さえるに際して現況は確認することは少ないですが、仮に賃借人がいる場合には、差押換えの請求をするために、差し押さえた旨の通知をする必要があります。

**質権者等に対する通知の未達**

差押え及び交付要求をするときは、目的財産に設定された質権者等に通知することが求められています（徴55、82②）。質権者等は、差押換えの請求（徴50①）及び交付要求解除の請求（徴85）ができますが、これらの通知を怠ったことで、請求が認容されたにも関わらず、その機会を失った場合には、差押え及び交付要求の効力が認められない可能性があります（昭63.11.16東京高判参照）。

## 6　差押えの一般的効力

差押えの効力は、一般的な効力として次のようなものがあります。

差押えの一般的効力

- 処分禁止の効力
- 時効の完成猶予・更新の効力
- 相続等があった場合の効力
- 従物に対する効力
- 果実に対する効力
- 保険金に関する効力

### ⑴　処分禁止の効力

差押えの目的は財産を換価するためですから、差押え後に権利関係の異動があったり、物理的な減耗がされると換価に支障が出るので、差押えによりそうした処分は禁止されます。したがって、差押え後にその財産が第三者に譲渡されたり、抵当権が設定されても、それらの権利は換価の際に無視される＝差押えに対抗できないことになります。また、物理的な減耗を阻止するために、動産や自動車は使用が禁止されることになります。

なお、この場合において、差押えにより禁止するのは、換価に際して不利益となる処分に限ればよいので、例えば、差押財産についての賃貸借契約の解除、差押財産の改良等の処分はこれに含まれません（徴基通47－51）。

㈱　この処分禁止の効力は、絶対的に無効（譲渡ならば売買そのものが成立しない）としなくても、換価に際して支障にならなければ足りるので、当事者間では有効（差押えの効力が無くなれば買受人は普通に所有権を取得する）とされています（相対的効力）。

### ⑵　時効の完成猶予及び更新の効力

差押えに係る国税については、その差押えが効力を生じた時に、消滅時効は完成が猶予されます（通72③、民147二）。

この場合における時効は、差押財産を換価した場合には配当が終了した時まで、差押財産が滅失した場合（徴収法第53条第１項の規定の適用がある場合を除きます。）にはその滅失した時まで、差押えを解除した場合にはその解除をした時まで完成せず、それぞれに定める時に更新されて、新たに時効が進行します。ただし、その差押えの手続が不適法を理由として取り消されたときは、これらの効力を生じません（民154、徴基通47－55）。

なお、第三者の占有する動産若しくは有価証券、物上保証人の財産若しくは徴収法第24条《譲渡担保権者の物的納税責任》の規定により譲渡担保財産を差し押さえた場合又は徴収法第22条第３項《質権等の代位実行》の規定により質権若しくは抵当権を実行した場合は、差押調書の謄本が滞納者に交付された時等、差し押さえた旨等が滞納者に通知された時に時効の完成猶予がされます（通72③、民155、徴基通47－55）。

☞　第２編第６章［51］時効の完成猶予及び更新参照

### ⑶　相続等があった場合の効力

滞納者が死亡又は滞納者である法人が合併により消滅したときは、存在しない者を相手にする滞納処分はできないので、納税義務は承継（通５、６）をしなければなりません。

しかしながら、消滅する前に滞納者の財産について差し押さえをしていた場合には、差押えをやり直すことなく、その財産につき滞納処分を続行できます（徴139①）。

なお、滞納者の死亡後の差押えであっても、徴収職員がその事実を知らないで行った滞納者名義の財産の差押えは、相続人に対してされたものとみなされるので（徴139②）、滞納処分を続行することができます。

### ⑷　従物に対する効力

主物を差し押さえたときは、その差押えの効力は従物に及ぶと解されていることから（民87②）、例えば、建物を差し押さえた場合には、その差押えの効力は、その建物の従物となっている畳、建具等についても及ぶことなります。したがって、このような場合には、従物（畳、建具等）を改めて差し押える必要はありません（徴基通47－56）。

### ⑸　果実に対する効力

差押財産（例えば土地）を差し押さえたときは、天然果実である農作物に対して差押えの効力は及びますが、差押財産である田畑の使用収益を許可していた場合には天然果実（農作物）の収穫を認めるのは当然なので、差押えの効力は及ばないとしています（徴52①）。

一方で、差押財産から生じる法定果実は、第三債務者に差押えの効力が及んでいることを知らしめる別の手続が必要なので、元物（建物）に対する差押えの効力は法定果実（家賃）には及ばないとしています。ただし、利息は元本と一体に弁済されるので、差押え後の利息に限っては効力が及ぶとしています（徴52②）。

㈲　元物である債権を差し押さえ、利息の取立てもしようとするときには、実務上は、第三債務者に送付する債権差押通知書に、利息も併せて国に支払うべき旨を記載することとしています（徴基通52－19参照）。

### ⑹　保険金に関する効力

差押財産が損害保険に付され、又は火災共済協同組合の火災共済等の目的となっているときは、その差押えの効力は、保険金又は共済金の支払いを受ける権利に及びます。ただし、財産を差し押さえた旨を保険者又は共済事業者に通知しなければ、その差押えをもってこれらの者に対抗することができません（徴53①、徴基通47－60）。

## [22]　動産及び有価証券の差押え

テレビなどの動産や有価証券の差押えは、どのように行われるのですか。

テレビ、絵画、ゲーム機などの動産又は株券、プリペイドカードなどの有価証券の差押えは、徴収職員がこれらを占有して行います。

**解説**

### 1　動産及び有価証券の意義

徴収法第56条の「動産」及び「有価証券」とは、次のようなものです（徴基通54－２）。

| | |
|---|---|
| 動　産 | 民法第86条第２項及び第３項《動産の定義等》に規定する動産、なお、徴収法第70条又は第71条《船舶、航空機等の差押え》の規定の適用を受ける船舶、航空機、自動車、建設機械及び小型船舶並びに無記名債権は除かれます。 |
| 有価証券 | 財産権を表彰する証券であって、その権利の行使又は移転が証券をもってされるものをいい、無記名債権も含まれます（徴基通56－13参照）。 |

### 2　差押手続

#### ⑴　通則

動産及び有価証券（以下「動産等」といいます。）の差押えは、徴収職員がその動産等を**占有**して行います（徴56①）。

ここに「占有して行う」とは、徴収職員がその財産を差押えの意思をもって客観的な事実上の支配下に置き、滞納者の処分の可能性を排除することをいいます。この場合の占有は、滞納処分を目的にした公法上の占有であり、私法上の権利関係（滞納者等の有する物権としての占有権）の効力には影響を及ぼしません（徴基通56－17）。

#### ⑵　第三者が占有する動産等の差押え

第三者が占有する動産等の差押えについては、①第三者が引渡しを拒む場合、また②第三者が引渡しを拒まない場合では、次のように異なります。

### ア　第三者が引渡しを拒む場合

滞納者の動産等を第三者が占有している場合、その第三者が引渡しを拒むときは、差し押さえることができません（徴58①）。

この場合において、滞納者が他に換価が容易であり、かつ、その滞納に係る国税の全額を徴収することができる財産を有しないと認められるときに限り、税務署長は、その第三者に対し、期限を指定して、当該動産又は有価証券を徴収職員に引き渡すべきことを書面により命ずることができます（徴58②、徴令24①）。

### イ　第三者が引渡しを拒まない場合

滞納者の動産等を第三者が占有している場合において、その第三者が引渡しを拒まないときは、引渡命令を発しないで、直ちにその動産等を差し押さえることができます。

### 参考　第三者が占有する動産等の差押手続

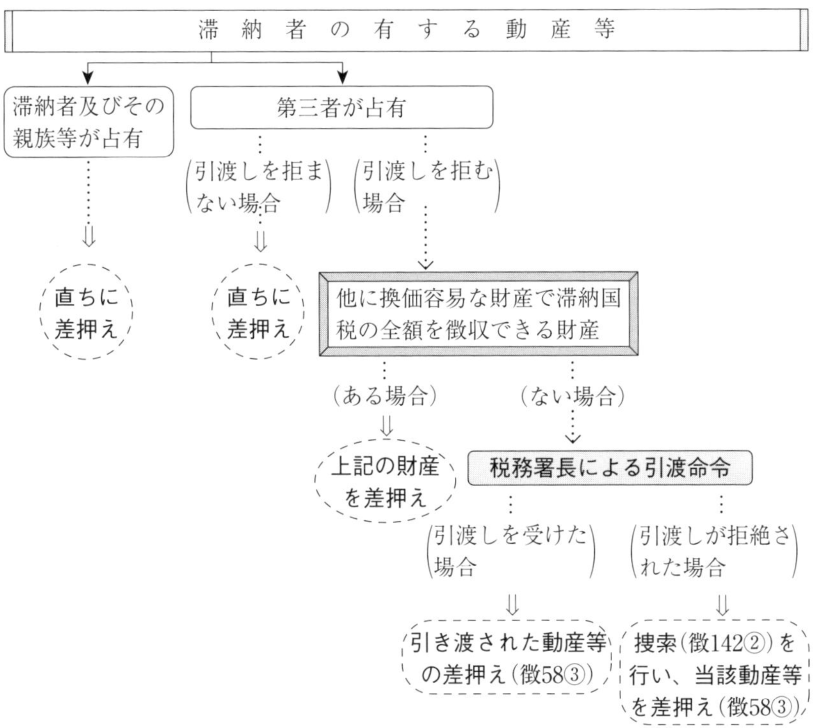

### ⑶　滞納者の動産を占有する第三者の権利保護

動産の引渡しを命ぜられた第三者が、滞納者との契約による賃借権、使用貸借権その他動産の使用又は収益をする権利に基づきその命令に係る動産を占有している場合において、その引渡しをすることにより占有の目的を達することができなくなるときは、その第三者は、その占有の基礎となっている契約を解除することができます（徴59①）。

また、徴収職員は、動産の引渡しを命ぜられた第三者の請求がある場合には、その第三者が契約を解除したときを除き、その動産の占有の基礎となっている契約の期間内（その期限がその動産を差し押さえた日から３月を経過した日より遅いときは、その日まで）は、その第三者にその使用又は収益をさせなければなりません（徴59②）。

### ⑷　滞納者又は第三者による差押動産等の保管

徴収職員は、必要があると認めるときは、差し押さえた動産又は有価証券を滞納者又はその財産を占有する第三者に保管させることができます（徴60①前段）。

ただし、その第三者に保管させる場合には、その運搬が困難であるときを除き、その者の同意を受けなければなりません（徴60①後段）。

なお、差し押さえた動産又は有価証券を滞納者に保管させる場合、又は運搬が困難である場合において、その動産等を占有する第三者に保管させるときは、差押調書に保管すべきことを付記する方法などにより保管を命じなければなりません（徴基通60－８、９、12）。

### ⑸　有価証券に係る債権の取立て

徴収職員は、有価証券を差し押さえたときは、その有価証券に係る金銭債権の取立てをすることができます（徴57①）。

「有価証券に係る金銭債権」とは、差し押さえた有価証券に基づいて行使することができる債権のうち、金銭の給付を目的とするものをいいます。したがって、金銭の給付を目的とする債権以外の債権、例えば、物品の給付を目的とする債権を表彰する有価証券（倉庫証券、船荷証券、貨物引換証等）については、取立てをしないで、直接その有価証券を公売に付さなければなりません（徴基通57－１）。

➤　プリペイドカードや商品券は、発行者による金銭の払い戻しが禁止されているので（出資法１、２①)、取立てのできない有価証券として公売に付します。

## 3　差押えの効力

### (1)　差押えの効力発生時期

動産等の差押えの効力は、徴収職員がその動産等を占有した時に生じます（徴56②)。

ただし、差し押さえた動産等を滞納者等に保管させた場合には、封印、公示書その他差押えを明白にする方法により差押えの表示をした時に差押えの効力が生じます（徴60②)。

### (2)　差押え後の使用収益

動産はそれを使うことで減耗したり、損傷したりして価値が減ずることから、滞納者に差し押さえた動産を保管させる場合には、原則として使用又は収益は禁止されます。ただし、国税の徴収に支障がないと認めるときは、差押動産の使用又は収益を許可します（徴61①)。

(注)「国税の徴収上支障がないと認めるとき」とは、その動産の使用又は収益をさせてもほとんど減耗を来さないとき、多少減耗はあっても国税の徴収が確実であると認めるとき等国税の徴収に支障がない場合をいいます（徴基通61－１)。

### (3)　金銭差押えの効果

徴収職員が金銭（外国通貨は含まれません。）を差し押さえた場合には、その金額の限度において、滞納者から差押えに係る国税を徴収したものとみなされます（徴56③、徴基通56－23)。

(注)「徴収したものとみなす」とは、金銭を差し押さえたときは、その限度において、差押えに係る滞納者の国税の納税義務を消滅させることをいいます。

なお、国税の納付に使用することができる有価証券を差し押さえた場合において、その支払がなかったときは、滞納者の国税の納税義務は消滅しません（証券ヲ以テスル歳入納付ニ関スル法律第２条参照、徴基通56－23)。

**軽自動車の差押え**

道路運送車両法第５条１項に該当しない自動車（軽自動車）は、登録が権利の得喪の対抗要件ではないので、徴収法第71条の自動車には該当せず、動産として差押えの手続を行います（徴基通56－６）。

## [23]　債権の差押え

滞納した場合、債権を差し押さえられることもあると聞いていますが、取引上の売掛金も差し押さえられることがありますか。この場合、相手方にも通知されますか。

徴収法でいう債権としては、売掛金、銀行預金、金銭消費貸借による債権、給料、生命保険解約返戻金などがあります。債権としての売掛金の差押えは、徴収職員が差し押さえるべき売掛債権を特定し、取引相手先である第三債務者に対して、所定の事項を記載した債権差押通知書を送達することにより行います。

**解説**

### 1　債権の意義

金銭又は換価に適する財産の給付を目的とする請求権をいいます。

例：売掛金、銀行預金、郵便貯金、金銭消費貸借による債権、給与・年金、健康保険等の診療報酬請求権、生命保険契約上の請求権

### 2　差押手続

#### (1)　債権

ア　債権差押通知書の送達

債権（電子記録債権を除きます。）の差押えは、徴収職員が差し押さえるべき債権を特定し、第三債務者に対して所定の事項を記載した「**債権差押通知書**」を送達することにより行います（徴62①、徴令27①）。

「債権差押通知書」への記載事項

①　滞納者の氏名、住所又は居所

②　差押えに係る国税の年度、税目、納期限及び金額

③　差し押さえる債権の種類及び額

差押えに係る債権の特定は、差押えを受けた第三債務者が、どの債権が差し押さえられたのかを確知できる程度に特定する

ことが必要とされ、債権の特定を欠いた場合には、その差押えは無効になります（昭46.11.30最高判参照、徴基通62－24）。

具体的には、債権の成立年月日、成立原因、債権の種類、証書等の種類、番号、債権額（現在額）等を記載します。

（記載例：売掛金の場合）

「令和○年○月○日から令和○年○月○日までに、・・・（滞納者）が・・・（債務者）に売却した・・・（売上品目、数量等）の売掛代金○○円の支払請求権」

④　滞納者に対する債務の履行を禁じる旨

⑤　徴収職員に対しその履行をすべき旨

差し押さえた債権の弁済期までに履行すべき旨又は弁済期が既に到来しているものについては直ちに履行すべき旨を記載します（徴基通62－26）。

### イ　差し押さえる債権の範囲

徴収職員は、債権を差し押さえるときは、滞納国税額に関わらず、原則として、その全額を差し押さえなければなりません。ただし、債権の全額を差し押さえる必要がないと認めるとき※は、徴収職員の裁量により、債権の一部を差し押さえることができます（徴63）。

なお、債権の一部を差し押さえる場合には、債権差押通知書の「差押債権」欄に、その債権のうち一部を差し押さえる旨を明記します（徴基通63－３）。

**➢　差し押さえる債権の額が滞納額を超えている場合の滞納処分**

1　債権の全部を差し押さえた上で、その全額の取立てを行い、滞納税金等に配当し、残余が出た場合は滞納者に交付する。

2　債権の全部を差し押さえた上で、滞納税金の徴収に必要な額を取立て、残余については差押えを解除する。

3　滞納税金の徴収に必要な額について一部差押えを行い、その額について取立を行う。

※「債権の全額を差し押える必要がないと認めるとき」とは、次の全ての要件を満たすときをいいます（徴基通63－２）。

・第三債務者の資力が十分で、履行が確実と認められること。

・弁済期日が明確であること。

・差し押さえる債権が、国税に優先する質権等の目的となっておらず、また、その支払を第三債務者が拒否する抗弁事由がないこと。

### ウ　債権の特定

債権を差し押さえるときは、債権の種類、債権額、債権の成立年月日等により債権を特定し、その全額を差し押さえます。債権の差押えに当たっては、滞納者（債権者）、第三債務者（債務者）、債権の額、その債権における給付の内容等の表示によって、差し押さえるべき債権を特定する必要があります。この場合、どの程度に標示すればその債権の特定がなされるかは、そのときの具体的事実によって異なりますが、第三債務者が被差押債権を確知できる程度に表示されていれば、その債権の差押えは有効であると解されます（徴基通62－24）。

例えば、預金債権を差し押さえた場合に、取引口座の支店が特定されていないときは、「速やかに」かつ「確実に」にどの債権が差し押さえられたのか識別できないとして、差押えは不適法とした判断がされています（平23.9.20最高判）。

### エ　差押えの登録等

税務署長は、債権でその移転につき登録を要するものを差し押さえたときは、差押えの登録を関係機関に嘱託しなければなりません（徴62④）。

また、抵当権又は登記することができる質権若しくは先取特権によって担保される債権を差し押さえたときは、税務署長は、その債権の差押えの登記を関係機関に嘱託することができます。この場合において、その嘱託をした税務署長は、その抵当権若しくは質権が設定されている財産又は先取特権がある財産の権利者（第三債務者を除きます。）に、差し押さえた旨を通知しなければなりません（徴64）。

### オ　債権証書の取上げ

徴収職員は、債権の差押えのため必要があるとき※は、その債権に関する証書（銀行預金通帳など）を取り上げることができます（徴65）。

※「差押のため必要があるとき」とは（徴基通65－１）

債権差押えをしようとする場合において、債権の存否、債権の数額の確認等のため必要と認められるときのほか、債権の差押え、取立て、換価、権利の移転及び配当等のため必要と認められるときも含まれます。

### ⑵　電子記録債権

電子記録債権とは、売掛金などの原因債権を電子債権記録機関に登録することで、電子記録債権という別の債権に置き換えて、電子記録ファイルの記録により譲渡や差押え等の権利を確定する制度です。

電子記録債権の差押えは、第三債務者及び電子債権記録機関に対して所定の事項を記載した債権差押通知書を送達することにより行います（徴62の２①、徴令27②）。

徴収職員は、電子記録債権を差し押さえたときは、①第三債務者に対して、滞納者に対する債務の履行の禁止、②電子債権記録機関に対して、電子記録債権に係る電子記録の禁止、③滞納者に対して、電子記録債権の取立てその他の処分の禁止又は電子記録の請求を禁止しなければなりません（徴62の２②）。

これらの事項は、第三債務者及び電子債権記録機関に対して送達する債権差押通知書に記載するとともに、滞納者に交付する差押調書謄本に附記します（徴令27②三・四、21③二）。

電子記録債権の差押え

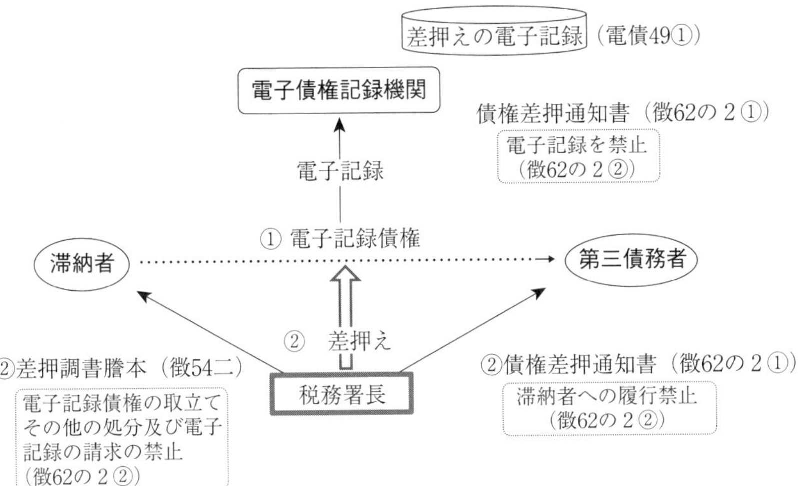


㈲　令和２年４月施行の民法改正で、将来債権の譲渡が原則認められましたが、（民466の６）。電子記録債権は記録時に債権額の確定が必要なので（電債16①一）、将来債権の電子記録債権化はできません。

## 3　特殊な債権の差押え

### ⑴　将来生ずべき債権

差押えの時点でまだ発生していない将来生ずべき債権であっても、差押え時において契約等により債権発生の基礎としての法律関係が存在しており、かつ、その内容が明確であると認められるものは、差し押さえることができます（徴基通62－１）。

例えば、建設期間が長期にわたる請負工事について、未完成部分の工事代金や、特定の取引先と継続的な取引契約を交わし、それに基づく請負報酬あるいは販売代金など、債権発生の確実性が高いと見込まれるものは、将来債権としての差押えができます。なお、給料債権、家賃債権、社会保険制度に基づく診療債権は、将来債権としての差押えもできますが、一般的には継続債権（４－⑴－オ）により差し押さえます。

### ⑵　債権譲渡された債権

#### ア　債権譲渡と差押えの優劣

債権を差し押さえた場合において、滞納者（譲渡人）が、その債権を差押えよりも前に譲渡していたときは、その債権は譲受人に帰属するため、差押えの効力は生じません。

ただし、債権の譲受人はその譲渡を差押債権者を含めた第三者に対抗（譲渡の効果を主張）するためには、次の要件が必要となります（民467）。

| ①　譲渡人からの（第三）債務者に対する通知又は（第三）債務者の承諾 |
|---|
| ②　①の通知又は承諾に確定日付があること |

㈱　同一の債権について債権譲渡と差押えが競合した場合に、いずれが優先するかについては、確定日付のある譲渡通知書が第三債務者に到達した日時又は確定日付のある第三債務者の承諾の日時と、債権差押通知書が第三債務者に到達した日時との先後により判定します（昭58.10.4最高判、徴基通62－33）。

#### イ　譲渡方法の特例

将来債権の譲渡において債権譲渡特例法を利用すれば、登録機関に備置された債権譲渡登記ファイルへの記録の登記により第三者対抗要件は具備できます（特例４①）。令和２年４月施行の民法改正で、原則的に将来債権の譲渡が認められたこと、債権の種別、発生原因、発生期間等があれば、第三債務者を特定しなくても譲渡の登記がされること（特例８②四）からは、ファクタリング会社を利用して売掛金や診療報酬債権が譲渡されていた場合は、差押えとの関係は登記ファイルへの登記の日付との先後で決まることになります。

#### ウ　譲渡禁止特約付債権

令和２年４月施行の民法改正で、債権の当事者間でその譲渡を禁止する特約を付していた場合であっても、債権の譲渡は認められることになりました（民466②）。ただし、債権の譲受人が特約を知っていたか、知らなかったとしても重大な過失があるときは、（第三）債務者は譲受人の請求を拒否して、譲渡人に弁済することが認められます（民466③）。

そのような譲渡禁止の特約がある債権を差し押さえたときは、（第三）

債務者は特約をもって差押権者の取立てを拒否できませんが（民466の４①)、差押えよりも前に債権譲渡の第三者対抗要件が具備されていれば譲渡は有効なので、譲渡人（滞納者）の財産としての差押えはできません（徴基通62－14)。

**譲渡禁止特約に基づく供託**

譲渡禁止の特約があっても債権譲渡は有効ですが、（第三）債務者は譲受人に弁済を履行することにつき問題があるとした場合には、その債権の額に相当する金銭を供託して弁済を免れることができます（民466の２①)。ただし、その供託金の還付を受けることができるのは債権の譲受人だけなので（民466の２③)、本来の債権者（譲渡人）の滞納をその供託金から徴収することはできません。

### (3)　預貯金の差押え

預金（貯金を含みます。）の差押えについては、次の点に留意する必要があります（徴基通62－17)。

①　普通預金については、預金の種類、預金原資の出えん者、預入行為者、出えん者の預入行為者に対する委任内容、預金口座名義、預金通帳及び届出印の保管状況等の諸要素を総合的に勘案し、誰が自己の預金とする意思を有していたかという観点から、その帰属を判断します（昭48.3.27最高判、昭57.3.30最高判、平15.2.21最高判、平15.6.12最高判参照)。

預金の帰属は、その預金の原資となる資金を誰が出したのか（出えん者)、いわゆる客観説といわれるものが判例の立場ですが、普通預金に関しては一種の金銭に近いものと考えて、誰が実質的にその金銭を支配しているのかで判断しています。

②　他人名義又は架空名義で預金をしている場合であっても、その真の権利者に対する滞納処分としてその預金を差し押さえることができます。この場合においては、預金名義人の住所、氏名、預金の種類、名称、預金金額、預金証書番号等によって被差押債権を特定するとともに、真の権利者が滞納者である旨を表示します。例えば、「滞納者が○○名義で有する普通預金の払戻請求権」のように表示します。

### ➢　相続預金の差押え

相続財産は、相続の開始により共同相続人の共有となり、遺産分割によって共有状態が解消されることになります。

一方、判例（昭29.４.８最高判参照）は、可分債権については、法律上、当然に分割され、各共同相続人が相続分に応じて権利を承継するとし、預金債権についても、分割単独債権となるとしていました。そのため、従来は、滞納者が預金債権を相続した場合は、滞納者の法定相続分に相当する預金債権を差し押さえ、取り立てることができました。

しかしながら、判例が変更され（平成28.12.19最高決）、預金債権については、相続開始と同時に当然に分割されることはなく、遺産分割の対象となることとなったため、今後は、相続預金について滞納者の有する準共有持分を差し押さえることになります（差押手続は、滞納者の準共有持分（法定相続分、指定相続分）を差し押さえる旨を記載するほかは、通常の預金債権の場合と同様です。)。

なお、各共同相続人は、単独で自己の持分の払戻しを請求できないので、相続預金の分割がされるまでは、他の相続人の同意がない限り（民251)、差し押さえた滞納者の持分を取り立てることはできません。したがって、同意を得る見込みがなく、分割の審判申立て（民907②）なければ、取立てが著しく困難な債権として（徴89②)、準共有持分を公売するしかありません。

おって、相続預金の分割前であっても、各相続人は法定相続分の１/３に相当する額について、単独で払戻しを受けることができます（民902の２)。しかしこれは、預金債権とは別の権利を創設したものではないので、差し押さえることはできません。

☞「差押禁止財産が預金口座に振り込まれた場合」104頁参照。

## 4　差押えの効力

### ⑴　債権差押えの効力

（取立て等の禁止）（履行の禁止）（相殺の禁止）（継続的な収入に対する効力）

### ア　効力発生の時期

債権の差押えは、債権差押通知書が第三債務者に送達された時にその効力を生じます（徴62）。

なお、滞納者に対する差押調書謄本の交付は、差押えの効力発生要件ではありませんが、滞納者に送達されなければ時効の完成猶予及び更新の効果は生じません（昭57.７.15最判参照）。

### イ　取立て等の禁止

滞納者は、差押え後においては、その債権の取立て、譲渡、免除、期限の猶予、相殺等を行うことができません（徴62②）。

しかしながら、滞納者は、差押えによって債権の取立てを禁止されていますが、債権者としての地位まで喪失しているわけではありませんから、徴収職員が差押債権の取立てを怠り、それが時効になった場合には、国に対して損害賠償を求めることができます。

### ウ　履行の禁止

第三債務者は、債権の差押えを受けたときは、差押えを受けた債権の範囲内において、債権者（滞納者）に対する履行が禁止されます（徴62②）。

債権差押通知書が送達された後に、第三債務者が滞納者に対して債務を履行しても、その履行による債務の消滅を差押債権者である国に対抗することはできません（民481①、徴基通62－30）。したがって、当該第三債務者は、差押債権者である国に重ねて債務の履行をすることになります。

### エ　相殺の禁止

差押債権の第三債務者が滞納者に対して別に債権（反対債権）を有している場合に、相対する金額の範囲で、互いに履行をしないで済ます相殺ができます。相殺はそれを行使することで、最初から債権が無かったことになるので、差押えの処分禁止に抵触しないとされています（昭27.５.６最高判）。ですから、差押時において、相対する債権が無かったとみなせる場合にしか相殺はできないはずですが（昭39.12.23最高判）、判例は民法511条の規定から、相殺をする側の反対債権が差押え後に取得されたものでない限り、相殺は可能としています（昭45.６.24最高判）。

なお、判例は、被差押債権の弁済期を来させて、相対する債権が無かったとみなせる状況を作り出す特約（期限の利益喪失約款）の効力を認めましたが、相殺に関する契約がどこまで差押えに対抗できるかについては、当事者が３者のいわゆる三面相殺では否定されています（平７.７.18最高判）。

#### オ　継続的な収入に対する効力

給料や年金など、同一の契約関係から継続的に発生する収入については、差押えに係る国税の額を限度として、その旨を記載したときは、差押え後に支払われるべき金額のすべてに差押えの効力が及びます（徴66）。

このような差押えができる給料等に類するものには、賃料債権、家賃債権、クレジット債権及び社会保険制度に基づく診療報酬がありますが（徴基通66－１）、一般の売掛債権は一社外注など余程の取引上の関係性がない限り、継続債権とは認められません（昭43.２.23東京高判）。

### ⑵　電子記録債権の差押えの効力

電子記録債権の差押えの効力は、債権差押通知書が電子債権記録機関に送達された時に生じます。ただし、第三債務者に対する関係においては、その差押えの効力は、債権差押通知書が第三債務者に送達された時に生じます（徴62の２③）。そのため、電子債権記録機関に債権差押通知書が送達されても、第三債務者に債権差押通知書が送達される前に被差押債権が滞納者に弁済されたときは、第三債務者に二重弁済を請求することはできません。

なお、滞納者に対する差押調書の謄本の交付は、一般の債権差押えの場合と同様、差押えの効力要件ではありませんが、滞納者に交付しなければなりません（徴54二、徴基通62の２－６）。

## 5　差押債権の取立て

債権を差し押さえた場合、徴収職員は、その差し押さえた債権を取り立てることができます（徴67①）。

###  生命保険契約の解約返戻金請求権の取立て

生命保険契約の解約返戻金請求権を差し押さえた場合には、差押債権者は、その取立権に基づき滞納者（契約者）の有する解約権を行使することができます（平11.9.9最高判参照）。ただし、その解約権の行使に当たっては、解約返戻金によって満足を得ようとする差押債権者の利益と保険契約者及び保険金受取人の不利益（保険金請求権や特約に基づく入院給付金請求権等の喪失）とを比較衡量する必要があり、例えば、次のような場合には、解約権の行使により著しい不均衡を生じさせることにならないか、慎重に判断する必要があります（徴基通67－６）。

① 近々保険事故の発生により多額の保険金請求権が発生することが予測される場合

② 被保険者が現実に特約に基づく入院給付金の給付を受けており、当該金員が療養生活費に充てられている場合

③ 老齢又は既病歴を有する等の理由により、他の生命保険契約に新規に加入することが困難である場合

④ 差押えに係る滞納税額と比較して解約返戻金の額が著しく少額である場合

㈲ 平成20年に保険法が制定され（平成22年４月１日施行）、介入権制度が創設されました（保60、89参照）。

それによれば、差押債権者による死亡保険契約等の解除は、保険者（保険給付の義務を負う者）が解除の通知を受けた時から１か月を経過した日に、その効力が生じます（保60①、89①）が、介入権者（保険契約者以外の保険金受取人であって、保険契約者若しくは被保険者の親族又は被保険者である者）が、保険契約者の同意を得て、当該期間が経過するまでの間に、解約返戻金に相当する金額を差押債権者に支払うとともに、保険者に対しその旨の通知をしたときは、解除の効力は生じません（保60②、89②）。

なお、介入権の行使により受け入れた金銭は、保険者からの取立てに代わるものなので（保険法60②）、第三者納付（通41①）ではなく、差押債権の受入金として配当手続（徴129①）を行います。

### ⑴ 取立ての範囲

債権を差し押さえたときは、差押えに係る国税の額にかかわらず、被差

押債権の全額を取り立てます（徴基通67－２）。

銀行預金のような取立債務の振込手数料は、取り立てる側の負担になります。振込手数料を滞納処分費としても滞納額には変わりはないので、差押債権の額から振込手数料を差し引いた額で取立てを行い、滞納処分費は計上しないのが一般的です（徴基通67－10）。

### ⑵　取立ての手続

第三債務者が被差押債権をその履行期限までに任意に履行しないときは、徴収職員は、遅滞なくその履行を請求し、請求に応じないときは、債権取立てに必要な方法を講じます（徴基通67－４）。

㈟　被差押債権の取立てについては、給付の訴えの提起、支払督促の申立て、仮差押え又は仮処分の申請等をする必要がある場合には、法務省の関係部局に依頼して行います（法務大臣権限１）。

### ⑶　取立ての効果

徴収職員が第三債務者から金銭を取り立てたときは、その取り立てた時において、かつ、その限度において、滞納者から差押えに係る国税を徴収したものとみなされます（徴67③、徴基通67－13）。

### ⑷　弁済の委託

差押債権の取立てをする場合、第三債務者は、納付委託（通55）の手続に準じ、徴収職員に対しその債権の弁済を委託することができ、徴収職員はその委託を受けることができます（徴67④）。

なお、弁済委託により受領した証券は、債務の弁済に代えて受領するものではないので、弁済委託により、第三債務者の債務（被差押債権）が直ちに消滅するものではありません（徴基通67－14）。

弁済委託を受けることができるのは、最近において取立てが確実と認められる弁済委託に使用できる証券（徴基通67－17）を提供した場合で、かつ、次のいずれかに該当する場合です（徴基通67－18）。

①　第三債務者の提供した証券の支払期日が、被差押債権の弁済期以前であるとき。

| ②　第三債務者の提供した証券の支払期日が被差押債権の弁済期後となるときは、滞納者がその証券の支払期日まで弁済期限を猶予することを承認したことを証明する書面を併せて提出したとき（徴令29）。 |
|---|

㈱　納付委託に用いられる約束手形は、2026年までに手形交換所での取扱いを廃止する方針にあります。そうなれば、この弁済の委託はできなくなります。

## 参考　差押債権の表示例

| 債権の種類 | 差押債権の表示 | 履行期限 |
|---|---|---|
| 普通預金 | 滞納者が、債務者に対して有する下記預金の払戻請求権及び債権差押通知書到達日までの利息の支払請求権。<br>記<br>1　預金の種類　普通預金<br>2　口座番号　○○○○○○○<br>3　金　額　○○○○円<br>4　取扱店　○○銀行○○支店 | 当税務署から請求あり次第 |
| 売掛金 | 滞納者が、債務者に対して有する下記売掛金の支払請求権。<br>記<br>令和○年○月○日請求に係るエアコン20台の売却代金○○円（消費税及び地方消費税を含む。） | 令和○年○月○日（支払日） |
| 貸付金 | 滞納者が、債務者に対して有する下記契約による貸付金現在額○○○円の返還請求権及び債権差押通知書到達日までの約定利息の支払請求権。<br>記<br>1　貸付（契約）年月日　令和○年○月○日<br>2　貸付元本額　○○○円<br>3　約定利息　年○％<br>4　遅延損害金　年○％<br>5　返済期日　令和○年○月○日 | 令和○年○月○日（返済期日） |
| 家　賃 | 滞納者が、下記不動産の賃貸借契約により債務者から受領すべき令和○年○月分以降の家賃の支払請求権。ただし、上記滞納国税に満つるまで。<br>記<br>不動産の表示　○○市○○町1丁目12番地<br>家屋番号　12番<br>鉄筋コンクリート造陸屋根6階建<br>居宅<br>5階部分　50.00㎡<br>家　賃　月額　○○○円　共益費　○○円<br>支払日　翌月分を前月末までに支払う | 契約による日（毎月月末など） |
| 敷　金 | 滞納者が、債務者に対して有する下記不動産に係る賃貸借契約に基づき令和○年○月○日に差し入れた敷金○○○円の返還請求権。<br>記<br>1　賃貸人　甲<br>2　賃借人　乙<br>3　賃貸借の目的物<br>○○市○○町1丁目12番地<br>家屋番号　12番<br>鉄筋コンクリート造陸屋根6階建<br>居宅<br>5階部分　50.00㎡ | 不動産明渡時 |

## [24]　不動産等の差押え

土地や建物の不動産は、どのような手続きで差し押さえられるのですか。

不動産の差押えは、滞納者に対する差押書の送達により行います。

また、税務署長は不動産を差し押さえたときには、第三者対抗要件を備えるため、差押えの登記を関係機関に嘱託します。

**解説**

### 1　不動産の差押え

#### (1)　不動産とは

徴収法第68条に規定する「不動産」とは、次に掲げる財産（以下「不動産」といいます。）をいいます（徴基通68－１）。

| 徴収法上の不動産 | 具体的内容 |
|---|---|
| ①　民法上の不動産 | 土地及びその定着物（民86①） |
| ②　不動産を目的とする物権（所有権を除きます。） | 地上権、永小作権 |
| ③　不動産とみなされる財産 | 立木に関する法律による立木、工場財団、漁業財団 |
| ④　不動産に関する規定の準用がある財産 | 鉱業権、漁業権、採石権等 |
| ⑤　不動産として取り扱う財産 | 鉄道財団、軌道財団、運河財団 |

#### (2)　不動産の差押手続等

不動産の差押えは、滞納者に対する「**差押書**」の送達により行います（徴68①）。

また、税務署長は不動産を差し押さえたときには、第三者対抗要件を備えるため、差押えの登記を関係機関に嘱託します（徴68③）。

差押調書の記載事項（徴令30①）

・差押えに係る国税の年度、税目、納期限及び金額
・差押財産の名称、数量、性質及び所在

 差押えの登記・登録の関係機関

| 財産の種類 | 公示方法 | 根拠法令 | 関係機関 | 登記簿・登録簿 |
|---|---|---|---|---|
| 土地又は建物 | 登　記 | 民法177、不動産登記法３ | 法務局、地方法務局又はその支局若しくは出張所 | 土地登記簿、建物登記簿 |
| 立木 | | 立木ニ関スル法律１、２ | | 立木登記簿 |
| 地上権 | | 民法177条、不動産登記法３ | | 土地登記簿 |
| 永小作権 | | 同上 | | 同上 |
| 採石権 | | 採石法４、同上 | | 同上 |
| 工場財団 | | 工場抵当法８、９、14 | | 工場財団登記簿 |
| 鉱業財団 | | 鉱業抵当法１、３ | | 鉱業財団登記簿 |
| 漁業財団 | | 漁業財団抵当法１、６ | | 漁業財団登記簿 |
| 鉱業権 | 登　録 | 鉱業法12、59等 | 経済産業局 | 鉱業原簿 |
| 漁業権 | | 漁業法23、50 | 都道府県知事 | 免許漁業原簿 |
| 入漁権 | | 漁業法43、50 | | 免許漁業原簿（入漁権登記簿） |
| ダム使用権 | | 特定多目的ダム法20、26 | 国土交通大臣 | ダム使用権登記簿 |
| 鉄道財団 | | 鉄道抵当法２、15等 | 国土交通大臣 | 鉄道抵当原簿 |

### (3) 差押えの効力

登記は権利移転の対抗要件に過ぎないので、登記により差押えの効力を生じさせることはできません。そのため、不動産の差押えは、差押書が滞納者に送達することにより生ずるとしています（徴68②）。

ただし、差押書が滞納者に送達される前に差押えの登記がされた場合には、対外的に差押えが明らかになるので、その登記がされた時に差押えの効力が生ずるとしています（徴68④）。

(注) 差押えの登記が先にされても、差押えの効力を生じさせるためには差押書が滞納者に送達されることが必要です。差押書が滞納者に送達されていない場合には、差押えの登記がされても差押えの効力は生じません（昭33.5.24最高判参照、徴基通68－38）。

### ⑷　差押不動産の使用収益

#### ア　滞納者による使用収益

差押えは財産を換価する前提手続なので、換価する際の価値が下がらない限り、滞納者の権利を保護しなければなりません。そのため、価値の減少が一般的な動産は使用・収益を禁止し、それとは逆に、価値の減少が一般的にはない不動産は、使用・収益が認められます。ただし、税務署長は、不動産の価値が著しく減耗する行為がされると認められるときに限り、その使用又は収益を制限することができます（徴69①）。

㈲「価値が著しく減耗する行為」とは、通常の用法に従っているが、差し押さえられた不動産の価値を著しく減耗する行為をいいます。また、この減耗は、物理的な減耗に限られることなく、法律的に減耗するもの、例えば、差し押さえた更地の上に建物を新築する行為も含まれます（徴基通69－１、昭41.12.24新潟地（長岡支）決参照）。

#### イ　第三者の使用収益

差し押さえられた不動産について、地上権、永小作権、採石権、租鉱権、入漁権等の権利を有する第三者は、滞納者と同様に、使用又は収益を行うことができます（徴69②）。

## ２　船舶又は航空機の差押え

### ⑴　船舶又は航空機

徴収法第70条の適用を受ける船舶又は航空機

| 登記される船舶 | 船舶登記簿に登記することができる船舶 |
|---|---|
| 登録を受けた飛行機若しくは回転翼航空機 | 国土交通大臣の所掌する航空機登録原簿に登録を受けた飛行機及び回転翼航空機 |

### ⑵　船舶又は航空機の差押手続

登記・登録を権利移転の対抗要件とする船舶又は航空機の差押えは、不動産と同様に滞納者に対する差押書の送達により行います（徴70①、68①）。

また、税務署長は船舶又は航空機を差し押さえたときには、第三者対抗要件を備えるため、差押えの登記（登録）を関係機関に嘱託します（徴70①、68③）。

差押調書の記載事項（徴令30①）

・差押えに係る国税の年度、税目、納期限及び金額
・差押財産の名称、数量、性質及び所在

### (3) 差押えの効力

船舶又は航空機の差押えの効力は、差押書が滞納者に送達された時に生じます（徴70①、68②）。

ただし、差押書が滞納者に送達される前に登記（登録）がされた場合には、その差押えの登記（登録）がされた時（徴70①、68④）に、また、差押書の送達前に出港などを防ぐ監守及び保存ための必要な処分をした場合には、その処分をした時（徴70④）に、それぞれ差押えの効力が生じます。

(注) 差押えの登記（登録）がなされていても、滞納者に差押書が送達されていない場合には、差押えの効力は生じません（徴基通70－８、昭33.５.24最高判参照）。

### (4) 船舶、航空機の停泊又は航行の許可

#### ア　船舶、航空機の停泊

税務署長は、滞納処分のため必要があるときは、船舶又は航空機を一時停泊させることができます。ただし、発航の準備が終った船舶又は航空機については、この限りではありません（徴70②）。

#### イ　船舶、航空機の航行の許可

税務署長は、停泊中の船舶若しくは航空機を差し押さえた場合又は滞納処分のため一時停止させた船舶若しくは航空機において、営業上の必要その他相当の理由があるときは、滞納者並びにこれらにつき交付要求をした者及び抵当権その他の権利を有する者の申立てにより、航行を許可することができます（徴70⑤、徴基通70－18）。

## 3　自動車、建設機械又は小型船舶の差押え

### (1)　徴収法第71条の適用の受ける自動車、建設機械又は小型船舶

| | |
|---|---|
| 登録を受けた自動車 | 軽自動車、小型特殊自動車及び二輪の小型自動車以外の自動車で、道路運送車両法第２章《自動車の登録》の規定により、国土交通大臣が管理する自動車登録ファイルに登録を受けたもの（自動車抵当法第２条ただし書に規定する大型特殊自動車で、建設機械抵当法第２条に規定する建設機械であるものを除きます（道路運送車両法第５条第２項）。以下「自動車」といいます。）（徴基通71－１） |
| 登記を受けた建設機械 | 建設業法第２条第１項《建設工事の定義》に規定する建設工事の用に供される機械類で建設機械抵当法施行令第１条《建設機械の範囲》の規定による別表に掲げるもの（例えば、ブルドーザー、トラクター、コンクリートミキサー等）のうち、建設業者（建設業法第２条第３項）が国土交通大臣又は都道府県知事の行う記号の打刻又は既に打刻された記号の検認を受けた後、建設機械登記簿に所有権の保存登記をしたもの（以下「建設機械」といいます。）（建設機械抵当法第２条、第４条第１項、第４項、建設機械登記令第10条、建設機械抵当法施行令第９条第１項、徴基通71－２） |
| 登録を受けた小型船舶 | 小型船舶登録法第２条《定義》に規定する総トン数20トン未満の船舶のうち日本船舶又は外国船舶（本邦の各港間又は湖、川若しくは港のみを航行する船舶に限ります。）であって、漁船、ろかい又は主としてろかいをもって運転する舟、係留船等以外のもので、同法第２章《登録及び測度》の規定により、国土交通大臣（日本小型船舶検査機構）が管理する小型船舶登録原簿に登録を受けたもの（以下「小型船舶」といいます。）（徴基通71－３） |

### (2)　自動車、建設機械又は小型船舶の差押手続

登録を権利移転の対抗要件とする自動車、建設機械又は小型船舶（以下「自動車等」といいます。）の差押えは、不動産と同様に滞納者に対する差押書の送達により行います（徴71①、68①）。

また、税務署長は、自動車等を差し押さえたときは、対抗要件を備えるため、差押えの登記（登録）を関係機関（自動車の場合は運輸支局等、建設機械の場合は法務局、小型船舶の場合は日本小型船舶検査機構）に嘱託します（徴71①、68③）。

差押調書の記載事項（徴令32、30①）

・差押えに係る国税の年度、税目、納期限及び金額
・差押財産の名称、数量、性質及び所在

### ⑶　差押えの効力

自動車等の差押えの効力は、差押書が滞納者に送達された時に生じます（徴71①、68②）。

ただし、差押書が滞納者に送達される前に登記（登録）がされた場合には、その差押えの登記（登録）がされた時（徴71①、68④）に、また、差押書の送達前に監守及び保存ための必要な処分をした場合には、その処分をした時（徴71②、70④）にそれぞれ差押えの効力が生じます。

㈟　差押えの登記（登録）がなされていても、滞納者に差押書が送達されていない場合には、差押えの効力は生じません（徴基通71－８、昭33.５.24最高判参照）。

### ⑷　引渡命令、占有及び保管等

引渡命令、占有

自動車等の差押えは、滞納者に対する差押書の送達とその旨の登記（登録）で行います。それに加えて、現物を確保するために、税務署長は、滞納者に引渡しを命じ、徴収職員にこれらを占有させることができます（徴71③）。

保　管

徴収職員が占有した自動車等を滞納者又は自動車等を占有する第三者に保管させたときは、封印その他の公示方法により差押財産であることを明らかにしなければなりません。

加えて、滞納者又は自動車等を占有する第三者に保管させた場合には、自動車等の運行等を許可する場合を除き、これらの運行、使用又は航行をさせないための適当な措置（ハンドルの封印、タイヤロック、立札等）を講じなければなりません（徴71⑤、徴基通71－15～17）。

㈟　上記の場合の「封印その他の公示方法」は、動産等の場合（徴60②参照）と異なり、差押えの効力発生要件にはなりません。徴収職員が差押財産を占有していることを明らかにする方法にすぎません（徴基通71－16）。

運行、使用又は航行の許可

徴収職員が占有した自動車等を、滞納者又は第三者に保管させたときは、動産と同様に、原則として、これを運行等の用に供することは認められません。

ただし、徴収職員は、占有し、又は保管させた自動車等につき営業上の必要その他相当の理由があるときは、滞納者並びにこれらにつき交付要求をした者及び抵当権その他の権利を有する者の申立てにより、その運行、使用又は航行を許可することができます（徴71⑥）。

なお、この申立ては、書面により行わなければなりません（徴令32）。

## [25]　無体財産権等の差押え

特許権や実用新案権、信用金庫の会員の持分などの財産も差し押さえられるのですか。

特許権や実用新案権、信用金庫の会員の持分は、「無体財産権」といいますが、これらについては、第三債務者等がない無体財産権等については、不動産等の差押手続に準じて、第三債務者等がある無体財産権等については、債権等の差押手続に準じて、その手続が定められています。

**解説**

### 1　無体財産権等の意義

無体財産権等とは、動産又は有価証券の差押え、債権の差押え及び不動産等の差押えに関する規定の適用を受けないものをいいます（徴72①）。

| | 無　体　財　産　権　等 | | |
|---|---|---|---|
| | 第三債務者等がないもの | 第三債務者等があるもの | |
| 種類 | 特許権、実用新案権、商標権、著作権等（徴72） | 電話加入権、合名会社の社員の持分、株式等（徴73） | 振替社債等（徴73の２） |
| 差押手続 | 滞納者に対する差押書の送達（徴72①）<br>その権利移転につき登記（登録）を要するものを差し押さえるときには、差押えの登記（登録）を関係機関に嘱託（徴72③） | 第三債務者等に対する差押通知書の送達（徴73①）<br>その権利移転につき登記（登録）を要するものを差し押さえるときには、差押えの登記（登録）を関係機関に嘱託（徴73③） | 振替機関等に対する差押通知書の送達（徴73の２①） |
| 差押えの効力 | 差押書が滞納者に送達された時（徴72②） | 差押通知書が第三債務者等に送達された時（徴73②） | 差押通知書が振替機関等に送達された時（徴73の２③） |

### 2　差押手続

#### (1)　第三債務者等がない無体財産権等

第三債務者等がない無体財産権等の差押えは、不動産等の差押手続に準じて、滞納者に対する差押書の送達により行います（徴72①）。また、税務署長は、無体財産権等でその権利の移転につき登記（登録）を要するものを差し押さえたときは、差押えの登記（登録）を関係機関に嘱託しなければなりません（徴72③）。

登録の関係機関等

| 財産権の種類 | 根拠法令 | 関係機関 | 登録簿 |
|---|---|---|---|
| 特許権 | 特許法第98条 | 特許庁長官 | 特許原簿 |
| 実用新案権 | 実用新案法第26条 | 〃 | 実用新案原簿 |
| 意匠権 | 意匠法第36条 | 〃 | 意匠原簿 |
| 商標権 | 商標法第35条 | 〃 | 商標原簿 |
| 著作権 | 著作権法第77条 | 文化庁長官 | 著作権登録原簿 |

### (2) 第三債務者等がある無体財産権等（振替社債等を除く）

第三債務者等がある無体財産権等の差押えは、債権の差押手続に準じて、差押通知書を第三債務者等に送達することにより行います（徴73①）。また、差押えのために必要があるときは、預託証書、会員証書等その財産権に関する証書を取り上げることができます（徴73⑤）。

差押通知書の送達先の第三債務者等（徴基通73－52）

| 無体財産権等の種類 | 第三債務者 |
|---|---|
| 電話加入権 | ＮＴＴ |
| 持分会社の社員の持分 | 持分会社 |
| 信用金庫の会員の持分 | 信用金庫 |
| 株式 | 株式会社 |
| 賃借権 | 貸主 |
| ゴルフ会員権 | ゴルフ場を経営する株式会社等 |

### (3) 振替社債等

振替社債等の差押えは、振替社債等の発行者及び滞納者がその口座の開設を受けている振替機関等に差押通知書を送達することにより行います（徴73の２①、徴基通73の２－３）。

➤ 振替社債等とは、社債、国債、地方債、貸付信託の受益権、特定目的信託の受益権、株式、新株予約権などで、その権利の帰属が振替口座簿の記載又は記録により定まるとされるものをいいます。

## 株式の区分

| 区　　分 | | 差押対象財産 | 徴収法上の財産の区分 |
|---|---|---|---|
| 株券発行会社 | ①株券を発行 | 株　券 | 有価証券（徴65） |
| | ②株券未発行 | 株式交付請求権 | 債権（徴62） |
| 株券不発行会社 | ③株式（④を除く。） | 株　式 | 電話加入権等（徴73） |
| | ④社債、株式等の振替に関する法律による振替対象となっている株式 | 振替社債等 | 振替社債等（徴73の２） |

### 振替社債等の差押手続

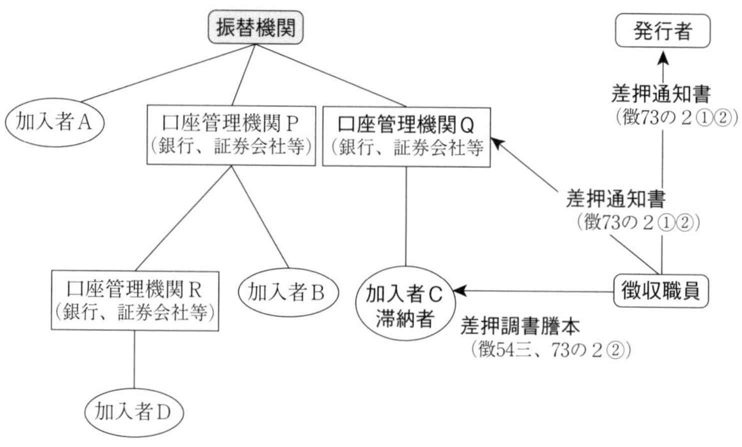

## 3　差押えの効力

### (1)　効力発生時期

差押えの登記（登録）を要するものと要しないものとがあり、さらに、登記（登録）を要するもののうちには、それが対抗要件であるものと効力発生要件であるものがあり、それぞれについて差押えの効力の発生時期が異なります。

| | 財産の種類 | 効力発生時期 |
|---|---|---|
| 第三債務者等がない無体財産権等 | 差押えの登記を要しない財産<br>（源泉権） | 差押書が滞納者に送付された時に差押えの効力が生じます（徴72②）。 |
| | 登録が対抗要件である財産<br>（著作権、著作隣接権） | 差押書が滞納者に送達された時に差押えの効力が生じますが（徴72②）、差押書の送達前に差押えの登録がされた時は、登録の時が効力発生の時期となります（徴72④）。 |
| | 登録が効力発生要件である財産<br>（特許権、実用新案権、意匠権、商標権、育成者権及び回路配置利用権） | 差押書の送達時の先後とは関係なく、差押えの登録がされた時に差押えの効力が生じます（徴72⑤）。 |

(注)　差押えの登録がされても滞納者に差押書が送達されていない場合は、差押えの効力は生じません（徴基通72－17、昭33.5.24最高判参照）。

| | 財産の種類 | 効力発生時期 |
|---|---|---|
| 第三債務者等がある無体財産権等 | 差押えの登記（登録）を要しない財産<br>（電話加入権、持分会社の社員等の持分、動産の共有持分、株式、引湯権、ゴルフ会員権等） | 差押通知書が第三債務者等に送達された時に差押えの効力が生じます（徴73②）。 |
| | 登記（登録）が対抗要件である財産<br>（特許権、実用新案権及び意匠権についての通常実施権、商標権についての通常使用権、登記をした賃借権及び買戻権、仮登記に係る権利並びに出版権等） | 差押通知書が第三債務者等に送達された時に差押えの効力が生じますが（徴73②）、差押通知書の送達前に差押えの登記（登録）がされたときは、登記（登録）の時が効力発生の時期となります（徴73③）。 |
| | 登録が効力発生要件である財産<br>（特許権、実用新案権及び意匠権についての専用実施権、商標権についての専用使用権、育成者権及び回路配置利用権についての専用利用権、特許を受ける権利についての仮専用実施権） | 差押通知書の送達時とは関係なく、差押えの登録がされた時に差押えの効力が生じます（徴73④）。 |

(注)　滞納者に対する差押調書の謄本の交付は、差押えの効力の発生要件ではありませんが、滞納者に交付しなければなりません（徴54三、徴基通73－54）。

| 振替社債等 | 差押通知書が振替機関等に送達された時にその効力が生じます（徴73の２③）。 |
|---|---|

(注)　滞納者に対する差押調書の謄本の交付及び振替社債等の発行者に対する差押通知書の交付は、差押えの効力発生要件ではありませんが、滞納者及び振替社債等の発行者に交付しなければなりません（徴54三、徴基通73の２－７）。

### (2)　処分禁止の効力等

無体財産権を差し押さえた場合には、処分禁止の効力があるほか、次のことに留意する必要があります。

| 無体財産権 | 対象者 | 差押えの効力等 |
|---|---|---|
| **電話加入権**<br>（徴基通73－４・５） | ＮＴＴ<br>（第三債務者等） | 差押えの通知を受けた後は、その電話加入権の譲渡承認の請求があっても、これを承認しないことになっています。<br>差押えを受けた電話加入権についても、加入契約を解除することができます。 |
| **振替社債等**<br>（徴基通73の２－８） | 滞納者 | その振替社債等の取立てその他の処分又は振替若しくは抹消の申請が禁止されます。 |
| | 発行者 | その振替社債等の履行が禁止されます。 |
| | 振替機関等 | その振替社債等の振替又は抹消が禁止されます。 |

### (3)　差押え後の利用管理、共益権の行使等

滞納者は、差押えを受けた無体財産権等について、通常の利用管理をすることができます。また、持分会社の社員等の持分の差押えは、滞納者の社員等である地位に基づく業務の執行権、議決権、会社代表権等の公益権の行使を妨げません。

なお、未納料金がある電話加入権については、その電話加入権の譲受人が未納料金の払込義務を負うこととなる（電気通信事業法附則９①、旧公衆電気通信法38③）ため、換価する際の見積価額には、差押え後に生じた電話料金についても考慮しなければならず、その分だけ差押財産の換価価値が減少します。また、今日では、電話加入権の取引が激減し、価額が大きく下落していますので、電話番号に希少価値があるような場合以外、差

押処分の執行は、極めて少なくなっています。

### 4　無体財産権等の換価

無体財産権等は、公売等の方法により換価します（徴89①）。

但し、持分会社の社員の利益配当請求権やゴルフ会員権に係る預託金返還請求権などで債権としての履行があるものは取立てをします（徴73⑤、73の２④）。

また、振替社債等については、振替社債に係る償還請求権などがあります（社振71⑦等）。

### 5　信用金庫等持分の払戻し

信用金庫の出資持分（出資金）を差し押さえた場合において、税務署長による持分払戻しの請求（徴74①）をするときは、信用金庫の事業年度の末日の30日前に払戻しの予告を行った上で（徴基通47－８）、最低出資（１万円）を除外した額の払戻しを請求します（徴基通47－５）。

**参考**　財産差押手続一覧

| 財産区分 | 手続内容 | | 差押えの効力発生時期 |
|---|---|---|---|
| | | 滞納者への通知 | |
| **動　産**<br>**有価証券** | 次のいずれかの手続<br>①滞納処分吏員による占有（56①）<br>②封印等の表示（60②） | 差押調書謄本の交付（54一） | ①占有した時（56②）<br>②封印、公示書等により差し押さえた旨を表示した時（60②） |
| **債　権** | 第三債務者に対する債権差押通知書の送達（62①） | 差押調書謄本の交付（54二） | 債権差押通知書が送達された時（62③） |
| **電子記録債権** | 第三債務者及び電子債権記録機関への債権差押通知書の送達（62の２①） | | ①債権差押通知書が電子債権記録機関に送達された時（62の２③）<br>②第三債務者に対しては、第三債務者に債権差押通知書が送達された時（62の２③） |

| | | | | |
|---|---|---|---|---|
| 不動産等 | 不動産 | ①滞納者に対する差押書の送達（68①）<br>②差押えの登記の嘱託（68③） | 差押書の送達（68①） | ①差押書が滞納者に送達された時（68②）<br>②①より前に差押えの登記がされたときは、その時（68④） |
| | 船　舶<br>航空機 | ①滞納者に対する差押書の送達（70①）<br>②差押えの登記（登録）の嘱託（70①）<br>③滞納処分のため必要があるときは、監守及び保存のための必要な処分（70③） | 差押書の送達（70①） | 次のいずれかのうち最も早い時（70①④）<br>①差押書が滞納者に送達された時<br>②差押えの登記（登録）がされた時<br>③監守及び保存のための必要な処分をした時 |
| | 自動車<br>建設機械<br>小型船舶 | ①滞納者に対する差押書の送達（71①）<br>②差押えの登記（登録）の嘱託（71①）<br>③滞納処分のため必要があるときは、監守及び保存のための必要な処分（71②）<br>④必要に応じ、徴収職員による占有、封印などにより、運行、使用又は航行をさせないための適当な措置（71③④⑤） | 差押書の送達（71①） | 次のいずれかのうち最も早い時（71①②）<br>①差押書が滞納者に送達された時<br>②差押えの登記（登録）がされた時<br>③監守及び保存のための必要な処分をした時 |
| 無体財産権等 | 第三債務者等がない無体財産権等 | ①滞納者に対する差押書の送達（72①）<br>②権利の移転につき登記（登録）が必要なものは、差押えの登記（登録）の嘱託（72③） | 差押書の送達（72①） | ①差押書が滞納者に送達された時（72②）<br>②①より前に差押えの登記（登録）がされたときは、その時（72④）<br>③特定の財産については差押えの登記（登録）がされた時（72⑤） |
| | 第三債務者等がある無体財産権等（電話加入権等） | 第三債務者等への差押通知書の送達（73①） | 差押調書謄本の交付（54三） | ①差押通知書が第三債務者等に送達された時（73②）<br>②①より前に差押えの登記（登録）がされたときは、その時（73③）<br>③特定の財産については差押えの登記（登録）がされた時（73④） |

| | | | | |
|---|---|---|---|---|
| | 第三債務者等がある無体財産権等（振替社債等） | 振替社債等の発行者及び振替機関等への差押通知書の送達（73の２①） | | 差押通知書が振替機関等に送達された時（73の２③） |

㈱１　（　）内の数字は国税徴収法の条文を示します。

２　上記のいずれの財産も、差押調書の作成（徴54）及び質権者等利害関係人に差押え通知（徴55）を要します。

## [26]　差押えの解除

差し押さえられた財産は、滞納国税を完納した場合のほか、どのような場合に解除されますか。

滞納国税の納付、充当及び更正の取消し等により、差押えに係る国税が完納（消滅）されたときは、差押えの解除がされます。

また、滞納者が他に差し押さえることができる適当な財産を提供した場合において、他の財産を差し押さえた場合等、差押えが解除できる場合があります。

解説

### 1　差押えの解除

差押えは、滞納者の財産を換価するために行う処分ですから、①換価をしてはならない場合には、差押えを解除しなければなりません（徴79①）。また、②換価をする必要がない場合には、差押財産の全部又は一部について、差押えを解除することができます（徴79②）。

| ①差押を解除しなければならない場合 | ②差押えを解除することができる場合 |
|---|---|
| ・納付、充当、更正の取消しその他の理由により差押えに係る国税の全額が消滅したとき（徴79①一）<br>・差押財産の価額がその差押えに係る滞納処分費及び差押えに係る国税に先立つ他の国税、地方税その他の債権の合計額を超える見込みがなくなったとき（徴79①二） | ・差押えに係る国税の一部納付、充当、更正の一部の取消し、差押財産の値上がりその他の理由により、その価額が差押えに係る国税及びこれに先立つ他の国税、地方税その他の債権の合計額を著しく超過すると認められるに至ったとき（徴79②一）<br>・滞納者が他に差し押さえることができる適当な財産を提供した場合において、その財産を差し押さえたとき（徴79②二）<br>・差押財産について、3回公売に付しても入札又は競り売りに係る買受けの申込みがなかった場合において、その差押財産の形状、用途、法令による利用の規制その他の事情を考慮して、更に公売に付しても買受人がないと認められ、かつ、随意契約による売却の見込みがないと認められるとき（徴79②三）。 |

㈾　上記の徴収法第79条第2項第3号の「三回公売に付し」とは、同一の公売

財産を３回公売に付したことをいい、この回数には、換価執行行政機関等（換価執行決定をした行政機関等をいいます。）が公売に付した回数も含まれます（徴基通79－10）。

このほか、次に掲げる場合にも、差押えを解除しなければならない場合、解除することができる場合があります。

| 差押えを解除しなければならない場合 | 差押えの解除をすることができる場合 |
| --- | --- |
| ・差押換えの請求（徴 50②④） | ・換価の猶予（徴 152②） |
| ・相続人からの差押換えの請求（徴 51③） | ・保全差押えの解除（徴 159⑥） |
| ・滞納処分の停止（徴 153③） | ・納税の猶予（通 48②） |
| ・保全差押えの解除（徴 159⑤） | ・再調査の請求に係る解除（通 105③） |
| ・審査請求に係る解除（通 105⑥） | |

## 2　差押解除の手続

差押えの解除は、その旨を滞納者に通知することによって行います。ただし、債権及び無体財産権等のうち第三債務者等がある財産の差押えの解除は、その旨を第三債務者等に通知することによって行うことになります（徴80①）。

また、**差押えの解除に伴う措置**としては、次に掲げるものがあります。

### ア　動産の引渡し等

徴収職員は、次に掲げる財産の差押えの解除をしたときは、それぞれに掲げる手続をしなければなりません。ただし、封印、公示書その他差押えを明白にするために用いた物の除去は、滞納者又はその財産を占有する第三者に行わせることができます（徴80②、⑤）。

| 解除財産 | 解除手続 |
| --- | --- |
| ①　動産若しくは有価証券又は徴収職員が占有した自動車、建設機械若しくは小型船舶又は債権証書の取上げをしている債権若しくは権利証書の取上げをしている無体財産権等のうち第三債権者等がある財産。 | その引渡し及び封印、公示書その他差押えを明白にするために用いた物の除去並びに債権証書又は権利証書の返還 |
| ②　債権又は無体財産権等のうち第三債務者等がある財産 | 滞納者への通知 |

### イ　差押えの登記の抹消の嘱託

差押えの登記（又は登録）をした財産の差押えを解除したときは、その登記（又は登録）の抹消を関係機関に嘱託しなければなりません（徴80③)。

### ウ　質権者等への通知

差押えを解除した財産上に質権等の権利を有する者のうち知れている者及び交付要求をしている者に対しては、差押えを解除した旨その他必要な事項を通知しなければなりません（徴81)。

差押解除手続一覧

<table>
<tr><th colspan="2" rowspan="2">財産の区分</th><th colspan="4">共通の差押解除手続</th></tr>
<tr><th>解除手続</th><th colspan="2">解除に伴う措置</th><th>関係人通知</th></tr>
<tr><td rowspan="3">不動産等</td><td>①不動産</td><td rowspan="4">滞納者への解除通知<br>（徴80①）</td><td rowspan="4"></td><td rowspan="6">差押えの登記等をした財産は、登記等の抹消<br>（徴80③）</td><td rowspan="7">利害関係人への解除通知<br>（徴81）</td></tr>
<tr><td>②船舶・航空機</td></tr>
<tr><td>③自動車・建築機械・小型船舶</td></tr>
<tr><td rowspan="2">無体財産権等</td><td>④第三債務者等のない財産</td></tr>
<tr><td>⑤第三債務者等のある財産</td><td rowspan="2">第三債務者等への解除通知<br>（徴 80①ただし書）</td><td rowspan="2">滞納者への通知<br>（徴80②ニ）</td></tr>
<tr><td colspan="2">⑥債　　権</td></tr>
<tr><td colspan="2">⑦動産・有価証券</td><td>滞納者への解除通知<br>（徴80①）</td><td>財産の引渡し及び封印等の除去<br>（徴80②一）</td><td></td></tr>
</table>

## 3　差押えの解除の効果

差押えの解除は、差押えによる処分の禁止を将来に向かって失わせるもので、解除前において行われた処分は有効です。したがって、例えば、継続収入の債権の差押えに基づいて、差押解除前に一部の取立て及び国税への充当がされていた場合には、差押えの解除は、既にされていた取立等の処分には影響はありません（徴基通79－９）。

**参考** 差押えの取消しの手続

滞納処分の手続に違法があり、争訟で差押えが取り消されたときは、差押えの時に遡って差押えの効力を失わせるものであり、差押えの解除とは異なります。

差押えの全部又は一部を取り消す場合（不服申立に対する取消しの決定若しくは裁決又は判決があった場合を含みます。）の手続については、徴収法第80条の規定に準じます（徴基通80－13）。

なお、差押えの解除がされたときは、その時に差押えに係る国税の時効は更新されて、その時から新たに時効の進行が始まります（徴基通47－55(3)）。しかし、差押えが取り消されたときは、その取り消しが確定した時から６月間は時効の完成が猶予されますが（民148①）、その後はもとの時効が再び進行します（この場合は、更新の効力はありません。）。

**任意売却の申立てと差押解除**

差押財産について、滞納者から自分で売却するので差押えを解除してほしい旨の申出（任意売却）がされることがあります。その場合に、差押財産からの配当見込みがあるときは、公売することが不適当なケースなどの徴収上の弊害がある場合には、配当額に相当する金銭の受入れを徴収法79条２項２号の財産とみなして解除しますが、それ以外の場合は、差押えを解除することはできません（徴基通79－９）。

なお、差押財産からの配当見込みがないことが一見して明らかなことを徴収職員が認めるときは、差押えを解除します（徴79①二）。

# 第６章　交付要求・参加差押え

## [27]　交付要求

滞納者の財産について他の滞納処分、強制執行等の強制換価手続が開始されている場合、これらの執行機関に対し何らかの措置をとることができますか。

滞納者の財産について、既に他の滞納処分、強制執行等の強制換価手続が開始されている場合において、税務署長はこれらの執行機関に対して換価代金等の交付を求める、「交付要求」を行うことができます。

**解説**

### 1　交付要求の意義・要件

#### (1)　交付要求の意義

同一の財産に対して、重複して強制換価手続を行うことはできないことから、先に差押えをして換価を行う執行機関に対し、換価代金等の交付を求める手続（交付要求）を行います。差押えは、その財産の処分を禁止する効果しかないので、それだけでは換価を行う執行機関からの配当は受けられません。

(注)　他の執行機関に配当を求める手続を徴収法では交付要求といい、民事執行法では配当要求といいます（民執51①）。

#### (2)　交付要求の要件

次のいずれの要件にも該当するときは、交付要求をしなければなりません（徴82①）。

| 要件 | |
|---|---|
| 要件 | ①　滞納者の財産について強制換価手続が行われていること |
| | ②　滞納国税があること |
| | ③　強制換価手続を行っている執行機関に対し、交付要求書を交付すること |

(注)１　「強制換価手続」とは、滞納処分（その例による処分を含みます。）、強制執行、担保権の実行としての競売、企業担保権の実行手続及び破産手続をいいます（徴２十二）。

２　交付要求は、財産を換価する滞納処分ではありません。したがって、納期限を経過した国税であれば交付要求ができ、滞納処分が制限される、督促前、猶予期間中、滞納処分の停止中であってもすることができます（徴基通82－１(1)(2)、153－10）。

## ２　交付要求の制限

滞納者が、他に換価の容易な財産で、かつ、第三者の目的となっていないものを有していること、及び、その財産を換価することにより、滞納国税の全額を徴収することができると認められるときは、交付要求をしないものとされています（徴83）。

(注)　徴収法第83条の規定は、滞納者を取り巻く利害関係人の利益を害することがないよう交付要求をしないことを定めた訓示規定と解されています（昭49.8.6最高判参照）。

## ３　交付要求の終期

交付要求は、次に掲げるような交付要求ができる所定の期限（交付要求の終期）までに行わなければなりません（徴基通82－２）。

交付要求の終期

| | |
|---|---|
| １　滞納処分 | 売却決定の日の前日（換価に付すべき財産が金銭による取立ての方法により換価するものであるときは、その取立ての時）（徴130①、徴令48②） |
| ２　不動産に対する強制執行又は不動産を目的とする担保権の実行としての競売 | 執行裁判所の定める配当要求の終期（配当要求の終期が延期された場合等には、延期等後の配当要求の終期）（民執49①②③、52、87①二、188） |
| ３　不動産に対する強制管理及び担保不動産収益執行 | 執行裁判所が定める期間の終期（民執107①④、188） |
| ４　船舶、航空機、自動車、建設機械若しくは小型船舶に対する強制執行又はこれらの財産を目的とする担保権の実行としての競売 | ２に準ずる時（民執121、189、民執規則84、97、98、98の２、174から177の２まで） |

| | |
|---|---|
| 5　動産に対する強制執行又は動産を目的とする担保権の実行としての競売 | ・　売得金については、執行官がその交付を受ける時（民事執行法第137条《執行停止中の売却》又は民事保全法第49条第３項《動産に対する仮差押えの執行》の規定により供託された売得金については、動産に対する強制執行又は担保権の実行としての競売が続行されることとなった時）<br>・　手形等（民執136参照）の支払金については、執行官がその支払を受ける時 |
| 6　金銭の支払又は動産の引渡しを目的とする債権に対する強制執行 | ・　第三債務者が民事執行法第156条第１項又は第２項《第三債務者の供託》の規定による供託をした時<br>・　取立訴訟の訴状が第三債務者に送達された時<br>・　売却命令により執行官が売得金の交付を受けた時<br>・　動産引渡請求権の差押えの場合にあっては、執行官がその動産の引渡しを受けた時 |
| 7　２から６までに掲げる財産権以外の財産権に対する強制執行又はこれらの財産権を目的とする担保権の実行としての競売 | 特別の定めがあるもののほか、６に準ずる（民執167①、193②）。 |
| 8　企業担保権の実行手続が開始 | 一括競売により換価をするときは競落期日の終了時、任意売却により換価をするときは裁判所が定めて公告した日（企担51の２）。 |

## 4　交付要求の手続

交付要求は、①強制換価手続を開始した執行機関に対し、**「交付要求書」**（徴令36①）により交付要求を行います（徴82①）。また、②滞納者及び交付要求に係る財産上の質権者等で判明している者に対しては、**「交付要求通知書」**（徴令36②③）により通知を行います（徴82②③）。

㈱　強制換価手続が企業担保権の実行手続又は破産手続であるときは、質権者等に対する通知は必要ありません（徴令36④）。

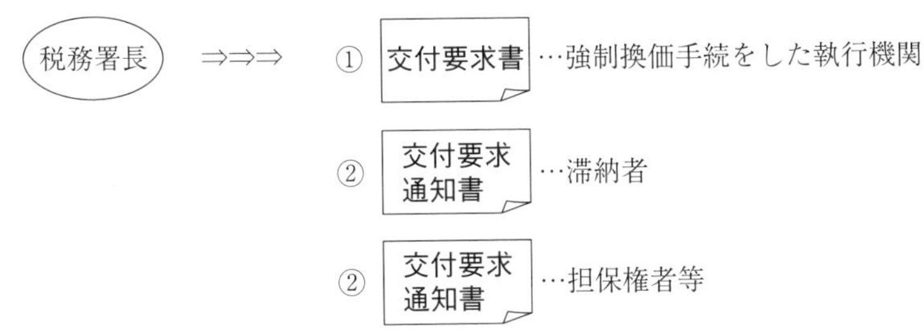


## 5　交付要求の効力

効力…配当を受ける効力……換価代金から配当を受けることができます。

　　…徴収権の時効中断の効力……交付要求は、徴収権の消滅時効を更新する効力を有し、交付要求がされている期間の時効は完成猶予されます（通73①五）。

交付要求をした強制換価手続が取下げ又は取消しになったときは、その時に交付要求は効力を失い、その時から新たに時効が進行します。なお、強制執行等が取下げ等になっても、裁判所からの通知はされません。

## 6　交付要求の解除

交付要求に係る国税が消滅したとき、又は強制換価手続により配当を受けることができる債権者から交付要求を解除すべきとの請求があり、その請求を相当と認めるときは、交付要求を解除しなければなりません（徴84①、85②、徴令37）。

交付要求の解除は、その交付要求に係る執行機関に対し、**交付要求解除通知書**によりその旨を通知することによって行います（徴84②）。なお、交付要求を解除した場合には、滞納者及び質権者等に対して、通知しなければなりませんが、これは交付要求をした場合と同様です（徴84③）。

## [28]　参加差押え

滞納者の所有する不動産について、国税による滞納処分の差押えが先行している場合、この財産に対して何らかの措置を講じることができますか。

滞納者の財産について滞納処分の差押えが先行している場合において、その財産が不動産や自動車等の特定の財産であるときは、参加差押えを行うことができます。

**解説**

同一の財産を滞納処分により、重複して換価することはできません。したがって、先行して滞納処分の差押えがされているときは、それをしている行政機関に交付要求をしますが、不動産などの特定の財産については、交付要求に代えて参加差押えをすることができます。

交付要求と異なる点としては、①参加差押えのできる財産は、滞納処分が行われている特定のものに限られていること、②参加差押えのできる国税は、差押えができる国税でなければならないことなどですが、最も大きな相違点としては、③参加差押えは、参加差押えに先行する滞納処分による差押えが解除又は取り消された場合でもその効力は失われず、その参加差押えした時点までにさかのぼって差押えの効力が生じることにあります。

### 1　参加差押えの要件

次のいずれの要件にも該当するときは、参加差押えをすることができます（徴86①）。

ただし、滞納者が、他に換価の容易な財産で、かつ、第三者の目的となっていないものを有していること、及び、その財産を換価することにより、滞納国税の全額を徴収することができると認められるときは、参加差押えをしないものとされています（徴88①、83）。

① 滞納者の次の財産について、既に滞納処分による差押えがなされていること。

動産、有価証券、不動産、船舶、航空機、自動車、建設機械、小型船舶、電話加入権

② 滞納国税が差押えの要件（徴47等）を備えていること。

## 2　参加差押えの手続

① 滞納処分を執行した行政機関等に対し「**参加差押書**」（徴令38、36①、徴規３別紙第８号書式）を交付（徴86①）

② 滞納者に対し「**参加差押通知書**」（徴令38、36②）により通知（徴86②）

③ 関係者への通知等（徴86②③④）

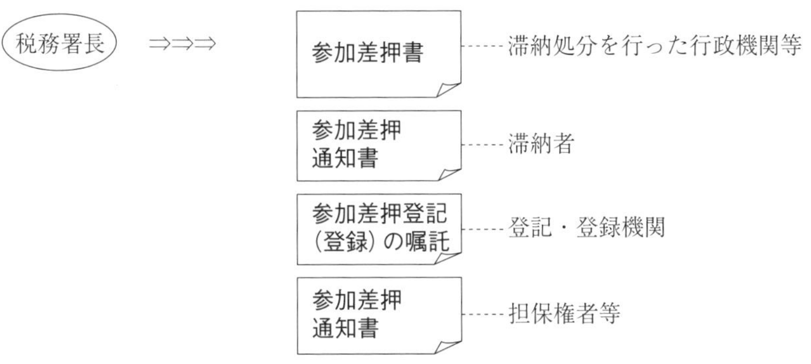


## 3　参加差押えの効力

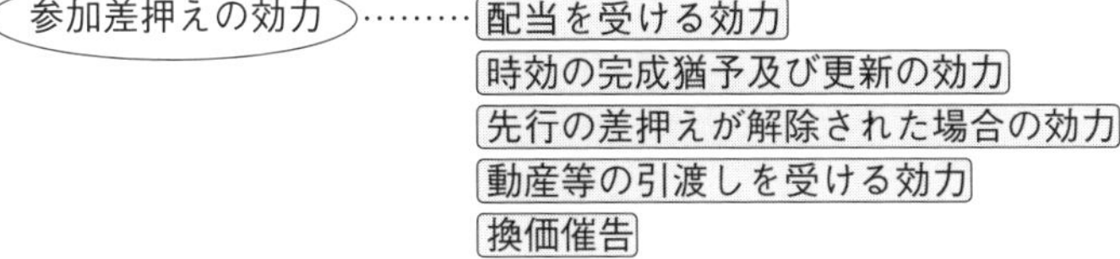


### (1)　配当を受ける効力

参加差押えは交付要求の効果を有するので、先行の滞納処分手続から配当を受けることができます。

なお、参加差押えが複数行われた場合には、交付要求と同様に、先に行った参加差押えが優先して配当を受けることができます（徴13）。

### ⑵　時効の完成猶予及び更新の効力

交付要求と同様に時効の完成猶予及び更新の効力が生じます（通73①五）。

### ⑶　先行の差押えが解除された場合の効力

参加差押えをした財産について、先行の差押えが解除されたときは、次の財産ごとに、それぞれに掲げる時に遡って差押えの効力が生じます（徴87①）。

なお、先行の差押解除時に、２以上の参加差押えがある場合には、最も先にした参加差押え（参加差押えが次の②に掲げる財産である場合には、最も先に参加差押えの登記（登録）がされた参加差押え）が差押えの効力を生じます（徴87①かっこ書）。それ以外の参加差押えは、差押えの効力が生じた参加差押えに対して、参加差押えをしたものとみなされます（徴令41①、②）。

| | |
|---|---|
| ①動産及び有価証券 | 参加差押書が先行の差押えをした行政機関等に交付された時 |
| ②不動産、船舶、航空機、自動車、建設機械及び小型船舶 | 参加差押通知書が滞納者に送達された時<br>ただし、参加差押えの登記（登録）がその送達前にされた場合には、その登記（登録）がされた時 |
| ③電話加入権 | 参加差押通知書が第三債務者（東日本電信電話株式会社又は西日本電信電話株式会社）に送達された時 |

### ⑷　動産等の引渡しを受ける効力

参加差押財産が動産、有価証券等の場合で、先行の差押えが解除されるときは、差押えを解除する行政機関等からその財産の引渡しを受けることができます（徴87②、徴令39、40）。

### ⑸　換価催告

参加差押えをした税務署長は、その参加差押えに係る財産が相当期間内に換価に付されないときは、速やかにその換価をすべきことをその滞納処分をした行政機関等に催告することができます（徴87③）。

なお、参加差押えをした不動産につき、上記の催告をしてもなお換価に付されないときは、参加差押えをした税務署長は、その差押えをした行政機関等の同意を得て、換価執行決定をすることができます（徴89の２①、徴基通87－14）。

㊟　換価執行決定

参加差押不動産について換価執行決定をしたときは、それまでの交付要求としての効力が後退し、先行差押えの解除による差押えの効力が前面に出てくるので参加差押不動産を換価することができます（徴基通87－１）。

## 参考　交付要求と参加差押えとの比較

| | 交付要求 | 参加差押え |
|---|---|---|
| 要件 | ①滞納者の財産について強制換価手続が行われていること。<br>②納期限の経過した国税があること。<br>③全ての財産 | ①滞納者の財産について、既に滞納処分による差押えがなされていること。<br>②滞納国税が差押えの要件を備えていること。<br>③上記①の財産は、次に掲げる特定のものであること。<br>動産、有価証券、不動産、船舶、航空機、自動車、建設機械、小型船舶、電話加入権 |
| 手続 | ①執行機関への交付要求書の交付<br>②滞納者への通知<br>③質権者等への通知 | ①行政機関等への参加差押書の交付<br>②滞納者への通知<br>③質権者等への通知<br>④第三債務者への通知<br>⑤参加差押登記・登録の嘱託（不動産等の場合） |
| 効力 | ①配当<br>②徴収権の消滅時効の完成猶予及び更新<br>③交付要求先着手による優先<br>④先行差押えの解除又は取消しによる失効 | ①配当<br>②徴収権の消滅時効の完成猶予及び更新<br>③（交付要求）先着手による優先<br>④先行差押えの解除又は取消しにより差押えの効力が生ずる。<br>⑤換価の催告 |
| 制限と解除請求 | ①特定の場合には交付要求をしない。<br>②債権者は一定の要件のもとに解除請求することができる。 | ①特定の場合には参加差押えをしない。<br>②債権者は一定の要件のもとに解除請求することができる。 |
| 解除 | 国税が消滅した場合、解除請求を相当と認めた場合は解除しなければならない（配当見込みがなくても解除はできません。）。 | |

### ➤ 債権の二重差押え

不動産などの特定財産は参加差押えができますが、それ以外の財産（債権、電話加入権を除く無体財産権等）は、二重に差押えをすることができます。ただし、差し押さえた財産を換価できるのは、先に差し押さえた行政機関に限られます（徴基通62－７）。

**二重差押えと参加差押え**

同一の財産について、異なる執行機関が二重に強制換価手続を行うと、買受人がバラバラになってしまう混乱や、複数の換価手続をする必要はないという経済性から、同時に複数の換価手続をしてはならない原則があります。そこから、強制換価手続の最初の手続である差押えは、二重にできないという考え方がされていました。それが、いろいろな弊害が指摘されて、制限されるのは換価手続だけで、差押えは二重にできるとの判断がされました（昭33.10.10最高判）。ですから、滞納処分と強制執行は、それぞれ二重差押えは可能ですが、混乱を避けるために、先に差押えをした方に換価権を与えるという形で調整がされています（滞調法）。それについて滞納処分どうしでは、混乱を避けるために参加差押えという制度を導入していますが、調整ができない債権などでは、二重差押えを認める取扱いになっています（徴基通62－７）。

# 第７章　滞納処分―財産の換価

## [29]　財産の換価

差し押さえられた財産は、その後どのように金銭化（換価）されますか。

差し押さえられた財産は、その滞納国税を徴収するため、租税債権者である国が差し押さえた財産を強制的に金銭に換える処分を行います。これを「**換価**」といいます。

この換価には、差し押さえた財産の売却と差し押さえた債権等の取立てとがあります。

**解説**

### 1　換価の意義

滞納国税の納付は金銭により行うので（通34①）、それを強制的に行う場合には、差押財産を金銭に換える「換価」を行います。この換価には、①差押財産等を売却する公売処分と②差押債権等の取立てとがありますが、通常、滞納処分による差押財産の換価とは、前者の公売処分（狭義の換価）をいいます（徴89）。

### 2　換価の対象となる財産の範囲

換価の対象となる財産は、次に掲げる「換価の対象とならない財産」以外の差押財産又は徴収法第89条の２第４項に規定する特定参加差押不動産（以下「差押財産等」といいます。）です（徴89、徴基通89－１）。

「換価の対象とならない財産」

① 金銭（徴56③）
② 債権（徴67①）
③ 有価証券に係る金銭債権の取立てをする場合（徴57①）におけるその有価証券
④ 第三債務者等がある無体財産権等に係る金銭債権の取立てをする場合

（徴73⑤、67①）におけるその無体財産権等
⑤　振替社債等に係る金銭債権の取立てをする場合（徴73の２④、67①）におけるその振替社債等

## 3　換価の制限

次に掲げるような場合には、差し押さえた財産の換価が制限されます（徴基通89－６、90－１《未成熟の果実等の場合》参照）。

| | 区　　分 | 換価が制限される期間 |
|---|---|---|
| 滞納国税に関する制限 | 保証人又は第二次納税義務者（以下「保証人等」といいます。）から徴収する場合におけるその保証人等が納付すべき国税 | その納税者の財産を換価に付すまでの期間（徴32④、通52⑤）<br>保証人等がその国税に関する滞納処分につき訴えを提起した場合におけるその訴訟の係属する期間（徴90③） |
| | 担保のための仮登記がされた財産を差し押さえた場合の徴収法第55条第２号の通知に係る国税 | 徴収法第55条第２号の通知に係る差押えにつき訴えを提起した場合におけるその訴訟の係属する期間（徴90③） |
| | 譲渡担保権者の物的納税責任により譲渡担保財産から徴収する納税者の国税 | その納税者の財産を換価に付すまでの期間（徴24③、32④）<br>譲渡担保権者がその国税に関する滞納処分につき訴えを提起した場合におけるその訴訟の係属する期間（徴90③） |
| | 換価の猶予がされている場合におけるその猶予された国税 | その猶予期間 |
| | 更正の請求又は不服申立てがされている場合において、徴収の猶予がされているときのその猶予された国税 | その猶予期間 |
| | 納税の猶予がされている場合におけるその猶予された国税 | その猶予期間（通48①） |
| | 不服申立てに係る国税 | その不服申立てについての決定又は裁決があるまでの期間（通105①） |
| | 予定納税に係る所得税 | その年分の所得税に係る確定申告期限までの期間（所117） |

## 4　公売の方法

差押財産等を売却により換価するときは、原則として**公売**（**入札又は競り売り**）に付さなければなりません（徴94）。

ただし、一定の要件に該当するときは、公売に代えて、**随意契約による売却**（徴109）又は**国による買入れ**（徴110）をすることができる場合があります。

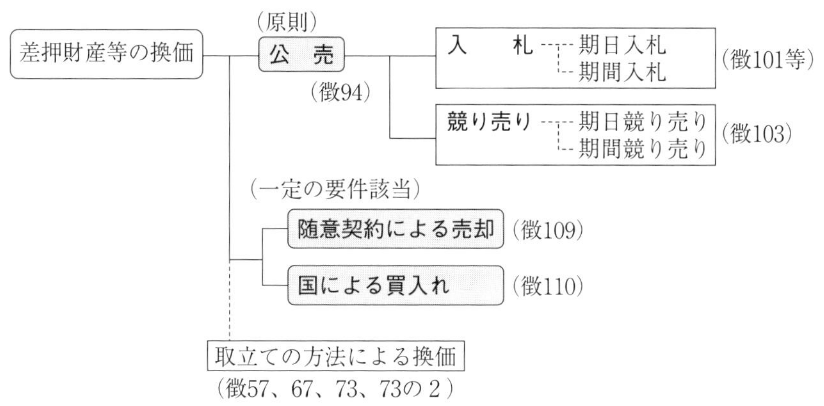


<table>
<tr><th colspan="4">公　　　売</th></tr>
<tr><th colspan="2">入　　札</th><th colspan="2">競　り　売　り</th></tr>
<tr><td colspan="2">他の入札者の入札価額を知り得ない状況の下、買受希望者に入札書を提出させ、見積価額以上で、かつ最高価額の入札者に売却する方法（徴基通94－２）</td><td colspan="2">他の買受申込者の買受申込価額を知り得る状況の下で、買受希望者に口頭等により順次高価な買受申込みをさせ、見積価額以上で、かつ最高価額の買受申込者に売却する方法（徴基通94－４）</td></tr>
<tr><th>期　日　入　札</th><th>期　間　入　札</th><th>期日競り売り</th><th>期間競り売り</th></tr>
<tr><td>１日のうちの入札期間内において入札書の提出を行わせた後、同日中に開札を行う方法（徴基通94－３(1)）</td><td>２日以上の連続した入札期間内において入札書の提出を行わせた後、開札期日に開札を行う方法（徴基通94－３(2)）</td><td>買受申込みをすることができる始期を定めて、１日のうちに順次買受申込みを行わせる方法（徴基通94－５(1)）</td><td>２日以上の連続した競り売り期間内において、順次買受申込みを行わせる方法（徴基通94－５(2)）</td></tr>
</table>

## ５　個別換価及び一括換価

### (1)　個別換価

差押財産等については、同一の滞納者に属する財産であっても、各財産ごとに個々に換価することを原則としています。

### (2)　一括換価

税務署長は、相互の利用上差押財産を他の差押財産（滞納者を異にするものを含みます。）と一括して同一の買受人に買い受けさせることが相当であると認められるときは、これらの差押財産等を一括して公売に付し、又は随意契約により売却することができます（徴89③）。この一括換価は、「一括して換価すべき場合」（徴基通89－３）と「一括換価をすることができる場合」（徴基通89－４等）があります。

㈲　差し押さえている行政機関が異なるときは、換価執行決定をしない限り、一括換価はできません。

### ア　一括して換価すべき場合

| 財　　産 | 一　括　換　価　の　態　様 |
|---|---|
| 工場抵当法の適用を受ける財産 | 土地又は建物とともに換価（徴基通56－10参照）<br>ただし、備え付けられている機器、器具等の大半が脱落し、工場としての機能を全く喪失していると認められる場合において、企業施設としての有機的価値が存在しないときは、個々の物件として各別に換価（昭29.5.6大阪地判参照） |
| 工場財団その他の財団の組成物件 | 工場財団その他の財団として換価（工場抵当法14①参照）<br>ただし、財団として換価することが困難である場合には、抵当権者の同意を得て個々の物件として換価（工場抵当法46参照） |
| 担保権の目的となっている財産の従物 | 主物とともに換価<br>ただし、担保権者の同意がある場合には、主物とは別個に換価 |
| 専有部分 | 一括して換価（建物区分２⑥、22①参照） |

### イ　一括換価をすることができる場合

| 財　　　産 | 一括換価の態様 |
|---|---|
| 買戻権の登記等がされている譲渡担保財産で、その買戻権の登記等の権利者が滞納者であるとき | その差し押さえた買戻権の登記等に係る権利と譲渡担保財産を一括して換価（徴25①） |
| 複数の財産について、次のいずれにも該当するとき<br>①財産が、客観的かつ経済的にみて、有機的に結合された一体をなすと認められること。<br>②一括換価をすることにより高価有利に売却できること。<br>③滞納者を異にする場合は、それぞれの滞納者の国税について配当があること。<br>④一括換価することを不当とする事由（例えば、担保権者に対する配当に支障を来すこと。）がないこと。<br>⑤売却決定が同一の日であること。 | これらの財産を一括して換価（徴89③、徴基通89－４） |

### 一括換価した場合の換価代金等の按分

差押財産等を一括換価する場合において、各差押財産等ごとに売却代金の額を定める必要があるときは、その額は、売却代金の総額を各差押財産等の見積価額に応じて按分して得た額とします。なお、各差押財産等ごとの滞納処分費の負担についても同様です（徴128②）。

## 6　買受人の制限

次に掲げる者は、買受人となることができません。

| | |
|---|---|
| 滞納者 | 滞納者は、換価の目的となった自己の財産を、直接、間接を問わず買い受けることはできません（徴92）。 |
| 税務職員 | 国税庁、国税局、税務署又は税関に所属する職員で国税に関する事務に従事する職員は、換価の目的となった財産を買い受けることはできません（徴92）。 |
| 無資格者等 | 法令の規定により公売財産について譲渡制限がされている場合で、買受に一定の資格を要するときは、その資格を有するものでなければ買受人となることはできません（徴基通89－14～25）。 |

(注)１　「直接であると間接であるとを問わず」とは、自己が直接買受人となることだけではなく、実際上自己が取得する目的のもとに自己の計算において、他人を買受名義人とすることをいいます（徴基通92－４、昭38.２.28大阪高判参照）。

２　法令の規定により譲渡制限されている財産の例……農地等

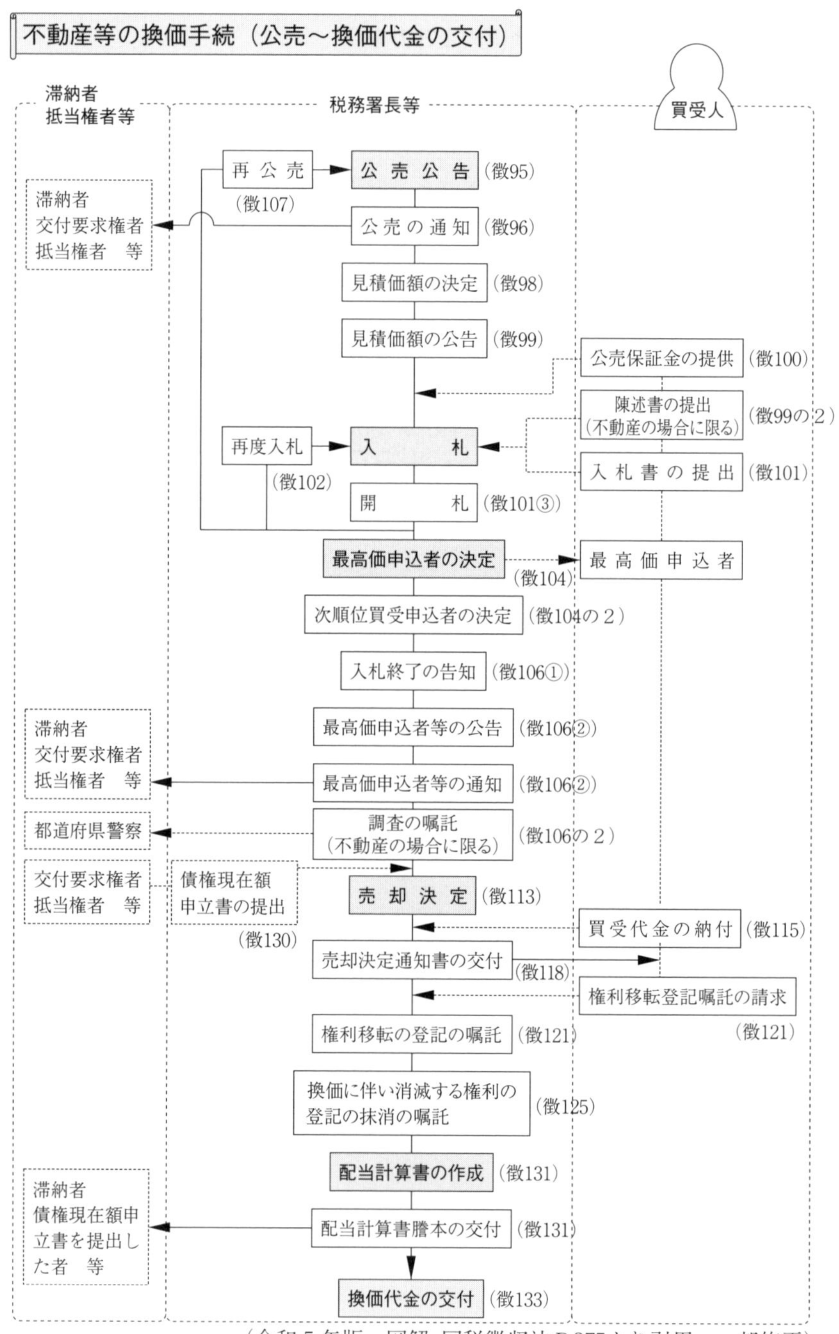


（令和５年版　図解 国税徴収法Ｐ375より引用、一部修正）

## 「参加差押えをした行政機関による換価執行制度」の概要

### 1　参加差押えをした行政機関による換価執行制度

参加差押えをした税務署長は、参加差押えに係る不動産について、差押えをした行政機関等に換価の催告をしてもなお換価が行われない場合には、差押えをした行政機関等の同意を得ることを要件として、配当順位を変更することなく、換価を行うこと（参加差押に係る不動産につき換価の執行をする旨の決定をすること）ができます。

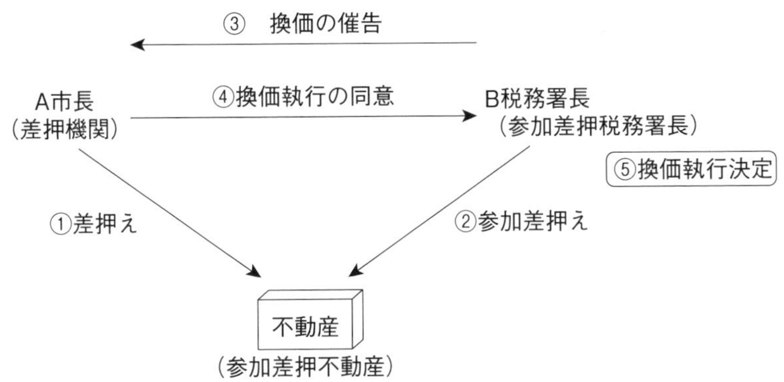


**換価執行決定のポイント**

市町村長が先に不動産を差し押さえ、税務署長（国）が参加差押えをしていた場合には、市町村長が換価しない限り、税務署長は参加差押財産からの徴収ができません。しかし、換価執行決定を行えば、参加差押えをしている税務署長が公売を行います。

また、底地付き建物について、建物を市町村長が差し押さえ、税務署長が土地をそれぞれ差し押さえていた場合には、執行機関が異なるので一括換価はできません。しかし、建物につき税務署長が参加差押えをしていた場合には、換価執行決定を行うことで、一括換価が可能になります。

### 2　換価執行決定の要件等

参加差押えをした税務署長（以下「**参加差押税務署長**」といいます。）は、その参加差押えに係る不動産（以下「**参加差押不動産**」といいます。）が換価の催告（徴87③）をしてもなお換価に付されないときは、滞納処分により差押えをした行政機関（以下「**差押機関**」といいます。）の同意を得て、参加差押不動産につき換価の執行をする旨の決定（以下「**換価執行決定**」といいます。）をすることができます。

ただし、参加差押不動産につき強制執行若しくは担保権の実行としての競売（以下「**強制執行等**」といいます。）が開始されているとき、又は国税に関する法律の規定で換価をすることができないこととするものの適用があるときはこの限りではありません（徴89の２①）。

**執行決定の要件**

| |
|---|
| ア　参加差押不動産について、換価催告をしてもなお換価に付されないこと |
| イ　換価執行について、差押機関の同意を得ていること |
| ウ　参加差押不動産について、強制執行等が開始されていないこと。 |
| エ　参加差押不動産の換価が制限されていないこと |

➢「不動産」に限定

換価執行決定をすることができるのは、不動産に限定されています。これは、参加差押えは、不動産のほか動産又は自動車などに対してもすることができますが、動産又は自動車などにあっては、差押えをした時に徴収職員が占有することが原則とされているため、他の行政機関等が差押えをした後においては、税務署長はその差押えがされた動産又は自動車などを把握する機会が少ないことから参加差押えを行う場面は限られています。また、仮に参加差押えがなされた場合であっても、動産又は自動車などの評価については、不動産に比して期間を要さず、換価が実施されるまでの期間が短いため、換価の催告を行う必要もないことなど実務の状況を踏まえ、換価執行の実施が見込まれる財産として不動産に限定することとされたものです。

➢ 換価執行決定をすることができる参加差押税務署長については、その参加差押えをした順位による制限は設けられていないことから、いずれの参加差押税務署長であっても換価執行決定をすることができます。

（例）①差押え　⇒　②参加差押え　⇒　③参加差押え　⇒　換価執行決定
　　　Ａ市（地方税）　　Ｂ税務署　　　　　Ｃ税務署　　（Ｂ，Ｃいずれも可）

### ⑴　差押機関に対する換価の催告

財産の換価は、差押機関において行うことが原則であることから、参加差押税務署長は、まずは差押機関に対して換価の催告を行います（徴87③）。

### ⑵　差押機関の同意

換価執行決定をするに際しては、差押機関における換価の状況を踏まえる必要があるため、差押機関の同意があることが要件とされています（徴89の２①）。

差押機関は、参加差押税務署長による換価の執行に係る同意の求めがあった場合において、その換価の執行を相当と認めるときは、これに同意するものとされています（徴89の２②）。

すなわち、次のいずれにも該当する場合は、差押機関は、参加差押税務署長からの求めに応じて、換価執行に同意すべきことになります（徴89の２②）。

| 同意要件 |
|---|
| ①　参加差押不動産の換価の執行が相当と認められること |
| ②　参加差押不動産について、他の執行機関等に対して換価執行の同意をしていないこと。 |

➤「換価の執行が相当と認められること」とは、①換価の見込みがなく、②納税の猶予を行う予定もなく、③不動産の帰属に関する不服申立てがされていない場合などをいいます（徴基通89の２－６）。

㈱　換価の執行に係る同意の求めを受けた差押機関においては、一つの財産につき複数の参加差押機関が換価執行決定による換価を行うといった不適切な状態となることのないよう、差押えをした不動産につき既に他の参加差押機関による換価の執行に係る同意をしているときは、重ねて同意をすることはできません（徴89の２②ただし書）。

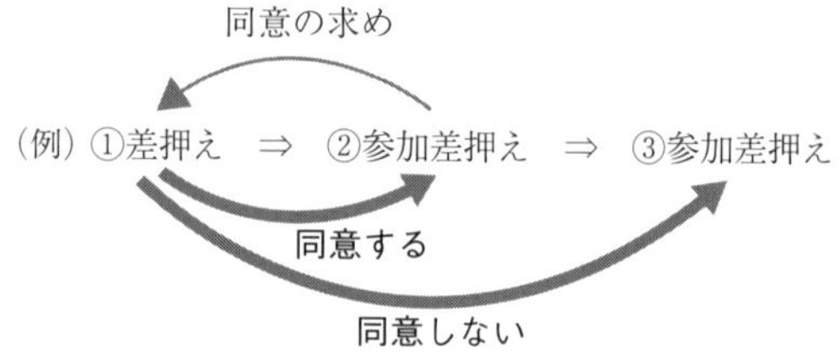


**➢　強制執行等が開始されている場合の取扱い**

強制執行等が開始されている場合には、滞納処分による換価手続と競売等による換価手続との調整が複雑になることから、換価執行決定をすることはできません（徴89の２①ただし書）。

### 3　換価執行決定の効力

換価執行決定の効力は、換価執行について同意した差押行政機関等（以下「換価同意行政機関等」といいます。）に告知した時に生じます（徴89の２③）。

### 4　滞納者等への換価執行決定の通知

換価執行決定をした税務署長（以下「換価執行税務署長」といいます。）は、速やかに、滞納者及び換価執行決定をした参加差押不動産について交付要求（参加差押えを含みます。）をした行政機関等に対して、換価執行決定をしたことを通知しなければなりません（徴89の２④）。

### 5　換価執行税務署長による換価

換価執行税務署長は、換価執行決定をした参加差押不動産を換価することができます（徴89）。

この場合において、換価同意行政機関等は、特段の手続をすることなく換価代金等から配当を受けることができます（徴129①二）。

また、換価執行決定の前に換価同意行政機関等に対して交付要求（参加差押えを含みます。）をした行政機関等についても、その交付要求をした時に換価執行税務署長に対して交付要求をしたものとみなされるため、換価執行税務署長から配当を受けることができます（徴令42の２②）。

## [30]　公　売

差押財産等の換価は、どのように行われますか。

差押財産等の換価は、原則として公売（入札又は競り売り）により行います。

**解説**

差押財産等を換価するときは、原則として公売に付さなければなりません（徴94①）。

ただし、公売に代えて、随意契約による売却（徴109）又は国による買入れ（徴110）ができる場合があります。

### 1　公売の意義

公売とは、**入札又は競り売り**（以下「入札等」といいます。）の方法等で、差押財産等を売却（金銭化）する手続です（徴94②）。

㊟　公売は、換価財産の売却決定に先立ちこれを買受希望者の自由競争に付し、その結果形成される最高価額により売却価額及び買受人となるべき者を決定する手続です。

換価処分を公売により行うことは、その公正を維持することに適し、しかも、より高価に売却することができるので、原則的な換価方法とされています。

### 2　公売の手順

| | 入札による公売 | 競り売りによる公売 |
|---|---|---|

**公売の事前準備**

| | |
|---|---|
| 公売公告 | ①原則として、公売の日の少なくとも10日前までに公告（徴95①）<br>②公売を実施する国税局又は税務署の掲示場等公衆の見えやすい場所に掲示（徴95②） |
| ↓ | |
| 公売の通知 | ①滞納者<br>②公売財産につき交付要求をした者<br>③公売財産上に質権等の権利を有する者<br>に対して通知（徴96①） |
| ↓ | |
| 見積価額の決定 | 公売財産の時価に相当する価額（基準価額）から公売の特殊性を考慮した減価（公売特殊性減価）を控除して決定（徴98、徴基通98－1） |

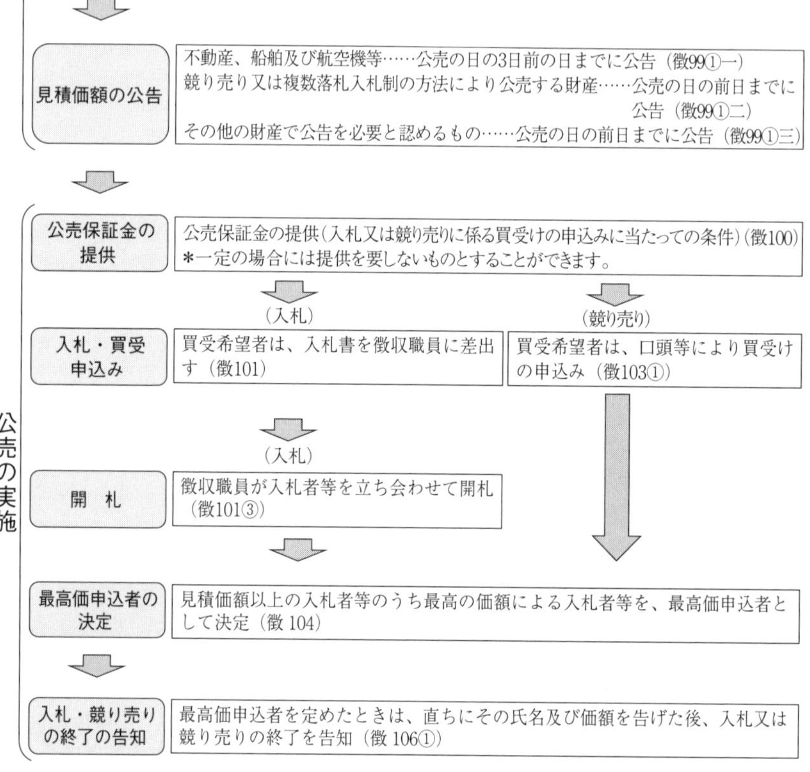


## 3　公売の事前準備

公売の事前準備は、公売の場所や日時を決めた実施計画に基づき、公売する差押財産を選定して公売公告を行い、最低売却価額である見積価額を算定して公告します。

### (1)　公売公告

税務署長は、差押財産等を公売に付するときには、原則として、公売の日の少なくとも10日前までに、次に掲げる事項を公告しなければなりません（徴95①、徴基通95－２）。

ただし、公売財産が不相応の保存費を要し、又はその価額を著しく減少するおそれがあると認めるときは、この期間を短縮することができます（徴95①、徴基通95－４、５）。

**公告する事項**

- 公売財産の名称、数量、性質及び所在
- 公売の方法
- 公売の日時及び場所
- 売却決定の日時及び場所
- 公売保証金を提供させるときは、その金額
- 買受代金の納付の期限
- 公売財産の買受人について一定の資格その他の要件を必要とするときは、その旨
- 公売財産上に質権、抵当権、先取特権、留置権その他その財産の売却代金から配当を受けることのできる権利を有する者は、売却決定の日の前日までにその内容を申し出るべき旨
- 公売に関し重要と認められる事項（徴95、徴基通95－17）

### ⑵　公売の通知

#### ア　公売の通知

税務署長は、公売公告をしたときは、①徴収法第95条第１項各号に掲げる公売公告の事項（８号に掲げる事項を除きます。）、②公売に係る国税の額を、滞納者及び次に掲げる者のうち知れている者に通知しなければなりません（徴96①、徴基通96－１）。

滞納者　＋

- 公売財産につき交付要求をした者
- 公売財産上に、質権、抵当権、先取特権、留置権、地上権、賃借権その他の権利を有する者（差押債権者に対応できない者を除きます。）
- 換価同意行政機関等

**【昭50. 6 .27最高判要旨】**

公売の通知は、税務署長が公売公告した場合において、滞納者に対しては最後の納付の機会を与えるため、抵当権者等に対しては、公売参加の機会を与えるため、公売の日時、場所等公告すべき事項とほぼ同一の事項を滞納者等に通知するものにすぎず、それ自体としては相手方の権利義務その他法律上の地位に影響を及ぼすものではないから、抗告訴訟の対象となる行政庁の処分とはいえない。

**公売通知の未送達**

公売通知それ自体は、法律上の地位に影響を及ぼすものではありませんが、財産を公売される立場の滞納者や担保権者等の保護に配慮して、公売通知が未送達の場合は公売を中止する取扱いがされています（平20.6.13換価事務提要47⑸）。

#### イ　債権現在額申立書提出の催告

税務署長は、公売の通知をするときは、公売財産の売却代金から配当を受けることができる者のうち知れている者に対して、その配当を受けることのできる国税、地方税その他の債権につき**債権現在額申立書**をその財産の売却決定をする日の前日までに提出すべき旨の催告を併せてしなければなりません（徴96②）。

### ⑶　公売の場所

公売は、公売財産の所在する市町村（特別区を含みます。）において行います。ただし、税務署長が必要と認めるときは、他の場所で行うことができます（徴97）。

一般的な公売……**税務署の庁舎内、合同公売場、借上倉庫等**
インターネット公売……**インターネット上のサイト**

㈱「**インターネット公売**」とは、インターネット上のオークションサイトで入札等を行うものであり、動産等は「期間競り売り」により不動産等で次順位買受申込者の決定をするときは「期間入札」により行います。
国税局や税務署で実施しているインターネット公売は、民間オークションサイトの運営業者のオークションサイトにおいて入札等を行います。

**インターネット公売と通常の公売**

| | インターネット公売 | 通常の競り売り |
|---|---|---|
| 公売参加の申し込み | インターネット上のオークションサイト | 国税局、税務署の庁内などの公売会場 |
| | 買受申込開始前の指定された期間（期間内は24時間申込可能） | 買受申込当日の一定時間 |

| 公売保証金の提供 | ・現金等で納付する方法<br>・クレジット決済により納付保証をする方法 | 現金等で納付する方法 |
|---|---|---|
| 買受申込み | インターネット上のオークションサイト | 国税局、税務署の庁舎内などの公売会場 |
| | あらかじめ定められた数日間（期間内は24時間申込可能） | 公売の日時の終期 |

参考　インターネット公売

インターネット公売は、インターネットの民間オークションサイトにおいて、入札等を行う公売です。

インターネット公売では、あらかじめ公売参加申込みのあった方から、連続した２日以上の期間において買受申込を受け付けます。

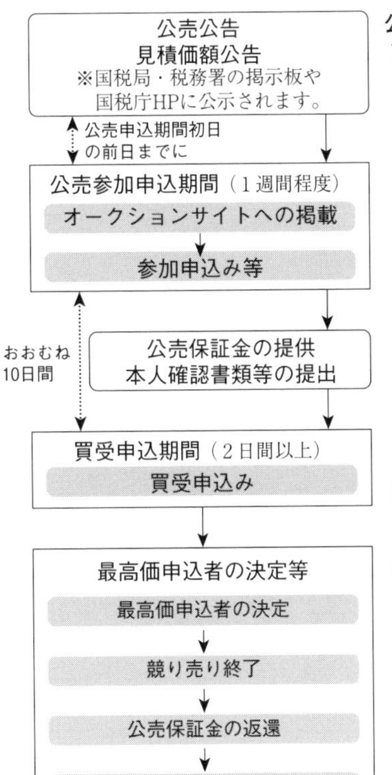


**公売の流れ（概要）**

1　**買受申込期間まで**

○　公売参加申込期間初日の前日までに国税庁HP等に公売情報が掲載されますので、公売条件等（日時、方法、財産情報の詳細、見積価額、その他留意事項等）を確認してください。

○　オークションサイトには、公売参加申込期間開始時に財産情報の詳細が掲載されます。

○　公売参加申込期間内に、買受けを希望する財産ごとに公売参加申込みを行ってください。

○　買受けを希望する財産について、関係公簿等や現況確認等により、必要な情報の収集を行ってください。

○　必要書類を提出してください。

○　公売保証金を提供してください。

2　**買受申込期間**

○　買受申込期間内に買受申込みを行ってください。

3　**最高価申込者の決定等**

○　買受申込みの結果がメール送信されます。連絡内容に従って必要な手続きを行います。

○　落札できなかった方には公売保証金が返還されます。
（公売を妨害した場合など、公売保証金が返還されない場合があります。）

4　**売却決定**

○　買受代金の納付期限までに買受代金の全額を納付する必要があります。

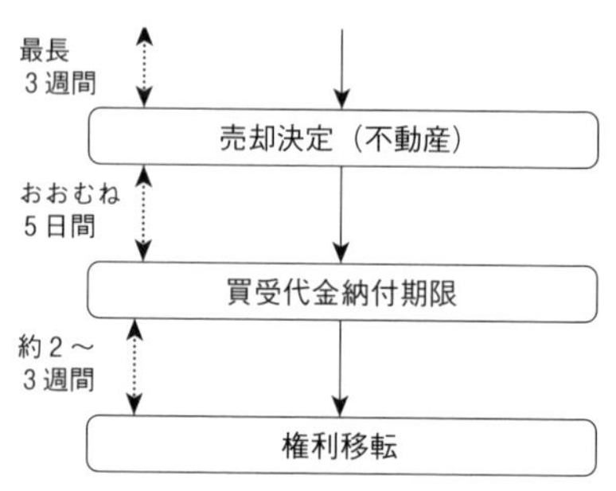


○　期限までに買受代金が納付されない場合は、売却決定が取り消され、公売保証金は返還されません。

5　**権利移転**

○　引渡しや登記に必要な書類、費用（送料、登録免許税等）などについては、落札された方が準備する必要があります。

○　所有権移転登記については国税局・税務署が行います。

（国税庁ホームページより）

## ⑷　見積価額の決定

税務署長は、近傍類似又は同種の財産の取引価格、公売財産から生ずべき収益、公売財産の原価その他の公売財産の価格形成上の事情を適切に勘案して、公売財産の見積価額を決定しなければなりません。また、この場合において、税務署長は、差押財産等を公売するための見積価額の決定であることを考慮しなければなりません（徴98①）。

### ア　見積価額の決定

見積価額は、次のように決定されます（徴基通98－３）。

**通常の場合**

見積価額　＝　基準価額　－　公売特殊性減価

**買受人に対抗することができる公売財産上の負担があるとき**

見積価額　＝　基準価額　－　公売特殊性減価　－　買受人に承継される負担額

**見積価額**

「見積価額」は、著しく低廉な価額による公売を防止し、適正な価額により売却を保障するための売却価額の最低額を保障する機能を有するものであって（徴104①参照）、差押財産等の公売又は随意契約による売却に当たって税務署長が決定（徴基通98－１）

**基準価額**

「基準価額」は、公売財産を直ちに売却する場合に想定される現在価値であって、その財産の種類、性質などにより市場性が劣ること等による固有の減価（市場性減価）を適切に反映させたものとすること（徴基通98－２⑵）

基準価額＝公示価額等による鑑定評価額－市場性減価（20％程度）

**公売特殊性減価**

「公売特殊性減価」は、公売には通常の売買と異なることによる特有の不利な要因として、次に掲げるような公売の特殊性があることから、基準価額のおおむね30％程度の範囲内で減価を行うこと（徴基通98－３、平５.８.31東京地判、平６.２.28東京地判、平９.７.11東京高決、平10.２.16東京高判参照）

**公売の特殊性**

① 公売財産は、滞納処分のために強制的に売却されるため、いわば因縁付財産であり、買受希望者にとって心理的な抵抗感があること。
② 公売財産の買受人は、瑕疵担保責任（民570）を追及することができず、また、原則として買受け後の解約、返品、取替えをすることができない上、その財産の品質、機能等について買受け後の保証がなく、税務署長は公売した不動産について引渡義務を負わないほか、公売手続に違法があった場合は一方的に売却決定が取り消されること。
③ 公売の日時及び場所等の条件が一方的に決定され、買受希望者は原則として建物についてその内部を事前に確認することができないなど公売財産に関する情報は限定され、公売の開始から買受代金の納付に至るまでの買受手続が通常の売買に比べて煩雑であり、また、買受代金は、その全額を短期間に納付する必要があること。

### イ　公売財産の評価

公売財産の評価に当たっては、次のことに留意する必要があります（徴基通98－２）。

① 公売財産の評価について、例えば、不動産の地目、地積、種類、構造、床面積等について現況と登記簿上の表示が異なる場合であっても、現況のまま行います。この場合において、公売によって消滅又は新たに成立する権利があるとき（徴125、127参照）は、これを適切に考慮します。

② 公売財産の市場性、収益性、費用性その他の公売財産の価格を形成する要因を適切に考慮し、その財産の時価に相当する価額（消費税及び地方消費税相当額を含んだ価額をいいます。）を求めます。

### ウ　鑑定人に評価を委託する場合

公売財産の評価は、専門性が必要となる場合があるため、税務署長が必要と認めるときは、鑑定人に委託することができます（徴98、徴基通98－４～６）。

**参考**　徴収法基本通達第98条関係《鑑定人による評価》

（必要と認めるとき）

4　法第98条第２項の「必要と認めるとき」とは、公売財産が不動産、船舶、鉱業権、骨とう品、貴金属、特殊機械等である場合において、その価額が高価又は評価困難と認められるとき、公売財産の見積価額について紛争を生ずるおそれがあると認められるとき等、税務署長が鑑定人に評価させ、又は精通者の意見等を聴くことが適当であると認めるときをいう。

（鑑定人に対する評価の委託）

5　法第98条第２項の規定に基づき鑑定人に公売財産の評価を委託する場合には、市場性減価を適切に反映させた基準価額を求めることに留意する。

（鑑定人の評価と見積価額の決定との関係）

6　法第98条第２項の「その評価額を参考とすることができる」とは、単純に、鑑定人の評価額をもって見積価額とすることなく、税務署長が、その評価額を参考として見積価額を決定することをいう。

### エ　見積価額の変更

公売財産を公売に付しても入札者等がない場合、入札等の価額が見積価額に達しない場合などには、再度、公売に付す必要があります（この公売を「**再公売**」といいます。徴107①）が、こうした事実は、その公売財産の市場性が劣ることを示す合理的な理由の一つとなり、必要がある場合には、市場性減価を見直して見積価額（基準価額）を変更することができます（徴107②、徴基通107－１－２）。

## (5)　見積価額の公告等

見積価額の公告の方法は、原則として公売公告の方法と同じですが、税務署長は、公売財産のうち次の財産については、それぞれの掲げる日まで見積価額の公告をしなければなりません（徴99①）。

なお、見積価額の公告は、公売公告と併せて行うことができます（徴基通99－５）。

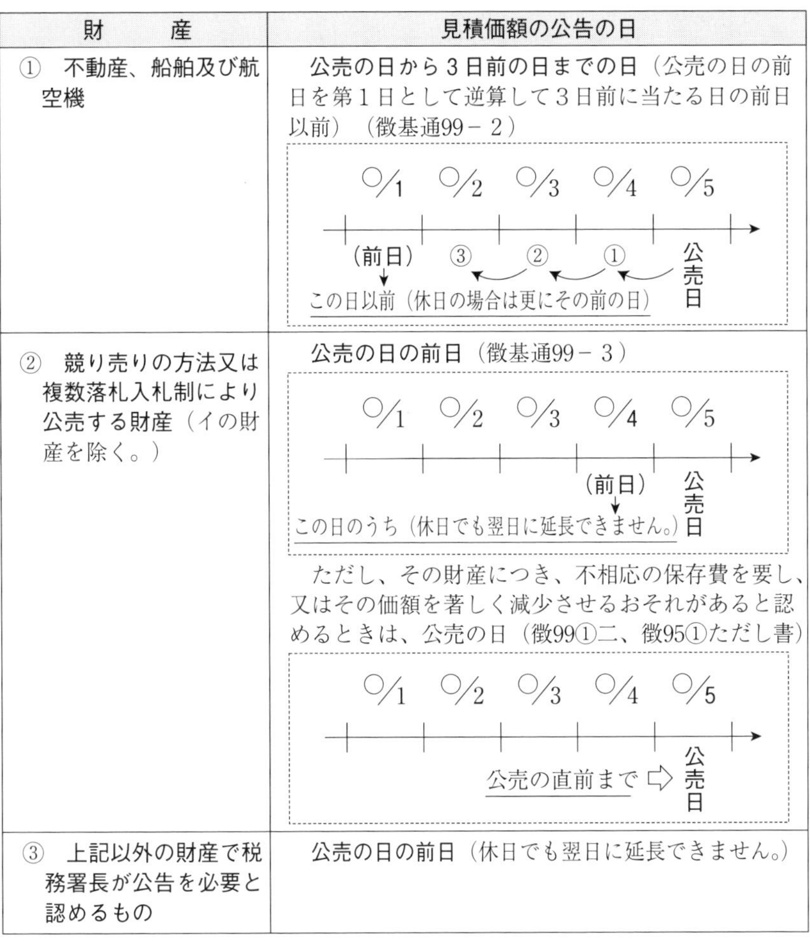

| 財　　産 | 見積価額の公告の日 |
|---|---|
| ①　不動産、船舶及び航空機 | 公売の日から３日前の日までの日（公売の日の前日を第１日として逆算して３日前に当たる日の前日以前）（徴基通99－２）<br>○/1　○/2　○/3　○/4　○/5<br>（前日）　③　②　①　公売日<br>この日以前（休日の場合は更にその前の日） |
| ②　競り売りの方法又は複数落札入札制により公売する財産（イの財産を除く。） | 公売の日の前日（徴基通99－３）<br>○/1　○/2　○/3　○/4　○/5<br>（前日）　公売日<br>この日のうち（休日でも翌日に延長できません。）<br>ただし、その財産につき、不相応の保存費を要し、又はその価額を著しく減少させるおそれがあると認めるときは、公売の日（徴99①二、徴95①ただし書）<br>○/1　○/2　○/3　○/4　○/5<br>公売の直前まで ⇨ 公売日 |
| ③　上記以外の財産で税務署長が公告を必要と認めるもの | 公売の日の前日（休日でも翌日に延長できません。） |

(注)１　「公売の日」とは、期日入札又は期日競り売りの場合は、入札等をする日をいい、期間入札又は期間競り売りの場合は、入札期間又は競り売り期間の始期の属する日をいいます（徴基通95－２）。

公売公告に記載する「公売の日時」は、期間入札等の場合は入札期間をいいます。また、売却決定の起算日となる「公売期日等（徴111）」は、最高価申込者の決定日になります（徴基通111－１）。

２　見積価額を公告することが相当でない財産を公売するときは、その公告をしないで公売することができます（徴99②、会計令79）。

公売しない場合は、見積価額を記載した書面を封筒に入れ、封をして、公売する場所に置かなければなりません（徴99②）。この場合、開札後であっても、その見積価額は公開されません（徴基通99－９）。

## 4　公売の実施

公売の実施は、公売保証金を納付した買受希望者を公売に参加させ、公売の日に入札又は競り売りの方法で落札者を決定します。そして、落札者を最高価申込者に決定した上で、その者に売却決定を行って買受人とし、買受人は決められた期日までに買受代金を納付して換価財産を取得します。

### (1)　公売保証金の提供

公売財産の入札者等は、公売保証金の提供を要しない場合を除き（徴100①ただし書、徴令42の２）、公売保証金を提供した後でなければ、入札等を行うことができません（徴100②）。

公売保証金は、入札者等が買受人となった場合における買受代金の納付を保証するために、税務署長が定めた金額を入札等に先だって提供させるものです。

入札者等は、公売財産の見積価額の100分の10以上の額により定めた公売保証金を提供しなければなりません。

➤　インターネット公売では、買受申込期間に先立つ「公売参加申込期間」に公売保証金の提供を行います。提供については、現金を直接に納付する原則的な方法（徴100①一）のほかに、クレジット会社による納付の保証がある旨の書面の提出（民間オークションサイトから登録）による方法（徴100①二）のいずれかを選択して行います。

### (2)　落札者の決定

公売の日において、入札又は競り売りの方法により落札者を決めます。

なお、インターネット公売は落札者を決める手続のみを代行するものであり、その他の手続は換価を行う執行機関が行います。

#### ア　入札等

##### (ア)　入札

入札をしようとする者は、「**入札書**」に封をして、税務署長等が指定した入札期間内に徴収職員に差し出さなければなりません（徴101①）。

なお、複数入札（徴105①）により入札を行わせる場合を除き、入札者が一つの公売財産について複数の入札書を提出した場合には、いずれの入札書も無効となります（徴基通101－４）。

提出した入札書について、引換、金額の変更又は取消しはできません（徴101②）。

間違って高い額を記載して入札しても変更等はできないので、最高価申込者に決定がされれば、その額で買受代金を納付しなければなりません。買受代金を納付しなければ、公売保証金は没収されます（徴108③）。

㈱　・入札書には、入札する人の住所及び氏名を記載します（法人が入札するときは、商業登記事項証明を添付します。）。
・入札を代理人がする場合は、代理権限を証する書面及び代理人の住民票記載事項の証明を添付します。
・不動産の入札に際しては、入札者は自らが暴力団員等でないことの陳述書を提出します（徴99の２①、徴規１の２）。

#### (イ)　開札

入札書は、入札書の提出を締め切った後、公売公告に公告した開札の日時及び場所において入札者の面前で開きます（徴101③、徴基通101－８、９）。

㈱　インターネット公売での開札は、民間オークションサイトで行います。

### イ　競り売り

競り売りは、徴収職員が直接実施するほか、競り売人を選び、差押財産等の競り売りを取り扱わせることができます（徴103②）。

㈱　買受希望者の住所・氏名は、入札書は誰が入札したのか明らかにするため記載させますが、競り売りは公売場所での即売を想定しているので、最高価申込者の決定を受けた者の氏名以外は、特に求めません。しかし、期間競り売りで行うインターネット公売では、公売参加申込の段階で民間オークションサイトに住所・氏名の登録が求められ、本人確認ができなければ公売参加は認めません。

## (3)　最高価申込者又は次順位買受申込者の決定

### ア　最高価申込者の決定

徴収職員は、見積価額以上の入札者等のうち最高の価額による入札者等を最高価申込者として定めなければなりません（徴104）。

**最高価申込者の決定条件（徴基通104－２）**

・最高価申込者を決定しようとする者の入札価額又は買受申込価額が見積価額以上であり、かつ、最高の価額であること
・公売保証金を提供させる場合においては、所定の公売保証金を提供していること
・法令の規定（徴92、108等）により買受人等としてはならない者でないこと
・農地の買受けなど一定の資格その他の要件を必要とする場合（徴95①七）は、これらの資格を有すること

### イ　追加入札等

開札又は競り売りの結果、最高の価額の入札者等が２人以上あるときは、更に入札等をさせて定め、なお、その入札等の価額が同じときは、くじで決めます（徴104②）。

㈱　インターネット公売では、民間オークションサイトでの再度の入札により行い、それで決まらないときは、システムでの自動抽選がされます。

### ウ　次順位買受申込者の決定

徴収職員は、入札の方法により不動産等（不動産、船舶、航空機、自動車、建設機械、小型船舶、債権又は電話加入権以外の無体財産権等をいいます。）の公売をした場合において、最高価申込者の入札価額（「最高入札価額」）に次ぐ高い価額による入札者から次順位による買受けの申込みがあるときは、その者を次順位買受申込者として定めなければなりません（徴104の２①）。

㈱　次順位申込者の決定は、入札の場合にしかできないので、不動産をインターネット公売に付す場合は、期間入札の方法により行います。

### エ　次順位による買受けの申込み

最高価申込者の決定をした場合には、徴収職員は、直ちに、開札の場所において、次順位買受申込者に対し、次順位による買受けの申込みを催告します（徴基通104の２－２）。

なお、申込みは、提出済みの入札書の余白にその旨を記載させるなど、その意思を明らかにする方法により行わせます（徴基通104の２－３）。

㈱　インターネット公売では、民間オークションサイトでの買受申込み時にそ

の旨を登録します。

### ⑷　最高価申込者等の決定

徴収職員は、最高価申込者等を定めたときは、直ちにその氏名及び価額を告げた後、入札又は競り売りの終了を告知しなければなりません（徴106①）。

公売した財産が不動産等であるときは、税務署長は、最高価申込者等の氏名、その価額並びに売却決定をする日時及び場所を滞納者及び公売の通知をすべき利害関係人に通知するとともに、これらの事項を公告しなければなりません（徴106②③）。

㈱１　インターネット公売での終了の告知は、公売実施庁のホームページに最高価申込者のカナ氏名及び最高価申込額を一定期間掲載することにより行います。

なお、開札時において最高価で入札した者には民間オークションサイトから落札の連絡が行きますが、これとは別に、公売実施庁から最高価申込者になった旨の連絡がされます（最高価申込者の決定通知書は、滞納者及び利害関係人には送付しますが、最高価申込者になった者には送付しません（徴106①））。

２　最高価申込者の決定において、徴収法は期日公売を前提にしていることから、公売場所での口頭による告知で行います。ですから、その場に最高価申込者に決定した者がいる前提から、決定を受けた者に対する通知書の送付は行いません。なお、インターネット公売では、当然に、決定を受ける者は目の前にいないことから、便宜的な取扱いがされています。

### ⑸　公売保証金の返還

最高価申込者又は次順位買受申込者（以下「最高価申込者等」といいます。）を定めた場合には、それらの者以外の買受希望者が納付した公売保証金は、遅滞なく返還しなければなりません（徴100⑥）。

㈱１　公売保証金の返還は、入札等の価額が見積価額に達しなかった場合、不服申立てがされて買受申込み等の取消しがされた場合、売却決定が取り消された場合にも行います。

２　インターネット公売で、クレジット会社の納付保証により公売保証金の提供をするときは、買受人が買受代金を納付する際に全額を口座から引き落とし、それまでは納付保証だけすることもできます。その場合には、現実の金銭の納付はないので、買受人以外への公売保証金の返還は必要ありません。

## ⑹　再公売

### ア　再公売ができる場合

税務署長は、次のいずれか一つに該当する場合においては、同一の財産を更に公売（**再公売**）に付することができます（徴107①、徴基通107－１）。

- 公売に付しても入札者等がないとき。
- 入札等の価額のうち見積価額に達するものがないとき。
- 次順位買受申込者が定められていない場合において、徴収法第108条第２項《公売実施の適正化のための措置》の規定により、入札等がなかったものとされ、又は最高価申込者とする決定が取り消されたことによって、売却決定を取り消したとき。
- 次順位買受申込者が定められていない場合において、徴収法第115条第４項《売却決定の取消し》の規定により、売却決定を取り消したとき。
- 次順位買受申込者に対して売却決定をした場合において、徴収法第115条第４項《売却決定の取消し》の規定により、売却決定を取り消したとき。

㈟「再公売」とは、一定の要件に該当する場合に、改めて最初から法令に定められた公売の手続をすべてやり直すのではなく、公売公告期間の短縮や公売通知の省略等を認めることにより、簡易迅速に公売に付すことができるようにする制度です。

### イ　再公売の手続

再公売に付する場合において、必要があると認めるときは、公売財産の見積価額の変更、公売公告の期間の短縮その他公売の条件の変更をすることができます（徴107②）。

なお、再公売が直前の公売期日から10日以内に行われるときは、公売の通知及び債権現在額申立書の提出の催告をする必要がありません（徴107③）。

また、不動産、船舶及び航空機を再公売に付する場合には、再公売の日の前日までに見積価額を公告しなければなりません（徴107④）。

**再公売に付する場合に変更等ができる事項**

① 直前の公売における公売財産の見積価額の変更
② 公売公告の期間の短縮
③ その他公売の条件（公売の場所、公売の方法、売却区分、公売保証金の額等）の変更

(注) 公売に付しても入札者等がいないか、見積価額以下での入札等しかなかったときは、その財産の市場性が悪かったと認められるので、直前に行った公売の見積価額の基準価額について、更に市場性減価（20％程度）を行った上で、見積価額の算定をします。

## 5　公売実施の適正化のための措置

### (1)　公売参加者の制限

税務署長は、次のいずれかに該当すると認められる事実がある者については、その事実があった後２年間は、公売を実施する場所に入ることを制限し、若しくはその場所から退場させ、又は入札等をさせないことができます。

その事実があった後２年を経過しない者を使用人その他の従業者として使用する者及びこれらの者を入札等の代理人とする者についても、同様に制限されます（徴108①）。

| 公売参加が制限される者（徴108①） | | |
|---|---|---|
| | 第一号 | 入札等をしようとする者の公売への参加又は入札等を妨げた者（徴基通108－２、３参照） |
| | | 最高価申込者又は次順位買受申込者の決定を妨げた者（徴基通108－４参照） |
| | | 買受人の買受代金の納付を妨げた者（徴基通108－５参照） |
| | 第二号 | 公売に際して不当に価額を引き下げる目的をもって連合した者（徴基通108－６参照） |
| | 第三号 | 偽りの名義で買受申込みをした者（徴基通108－７参照） |
| | 第四号 | 正当な理由がなく、買受代金の納付の期限までにその代金を納付しない買受人（徴基通108－８参照） |
| | 第五号 | 故意に公売財産を損傷し、その価額を減少させた者（徴基通108－９参照） |
| | 第六号 | 上記に掲げる者のほか、公売又は随意契約による売却の実施を妨げる行為をした者（徴基通108－10参照） |

### ⑵　制限該当者を対象とした処分の取消し

税務署長は、公売参加の制限該当者の入札等又は最高価申込者等とする決定については、その入札等はなかったものとして、又はその決定を取り消すことができます（徴108②）。

なお、取消処分等を受けた者が納付した公売保証金があるときは、その公売保証金は国庫に帰属します（徴108③）。

㈱　最高価申込者が買受代金の納付期日までに代金を納付しなかった場合の公売保証金は、滞納国税に充てられますが（徴100③）、納付しなかったことにつき「正当な理由」がないときは国庫に帰属（没収）します（徴基通108－24）。

### ⑶　不動産公売等における暴力団員等の買受け防止

不動産を入札等の方法により公売するときは、暴力団関係者が買受人にならないための措置を行います（令和３年１月以降の公売に適用されます。）。

#### ア　暴力団員等に該当しないことの陳述

公売不動産の入札等をしようとする者は、自らが暴力団員等に該当しない旨を記載した陳述書を提出しなければ、入札等に参加することはできません（徴99の２）。

㈱１　買受希望者が法人の場合には、その役員が暴力団員等であるときは買受人になることはできません。
　２　虚偽の陳述をした者には、刑事罰が科されます（徴189）。

#### イ　最高価申込者等が暴力団員等に該当するかの調査

税務署長は、公売不動産の最高価申込者及び次順位買受申込者が暴力団員等に該当するか否かについて、必要な調査を税務署を管轄する都道府県警察本部に嘱託しなければなりません（徴106の２①）。嘱託を受けた警察当局からは、概ね２週間程度で調査結果の回答がされます。

㈱　最高価申込者等が宅地建物取引業の許可を受けているときは、調査の嘱託は要しません（徴規１の４）。

#### ウ　最高価申込者等の決定の取消し

警察当局の回答で、公売不動産の最高価申込者又は次順位買受申込者に暴力団員等に該当することが判明したときは、それらの決定を取消します（徴108⑤）。なお、取り消された者が公売保証金を納付していた場合には、その提供していた者に返還します。

### エ　調査のための売却決定日の延長

不動産等を公売した場合の売却決定期日は、公売期日等から７日後ですが（徴113①）、暴力団員等に該当するか否かの調査に必要な日数を勘案して、公売期日等から21日以内の指定した日まで延長されます（徴規１の６）。なお、指定した日までに警察当局からの回答がされない場合は、回答があったときに売却決定を行います。

**不動産等（動産等以外の財産）の換価手続（公売～換価代金の交付）**

7/1　公売公告（徴95）…公売通知（徴96）　債権現在額申立書の提出の催告（徴96）
≀
8　見積価額の公告（徴99）
≀
12　公売の日（徴95）
13
14
15
16
17

①　公売保証金の受入れ（徴100）　②　入札・開札（徴101）
③　再度入札（徴102）　④　最高価申込者の決定（徴104）
⑤　次順位買受申込者の決定（徴104の２）　⑥　入札等の終了の告知（徴106）
⑦　最高価申込者等の決定の通知と公告（徴106）
⑧　公売保証金の返還（徴100）

18　債権現在額申立書提出期限（徴130）
19　売却決定期日（徴113）・代金納付日等（徴115）
20
21
22　配当計算書作成・配当計算書謄本の発送（徴131）

①　公売保証金の充当（徴100）
②　買受代金の領収（徴115）
③　買受人が換価財産を取得（徴116）
④　売却決定通知書の交付（徴118）
⑤　権利移転手続（徴119～127）

23
24
25
26　換価代金交付期日の短縮（徴132②ただし書）（23～28）
27
28
29　換価代金等の交付期日（徴132）…換価代金の交付（徴133）、換価代金の供託（徴134）
≀
31

➤「換価代金等の交付期日」は、その日が日曜日及び休日に当たるときにおいても延期されません（徴基通132－１）。

（令和５年版　図解　国税徴収法376頁より引用、一部修正）

## [31]　随意契約による売却

上場株式など相場のある財産でも入札や競り売りをしなければならないのですか。

相場のある上場株式など価額競争が起らない財産は、随意契約により売却します。

**解説**

### 1　随意契約

「随意契約」とは、差押財産等の換価に当たり、入札や競り売りの方法によって行う公売に代えて、税務署長が、買受人及び売却価額を決定して売却する契約をいいます（徴基通109－１）。

差押財産等の換価に当たっては、公正と高価売却を図るため、原則として公売の方法によらなければなりません。しかし、公売の方法によらなくてもその目的を達することができる場合及び公売の方法をとることができない場合等に限り、随意契約によることが認められています。

### 2　随意契約による売却の要件

差押財産等を随意契約により売却することができるのは、次のいずれかに該当する場合です（徴109）。

| 区　分 | 随意契約による売却の要件 |
|---|---|
| 法令の規制等を受ける財産等（一号） | ・法令の規定により、公売財産を買い受けることができる者が１人であるとき<br>・法令の規定により、その財産の最高価額が定められている場合において、その価額により売却するとき<br>・その他公売に付することが公益上適当でないと認められるとき |
| 取引所の相場がある財産（二号） | ・その日の相場で売却するとき |
| 買受希望者のない財産等（三号） | ・公売に付しても入札等がないとき<br>・入札等の価額が見積価額に達しないとき<br>・買受人が買受代金をその納付の期限までに納付しないため税務署長が売却決定を取り消したとき<br>※　原則として、再公売に付しても売却できなかった場合に限られます。 |

(注)１　法令の規制等を受ける財産等とは、一般の販売を法令で禁止された物や物価統制令で最高価額を定められた場合などであり、実例はほとんどありません。

２　取引所の相場がある証券取引所に上場されている株式や社債などは、証券会社等を通じて売却します（委託売却、徴基通109－５）。

３　買受希望者のない財産等を随意契約で売却する場合には、新聞等に広告し、最初に買受けを希望した者に売却することができます（換価事務提要92－２）。

## 3　随意契約による売却の方法

**見積価額の決定**……最高価額が定められている財産をその価額で売却するとき及び取引所の相場がある財産をその日の相場で売却するときを除き、その財産の見積価額を決定（徴109②）

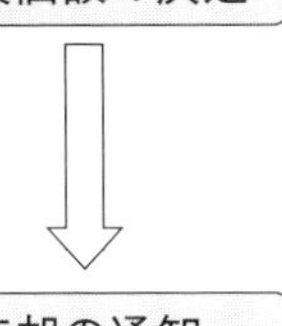

**売却の通知**……随意契約による売却をする日の７日前までに、①滞納者、②利害関係人のうち知られている者に対して随意契約によって売却する旨を通知（徴109④）

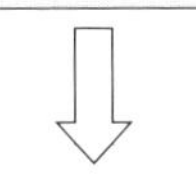

**買受人となるべき者の決定の通知等**……売却財産が不動産等の場合は、買受人となるべき者の決定の通知を滞納者び利害関係人のうち知られている者に対して行うとともに公告（徴109④）

### (1)　見積価額の決定

随意契約により売却する財産については、次に掲げる場合を除き、その財産の見積価額を決定しなければなりません（徴109②、98）。この場合において、売却する価額は、見積価額以上の金額でなければなりません（徴基通109－９）。

①　最高価額が定められている財産をその価額で売却するとき。
②　取引所の相場がある財産をその日の相場で売却するとき。

見積価額を決定する場合において、公売に付しても入札等がなかった場合等（徴109①三）に該当して随意契約により売却する場合における財産の見積価額は、その売却の直前の公売における見積価額と同額又はそれを超える額でなければなりません（徴基通109－10）。

なお、随意契約により売却する場合において、その財産が動産であるときは、その売却価額（見積価額以上の額で、売却しようとする価額）をあらかじめ公告し、その価額によって売却（随意契約による売却）することができます（徴基通109－13）。

### (2)　売却の通知等

差押財産等を随意契約により売却する場合は、その売却をする日の７日前までに、滞納者及び利害関係人で知れている者に対し、公売の通知に準じた通知書を発しなければなりません（徴109④）。

なお、売却の通知をするときは、利害関係人で知れている者に対して、その配当を受けることができる国税、地方税その他の債権につき「債権現在額申立書」を売却決定をする日の前日までに提出すべき旨の催告を併せてしなければなりません（徴109④、96②）。

**国による買入れ**

公売に付しても入札者等がいないか、見積価額以下での入札等しかなかったときは、直前に行った公売の見積価額で、国はその公売財産を買い入れることができます（徴110）。古くからある規定ですが、これまで実施されたことはありません。

## [32]　売却決定

最高価申込者等は、どのような形で公売財産を取得するのでしょうか。

最高価申込者等に対する徴税機関による売却の手続として、売却決定が行われます。

この売却決定により、買受人は、買受代金の納付義務を負い、税務署長は、権利移転手続を行う義務を負います。

**解説**

### 1　売却決定

「売却決定」は、入札等に係る買受申込みに対する承諾の手続であり、税務署長が差押えに基づく処分権の行使として、強制的に滞納者に代って公売財産の売買の意思表示をする処分です。

税務署長は、差押財産の換価権を有するにとどまり、差押財産の所有権を取得しておらず、売却決定の効果は滞納者に帰属することになります。売却決定により、公売財産について滞納者と最高価申込者等との間における売買契約成立の効果が生じます（徴基通111－４）。

㈱　買受人は、買受代金を税務署長に支払うことにより、公売財産を税務署長からではなく、「滞納者」から承継取得します（徴116①）。

**売却決定の通知**

売却決定は、最高価申込者等に対し公売財産を強制的に売るという滞納者の権利に影響を与える処分ですが、その決定は公売実施庁の内部手続だけで足り（換価事務提要69）、滞納者及び利害関係人に対する通知は行いません。なお、買受人に交付する売却決定通知書は、売却決定を通知する書面ではなく、いわば買付証明書に類するものなので、買受代金を納付した後に交付します（徴118）。

### (1)　動産等の売却決定

**最高価申込者……公売をする日**

動産等を換価するときは、「公売する日」において、最高価申込者に対して売却決定を行います（徴111）。

(注)　・「動産等」とは、動産、有価証券及び電話加入権をいいます。
・「公売をする日」とは、公売により売却する場合には最高価申込者の決定の日を、随意契約により売却する場合にはその売却をする日をいいます（これらを「公売期日等」といいます。徴111、徴基通111－1）。インターネット公売では落札から1週間程度の後に公売期日等を設定し、その日に最高価申込者の決定、売却決定及び買受代金の納付をさせます。

### (2)　不動産等の売却決定

**最高価申込者……公売期日等から起算して7日を経過した日**

自動車、建設機械等の不動産等を公売した場合には、公売期日等から起算して7日を経過した日（売却決定日）に、最高価申込者に対して売却決定をします。なお、不動産の売却決定日は、買受人が暴力団等でないことの調査（徴106の2①）に通常要する日数を勘案し、公売期日等から21日を経過した日になります（徴113①）。

### (3)　次順位買受申込者に対する売却決定

不動産等を売却するときは、原則として最高価申込者に対して売却決定が行われますが、最高価申込者について一定の処分等があった場合は、次順位買受申込者に対して売却決定が行われることとなり、その場合の売却決定期日は、次のようになります。

| 処分又は行為 | 売却決定期日 |
|---|---|
| 税務署長が徴収法第108条第2項の規定により最高価申込者に係る決定を取消したとき | **その最高価申込者に係る売却決定期日**（徴113②一） |
| 最高価申込者が徴収法第114条の規定により入札の取消しをしたとき | **その入札に係る売却決定期日**（徴113②二） |
| 最高価申込者である買受人が徴収法第114条の規定により買受けの取消しをしたとき | **その取消しをした日**（徴113②三） |

| 税務署長が徴収法第115条第４項の規定により最高価申込者である買受人に係る売却決定の取消しをしたとき | その取消しをした日（徴113②四） |
|---|---|

## 2　買受申込み等の取消し

公売に付した財産について最高価申込者等の決定又は売却決定をした場合において、通則法第105条第１項《不服申立てがあった場合の処分の制限》その他の法律の規定に基づき「滞納処分の続行の停止」があったときは、その停止している間は、その最高価申込者等又は買受人は、その入札等又は買受けを取り消すことができます（徴114）。

なお、この入札等又は買受けの取消しがあった後に「滞納処分の続行の停止」が解除されても徴収法第107条《再公売》の規定の適用はないため、その財産については、改めて公売に付さなければなりません（徴基通114－５）。

## [33]　換価財産の取得

売却決定を受けた最高価申込者等は、どのようにして公売財産を取得しますか。

買受人（売却決定を受けた最高価申込者等）は、買受代金をその納付の期限までに、徴収職員に現金で納付し、換価財産を取得します。

**解説**

### 1　買受代金の納付の手続

### (1)　買受代金の納付の方法

買受人は、買受代金をその納付の期限までに、所定の事項を記載した書面を添えて、徴収職員に現金（銀行の振出しに係る預金小切手を含みます。）で納付しなければなりません（徴115③、徴100①一、徴令42の６）。

買受人は、現金で納付する方法により提供した公売保証金がある場合には、買受人の意思表示により、買受代金に充てることができます（徴100③）。

(注)１　買受代金は、税務署の指定した銀行口座への振込みにより行うことができます（換価事務提要56－(3)）。なお、買受代金の納付は、クレジットによる決済や分割納付はできません。

２　インターネット公売で、公売保証金の納付をクレジット会社による納付保証で行っているときは、買受代金の納付は全額をする必要があります。但し、納付保証に係る支払いを別途に行っている場合は、公売保証金相当額を差し引いた額を納付します。

３　売却決定は、滞納者と買受人の売買を擬制するものですが、買受人側の意思表示を示すものとして、買受代金の納付の際に書面の提出を求めます（徴令42の６）。実務的には、買受人が提出する買受代金の納付書をもって、その書面としています（換価事務提要56－(1)）。

### (2)　買受代金の納付の期限

| 買受代金の納付の期限 | 売却決定の日（徴115①）<br>（買受人が次順位買受申込者の場合：売却決定の日から起算して７日を経過した日） |
|---|---|

| 納付の期限の延長 | 公売財産の価額が相当高額で、かつ、買受代金の納付の期限を延長することにより高価有利に公売することができると見込まれる場合など、税務署長が必要があると認めるときは、**30日を超えない期間内で納付の期限を延長することができます**（徴115②）。<br>㈨　期限を延長するときには、あらかじめ公売公告に記載（徴基通115－４、徴95①六、徴基通95－12参照）。 |
| --- | --- |

㈨　インターネット公売では、民間オークションサイトでの落札と同時に買受代金の納付はできません。そこで落札から数日後の「公売の日＝公売期日等」に最高価申込者の決定を行い、動産等は直ちに売却決定をして代金を納付させ、不動産等は更に７～21日後の売却決定期日に代金納付をさせます。日数が足りないときは、上記の延長（徴115②）をします。

### ⑶　売却決定通知書の交付

売却決定通知書は、売却決定という処分の通知ではなく、買受人が換価財産を取得したことの証明書です。したがって、滞納者には売却決定書の交付はしません。

また、換価財産が動産等で、直接に買受人に引渡しをするときは、即時取得が働くので（民192、徴112①）、売却決定通知書の交付は省略します。

㈨　動産として滞納処分を行う軽自動車を公売で取得したときは、軽自動車検査協会で買受人が名義変更をするため売却決定通知書が必要になります。

| 売却決定通知書の交付 | 税務署長は、換価財産の買受人がその買受代金を納付したときに売却決定通知書を買受人に交付（徴118）。 |
| --- | --- |
| 売却決定通知書の交付を要しない場合 | **《換価財産が動産の場合》**<br>…その動産を公売の場所に引き揚げているとき、買受人が占有しているとき、その他直接買受人に引渡しができるときなどは、売却決定通知書は交付しない（徴基通118－２）。<br>**《換価財産が有価証券の場合》**<br>…換価前に徴収職員が直接占有し、引渡し |

を行うため、売却決定通知書の交付は不要（徴基通118－３）。

**売却決定通知書の記載事項（徴令44）**

①　買受人の氏名、住所又は居所
②　滞納者の氏名及び住所又は居所
③　売却した財産の名称、数量、性質及び所在
④　買受代金の額及びこれを納付した年月日

### (4)　買受代金を期限までに納付できなかった場合の措置

#### ア　売却決定の取消し

買受人が買受代金をその納付の期限までにその全額を納付しないときは、税務署長は売却決定を取り消します（徴115④）。売却決定を取り消したときは、買受人及び滞納者・利害関係人に対して、その旨が書面により通知されます（徴基通115－８）。

(注)　買受代金を期限までに納付できない理由が、天災や交通事故等の真にやむを得ない事情でない限り、売却決定を取り消します（徴基通115－７）。

#### イ　公売保証金の国税の充当等

買受代金の納付の期限までにその全額を納付しないために売却決定が取り消された場合に、買受人が現金で納付した公売保証金があるときは、これをその公売に係る国税に充て、なお残余があるときには、その残余金を滞納者に交付します（徴100③ただし書）。クレジット会社の保証により公売保証金の提供をしている場合には、保証金に相当する額が口座から引き落とされて、同様の措置が行われます。

ただし、納付しないことにつき正当な理由がない場合（落札額が高過ぎた、物件内容を見誤って間違って落札してしまったなど自己都合で買受けを辞退する場合を含みます。）は、公売実施の適正化のための措置として、公売保証金は国庫に帰属（没収）されます（徴118③）。

## 2　買受代金の納付の効果

### (1)　換価財産の権利取得

財産の権利移転は、当事者の意思の合致により行うのが原則です（民176）。それに対して公売では、意思の合致に相当する売却決定では権利は移転せず、買受代金の納付がされたことにより権利が移転します（徴116①）。

なお、不動産等は買受代金の納付後であっても、一定の事由がある場合は売却決定を取り消すことを予定し（徴135①）、その場合は買受人は換価財産に関する権利を喪います。それに対して動産等は買受代金の納付により即時取得するので（徴112①）、売却決定が取り消されても換価財産を返還する必要はありません（徴135①）。

### (2)　換価財産の権利移転･危険負担移転の時期

#### ア　権利の移転の時期

買受人は、買受代金の全額を納付した時に換価財産を取得します（徴116①）。ただし、財産によっては、登録等を権利移転の効力の発生要件とするものがあります（徴基通116－２）。

#### イ　危険負担の移転の時期

買受人が買受代金の全額を納付した場合は、その時に換価財産の権利が移転しますので、換価財産の換価に伴う危険負担もその時に買受人に移転します（徴基通116－３）。

したがって、換価財産の買受人から買受代金の納付を受ける前において、その財産上に生じた危険（例えば、焼失、盗難等）は、滞納者が負担します。また、換価財産の買受人から買受代金の納付があった後において、その財産上に生じた危険は、その財産の登記の手続の既未済又は現実の引渡しの有無にかかわらず、買受人が負担します。

#### ウ　換価財産に関する契約不適合責任

一般の売買においては、目的物に瑕疵や不足があれば、買主は売主に対して、損害賠償の請求や代金減額の請求、売買契約の解除などの契約不適合責任を追及することができます（民562～564）。しかし、公売での売主に当たる滞納者は、いわば本人の意思に関係なく強制的に換価財産を売られる立場にあるので、同様の責任を負わせるべきではなく、目的物の種類又は品質に関する不適合は責任を負わないとされています（徴126、民568④）。

したがって、引渡しを受けた換価財産が壊れていたり、表示された内容と異なる場合であっても、買受人は買受代金の納付を免れたり、目的物の返品を求めることはできません（いわゆる「ノークレーム・ノーリターン」）。

### ⑶　換価に係る国税の納税義務の消滅

徴収職員が買受代金を受領したときは、その代金のうち国税に充てられる額について、滞納者から換価に係る国税を徴収したものとみなされます（徴116②）。

ここに「徴収したものとみなされる」とは、徴収職員が買受代金を受領したときは、その限度において、滞納者の換価に係る国税の納税義務を消滅させることをいいます（徴基通116－４）。

### ⑷　権利移転に伴う財産上の権利の消滅等

#### ア　担保権等の消滅

換価財産上の質権、抵当権、先取特権、留置権、担保のための仮登記に係る権利、担保のための仮登記に基づく本登記（本登録を含みます。）でその財産の差押え後にされたものに係る権利、及び譲渡担保権者の物的納税責任により譲渡担保財産が換価された場合における滞納者がした再売買予約の仮登記により保全される請求権は、その買受人が買受代金を納付した時に消滅します（徴124①、徴基通124－１～３）。

#### イ　担保権の引受け

税務署長は、不動産、船舶、航空機、自動車又は建設機械を換価する場合において、次のいずれにも該当するときは、その財産上の質権、抵当権又は先取特権（登記がされているものに限ります。）に関する負担を買受人に引き受けさせることができます。

この場合において、その引受けがあった質権、抵当権又は先取特権については、買受代金の納付があっても消滅しません（徴124②）。

**買受人に担保権に関する負担を引き受けさせることができる要件**

| |
|---|
| ①　差押えに係る国税（特定参加差押不動産を換価する場合にあっては、換価同意行政機関等の滞納処分による差押えに係る地方税又は公課を含みます。）がその質権、抵当権又は先取特権により担保される債権に次いで徴収するものであるとき |
| ②　その質権、抵当権又は先取特権により担保される債権の弁済期限がその財産の売却決定期日から６月以内に到来しないとき |
| ③　その質権、抵当権又は先取特権を有する者から申出があったとき |

### ウ　用益物権等の存続

換価財産が不動産その他の登記を権利移転の対抗要件又は効力発生要件とする財産であって、その財産上に差押えの登記前に第三者に対抗できる地上権その他の用益物権、買戻権、賃借権、仮登記（担保のための仮登記を除きます。）等（以下「用益物権等」といいます。）がある場合には、その用益物権等は、換価によっては消滅しません（徴基通89－９）。

ただし、第三者に対抗できる用益物権等であっても、それらの権利の設定前に換価によって消滅する質権、抵当権、先取特権、留置権、買戻権又は担保のための仮登記がある場合には、その用益物権等も消滅します（徴基通89－９ただし書）。

### エ　法定地上権又は法定賃借権の成立

#### ㈠　法定地上権の成立

土地又は建物等（建物又は立木）を換価した場合において、これらが次に掲げるすべての要件に該当するときは、その建物等について法定地上権が発生します（徴127①）。

①　差押えの当時、土地及び建物等がともに滞納者の所有であること

②　①の土地のみ、若しくは建物等のみ、又はその両方が滞納処分により差し押さえられたこと

③　その滞納処分による換価によりこれらの所有者を異にすることになったこと

#### ㈡　法定賃借権の成立

地上権及びその目的となる土地の上にある建物等の両方が滞納者の所有である場合には、上記㈠の場合と同様になったときは、その建物等の

ために法定賃借権が発生します（徴127②）。

## 3　換価財産の権利移転手続

税務署長は、買受人が買受代金を全額納付したときは、換価した財産の権利移転の手続をしなければなりません。

### (1)　動産等の引渡し

#### ア　徴収職員が占有している場合

税務署長は、換価した動産、有価証券又は自動車、建設機械若しくは小型船舶（これらを「動産等」といいます。次のイにおいて同じ。）の買受人が買受代金を納付したときは、その財産を買受人に引き渡さなければなりません（徴119①、徴基通119－１）。

なお、自動車、建設機械又は小型船舶については、徴収法第71条第３項の規定により徴収職員が占有したものに限られます。

㊟　自動車の差押えは、滞納者に対する差押書の送達及び自動車登録ファイルの登録で行い、徴収職員による占有は必須ではありません（徴71③）。しかし、公売に際しては、原則は、徴収職員が占有して買受人に目的物を引き渡します（徴119①）。

#### イ　滞納者等に保管させている場合

換価した動産等を滞納者又は第三者に保管させているときは、現物の代りに売却決定通知書を買受人に交付する方法によりその財産の引渡しをすることができます。この場合において、その引渡しをした税務署長は、その旨を滞納者又は第三者に通知しなければなりません（徴119②、徴令45、徴基通119－２）。

#### ウ　不動産の引渡し

公売した不動産に滞納者が退去しなかったり、第三者が権限なく占拠していた場合には、民事執行では執行官による引渡命令が行われて（民執168①）、買受人は目的物の引渡しを受けることができます。それに対して、滞納処分は滞納国税を徴収することだけが目的なので、買受人に財産の引渡しをする手続は置いていません。したがって、目的物の引渡しは買受人が自らしなければなりません。

### (2) 有価証券の裏書等

税務署長は、換価した有価証券を買受人に引き渡す場合において、その証券に係る権利の移転につき滞納者に裏書、名義変更又は流通回復の手続をさせる必要があるときは、期限を指定して、これらの手続をさせなければなりません（徴120①）。

なお、滞納者がその指定の期限までに、これらの手続をしないときは、税務署長は、滞納者に代わってその手続をすることができます（徴120②、徴基通120－２）。

### (3) 第三債務者等への売却決定通知書の交付

換価した債権や第三債務者等がいる無体財産権等の買受人が、その買受代金を納付したときは、換価財産が換価されたことを知らせるため、税務署長は第三債務者等に売却決定通知書を交付します（徴122①）。

この場合において、差押えに際し取り上げた債権証書又は権利証書があるときは、これを買受人に引き渡さなければなりません（徴122②）。

### (4) 不動産等の権利移転登記の嘱託

税務署長は、換価財産で権利の移転につき登記・登録を要するものについては、不動産登記法その他の法令に別段の定めがある場合を除き、その買受代金を納付した買受人の請求により、その権利の移転の登記・登録を関係機関に嘱託しなければなりません（徴121）。

(注)　軽自動車は動産として公売するので、税務署長は軽自動車検査協会に権利の移転の登録を嘱託することはできません。譲渡証明として売却決定通知書を添えて、買受人が自から行います。

### (5) 権利移転に伴う費用の負担

買受人は、税務署長に、次に掲げる換価財産の権利移転の費用を事前に負担しなければなりません（徴123、徴基通123－１～４）。

| 権利移転に伴う費用 | 換価した有価証券の名義変更手数料等 |
|---|---|
| | 権利移転の登記又は登録の嘱託に係る登録免許税 |
| | その他、所有権移転登記の嘱託書の郵送料等 |

## 4　売却決定の取消し

### (1)　売却決定の取消しの事由

税務署長は、①国税の完納等、②買受代金の不納付、③公売実施の適正化のための措置の事由が生じた場合には、売却決定を取り消します。

また、買受人は、④滞納処分の続行が停止された場合には、買受けを取り消すことができます。

| 取消事由 | 取消しの内容等 |
|---|---|
| ①国税の完納等 | 換価財産に係る国税の完納の事実が買受人の買受代金の納付前に、国税の領収証書その他完納の事実を証する書面を税務署に呈示することにより証明されたときは、その売却決定を取り消さなければなりません（徴117、徴基通117－１・２）。 |
| ②買受代金の不納付 | 買受人が買受代金をその期限までに納付しないときは、その売却決定を取り消すことができます（徴115④）。 |
| ③公売実施の適正化のための措置 | 公売実施の妨害等があり、売却決定後において最高価申込者等とする決定を取消したときは、その売却決定も取り消します（徴基通108－19、徴108②）。 |
| ④滞納処分の続行の停止 | 売却決定をした場合において、通則法第105条第１項その他の法律の規定に基づいて滞納処分の続行が停止されたときは、買受人は、買受けを取り消すことができます（徴114）。 |

(注)「国税の完納」とは、換価の基礎となっている国税の延滞税を含めた全額が、納付、更正の取消し、免除又は還付金等の充当等により消滅したことをいいます（徴基通117－１）。

なお、不動産の公売が換価執行決定（徴89の２①）によるときは、換価をしている特定参加差押えに係る国税又は特定差押えに係る国税が完納した場合は売却決定を取り消します（特定差押えが完納になると、換価執行決定は効力を失います（徴89の３①二参照）。

### (2)　売却決定の取消しの通知

売却決定を取り消したときは、買受人、滞納者及び利害関係人に対して、その旨を通知します（徴基通108－19、114－３、115－８、117－３）。

## 5　売却決定の取消しの効果

徴収法第117条の規定により売却決定が取り消された場合、滞納者と買受人との間の売買契約は、売却決定の時にさかのぼって消滅します（徴基通117－４）。

税務署長は、買受人の納付した公売保証金があるときは、買受代金の不納付又は徴収法第108条《公売実施の適正化のための措置》による場合を除き、遅滞なくこれを買受人に返還しなければなりません（徴基通117－４）。

## 6　不服申立てと売却決定の取消し

動産等は買受代金の納付により即時取得することで（徴112①）、買受人の権利は保護されます。それに対して不動産等は、滞納処分の違法を理由に、買受代金の納付後の売却決定が取り消されることがないよう、配慮がされています。

### ⑴　不服申立てと換価制限

不動産等の公売公告から売却決定までの処分に対する不服申立ては、買受人が換価財産を取得する権利を保護するため、権利の移転時期である買受代金の納付期限までにしなければなりません（徴171①三）。また、公売に関する処分に対して不服申立てがされたときは、その決定又は裁決があるまでは、売却決定以降の換価はすることができません（通105①）。

### ⑵　不服申立ての事情裁決

可能性は少ないですが、換価財産を取得した後に、売却決定の前提になる処分が不服申立てで争われることが考えられます。その際に、売却決定が既に行われているときは、争われている処分の違法が軽微であれば、その不服申立ては棄却することができます（徴173①）。

**参考**　公売財産が消費税の課税資産に該当するときの適格請求書（インボイス）は、適格請求書発行事業者である滞納者に代わって公売を行った執行機関が作成し、執行機関の名称及びこの特例の適用を受ける旨を記載して、買受人に交付します（消令70の12⑤）。この交付をしたときは、速やかにその写しを滞納者に送付します。

なお、公売公告に必要事項を記載する取扱いもできますが、その場合は買受人から請求があれば別途に適格請求書を発行します。

## [34]　換価代金等の配当

換価代金等の配当は、どのような手続で行われますか。

換価等によって得られた金銭は、その差押えに係る国税、交付要求を受けた国税、地方税及び公課その他の一定の債権者に配分し、なお残余があればこれを滞納者に交付します。この手続を「**配当**」といいます。

**解説**

### 1　配当手続の概要

「差押財産等の売却代金」又は「有価証券、債権、無体財産権等の差押えにより第三債務者等から給付を受けた金銭」は、差押えに係る国税その他の配当を受けるべき債権への配当額を決定した上で、配当を受けるべき債権者に交付されます（徴129①）。

また、「差し押さえた金銭」及び「交付要求により受け入れた金銭」は、滞納額のみ徴収していることから、配当手続をせずに、それぞれ差押え又は交付要求に係る国税に充てます（徴129②）。

**配当手続のフロー**

① 配当を受けるべき債権者の「債権現在額申立書」の提出
② 税務署長による配当を受けるべき債権の調査・確認
③ 配当を受けるべき債権の配当順位と配当額の決定
④「配　当　計　算　書」の　作　成
⑤「配当計算書謄本」を配当を受けるべき債権者へ送付
⑥ 配当計算書に記載した交付期日に、配当を実施
⑦ 配当計算書に関する異議の申出に対する処理

## 2「債権現在額申立書」の提出

配当を受けることができる債権（徴129①）を有する者は、次に掲げる期限までに「**債権現在額申立書**」を税務署長に提出しなければなりません（徴130①、徴令48②）。

| 換　　価 | 提　出　期　限 |
|---|---|
| 売却の方法による換価のとき | **その売却決定の日の前日まで** |
| 金銭による取立ての方法による換価のとき | **その取立ての日まで** |

この「債権現在額申立書」には、債権の元本及び利息その他の附帯債権の現在額その他の内容を記載し、これらの事項を証明する書類を添付しなければなりません。ただし、その添付することができないときは、税務署長に対し、その書類を呈示するとともに、その写しを提出しなければなりません（徴令48①）。

なお、登記・登録することができない質権、先取特権又は留置権によって担保される債権で税務署長に知れていないものについて、提出期限までに債権現在額通知書を提出しないときは、これらの債権者は配当を受けることができません（徴130③、徴令48②）。

㈱1　債権現在額申立書に記載する債権現在額は次のとおりです（徴基通130－3）。

| 配当を受けるべき債権 | 債権現在額申立書に記載する債権現在額 |
|---|---|
| 国税、地方税又は公課 | 換価代金等の受領した日現在における債権額 |
| 上記以外の債権 | 換価代金等の交付期日現在における債権額 |

2　換価を行う税務署長が自らの公売手続に交付要求をしている場合であっても、債権現在額申立書の提出は必要です（徴130①）。

## 3　債権額の確認

期限までに「債権現在額申立書」の提出があるときは、それにより配当すべき債権額を確認します。しかし、換価財産に登記をしている抵当権者等が提出をしなかった場合は、税務署長は調査によりその額を確認します（徴130①）。

㈱1　交付要求をした行政機関が提出しなかった場合も、同様に確認して配当をします。

2　換価財産に登記された根抵当権により担保される債権の元本は、差押えの通知（徴55）を受けた時における債権額が限度になります（徴18①）。

３　国税に優先する抵当権により担保される利息及び遅延損害金は、配当期日から遡って２年間分に制限されますが（民375、徴基通16－７）、担保を徴収した国税の場合の延滞税はその制限は受けません。

## ４　配当を受けるべき債権の配当順位と配当額の決定

税務署長は、差押えに係る国税その他の配当を受けるべき債権についての調査・確認の結果に基づき、それぞれの配当額を決定します。

換価代金等が、差押えに係る国税その他の配当を受けるべき債権の総額に不足するときは、税務署長は、次に掲げる規定に基づき、配当すべき順位及び金額を定めて配当しなければなりません（徴129⑤）。

**配当すべき順位及び金額を定める規定**

①　徴収法第８条～第26条（国税と他の債権との調整に関する規定）

☞第１編第２章 国税、地方税その他の債権との関係参照

②　徴収法第59条第１項後段、第３項、第４項（滞納者の動産を占有していた第三者の損害賠償請求権又は借賃に係る債権の保護に関する規定）
　徴収法第71条第４項（滞納者の自動車、建設機械、小型船舶を占有していた第三者の損害賠償請求権又は借賃に係る債権の保護に関する規定）

③　徴収法第129条第４項（担保のための仮登記の権利者の優先弁済請求権（仮登13））

④　民法、商法その他の法律の規定

㈱　民法第373条（抵当権の順位）、商法第849条（船舶の先取特権と抵当権との関係）、地方税法第14条等（地方税その他の公課の優先順位に関する規定）、健康保険法第182条、国民健康保険法第80条第４項、労働保険の保険料の徴収等に関する法律第28条（労働者災害補償保険、雇用保険等の徴収金の先取特権の順位）等

## ５　配当計算書

税務署長は、換価代金等を配当するときは、税務署長が確認した金額その他必要な事項を記載した**配当計算書**を作成し、換価財産の買受代金の納付の日から３日以内（債権等で金銭を取り立てたときは、その取立ての日から３日以内）に、次に掲げる者に対する交付のため、その謄本を発送しなければなりません（徴131、徴令49）。

買受代金の納付期限を延長した場合において（徴115②）、その期限より前に買受代金の納付がされたときは、納付期限に関係なく、実際に納付のされ

た日から３日以内に配当計算書の謄本を発送します。

なお、インターネット公売で落札者が直ちに納付しても、売却決定がされる前は買受人ではないので、納付期限（売却決定の日）を起算日とします。

㈱「納付の日から３日以内」及び「取立ての日から３日以内」の「３日」の期間計算に当たっては、初日（買受代金の納付の日又は取立ての日）は算入しません。

なお、配当計算書の発送期間の末日（買受代金の納付の日又は取立ての日から３日目）が、日曜日又は休日等に当たるときは、これらの翌日が発送期限とみなされます（通10②、徴基通131－４）。

| 配当計算書（謄本）の送付先 | ・債権現在額申立書を提出した者<br>・債権現在額申立書を提出していないが、税務署長が調査して債権額を確認した債権者<br>・滞納者 |
|---|---|

## 6　換価代金等の交付期日

税務署長は、配当計算書の謄本を発送した日から起算して７日を経過した日を換価代金等の交付期日と定め、配当計算書の謄本にこの日を附記して告知しなければなりません（徴132①②）。

ただし、配当に参加している債権者がいない場合には、７日の期間を短縮することができます（徴132②ただし書）。この場合における交付期日は、滞納者及び交付要求をしている行政機関等が配当計算書に関する異議（徴133②）、換価代金等の配当に関する不服申立て（徴171）をすることができるだけの期間をおくようにして定めることとしています（徴基通132－２）。

㈱「換価代金等の交付期日」については、その日が日曜日又は休日等に当たっても延長されません（徴基通132－１）。

## 7　換価代金等の交付

税務署長は、換価代金等の交付期日に配当計算書に従って換価代金等を交付します（徴133①）。

換価代金等の交付期日までに配当計算書に異議の申出があった場合は、次により換価代金の交付を行います（徴133②）。

| 異議の内容 | 異議に対する処理 | 換価代金等の交付 |
|---|---|---|
| 配当計算書に記載された国税、地方税又は公課の配当金額に対するものである場合（徴133②一） | その異議を容認するとき | その異議に対する行政機関等からの通知に従い、配当計算書を更正して交付 |
| | その異議の理由がないとするとき | 配当計算書に従って直ちに交付 |
| 配当計算書に記載された国税、地方税又は公課の配当金額を変更させないものである場合（徴133②二） | その異議に関係を有する者及び滞納者がその異議を正当と認めたとき、又はその他の方法で合意したとき | 配当計算書を更正して交付 |
| 配当計算書に記載された国税、地方税又は公課の配当金額を変更させるその他の債権の配当金額に関するものである場合（徴133②三） | その異議に関係を有する者及び滞納者がその異議を正当と認めたとき、又はその他の方法で合意したとき | 配当計算書を更正して交付 |
| | その異議に関係を有する者及び滞納者の合意がなかった場合において、税務署長が相当と認めるとき | その異議を参酌して配当計算書を更正して交付 |
| | その異議に関係を有する者及び滞納者の合意がなかった場合において、税務署長が相当と認めないとき | 国税、地方税又は公課の金額は直ちに交付し、他の債権者に係る金額は供託（徴令50①） |

## 8　換価代金等の供託

### ⑴　配当計算書に関する異議に係る換価代金等の供託

税務署長は、次に掲げるような場合には、換価代金等を所轄供託所に供託しなければなりません（徴133③、徴令50①）。

- ・　配当計算書に関する異議の申出があり、換価代金等を交付することができない場合
- ・　配当すべき債権が停止条件付である場合
- ・　配当すべき債権が仮登記がされた質権、抵当権又は先取特権により担保される債権である場合

### ⑵ 弁済期限未到来の債権者に交付すべき金銭の供託

換価代金等を配当すべき債権の弁済期が到来していないときは、その債権者に交付すべき金額は、供託しなければなりません（徴134①）。

税務署長は、この供託をしたときは、その旨を債権者に通知しなければなりません（徴134②）。この場合の債権者に対する供託した旨の通知は、供託官が供託に係る金銭を受領したとき又は日本銀行から供託に係る金銭を受領した旨の証書の交付を受けたときにおいて、供託官が、あらかじめ税務署長から提出を受けている**供託通知書**（供規則16、第20号書式）を送付することによって行われます（徴基通134－７）。

**参考**　**換価代金の配当手続の概要**

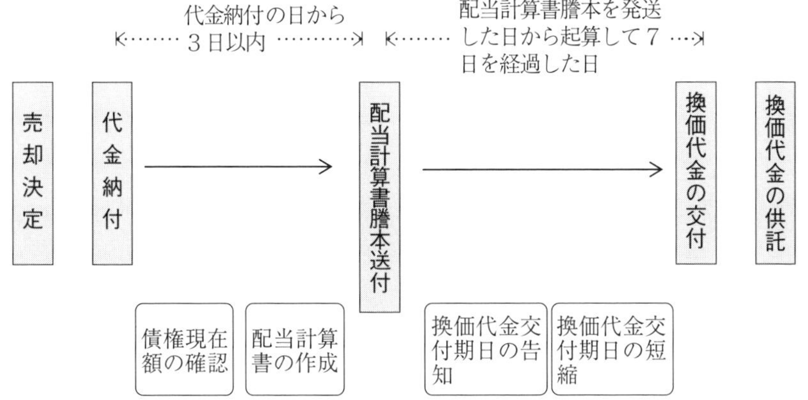


### ⑶ 債権者又は滞納者に交付すべき金銭の供託

税務署長は、次に掲げる場合には、通則法で準用する弁済供託に関する民法の規定に従い、その交付すべき金銭を供託することができます（通121、民494）。

・**債権者の受領拒否**…配当金を受領すべき旨の通知をしたにもかかわらず、受領の申出がない場合
・**債権者の受領不能**…所在が不明であるため、配当金を受領すべき通知ができない場合
・**債権者の確知不能**…相続又は債権譲渡の有無などが明確でなく、税務

署長の過失がない場合

### ⑷　債権者の所在等が不明な場合

換価代金等を配当する抵当権等の債権者の所在が不明なときは、供託官に送付を依頼する供託通知書の作成は要しません（昭44.12「滞納処分における供託手続等について」（国税庁法令解釈）２－⑵ロ）。

なお、供託金の払渡しを受ける権利は10年で消滅時効になります。

# 第8章　滞納処分に関する猶予及び停止等

## [35]　換価の猶予

滞納税金について財産の差押えを受けましたが、当該財産を公売されると事業の継続が困難となります。このような場合、何らかの猶予措置はありませんか。

滞納者の個々の実情によっては、滞納処分によって強制的に徴収することが適当でない場合に、一定の期間、滞納処分の執行を緩和して、滞納者に事業を継続させ又は生活を維持させながら、国税を円滑に徴収することを目的として、滞納者の財産の換価を猶予する場合があります。

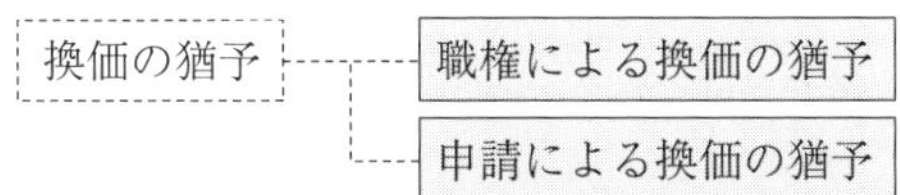


**解説**

国税が納期限までに完納されない場合には、滞納処分を執行してその国税を強制的に徴収することが原則です。しかしその一方で、滞納者が置かれた実情によっては、強制的な手続によって徴収することが適当でない場合があります。徴収法には、このような滞納処分を緩和する制度として、「**換価の猶予**」と「**滞納処分の停止**」を置いています。

ここに「換価の猶予」とは、滞納者に一定の事由がある場合に、一定の期間、滞納処分の執行を猶予し、その期間中に分割して納付させるなどして、滞納税金を徴収する制度です。

### 1　換価の猶予の要件

#### (1)　職権による換価の猶予

換価の猶予は、滞納者が次に掲げるいずれかの事由に該当し、なおかつ、誠実な意思を有すると認められる場合には、税務署長の職権により認めます（徴151①）。

**要　件**

①　財産の換価を直ちにすることにより、その**事業の継続又は生活の維持を困難**とするおそれがあるとき（徴151①一）

又は

②　財産の換価を猶予することが、直ちに換価することと比べて、滞納国税及び最近において納付すべきこととなる**国税を徴収する上で有利**であるとき（徴151①二）

＋

③**納税について誠実な意思**を有していること

**要件の具体的内容**

| | |
|---|---|
| ①　事業の継続又は生活の維持が困難 | ・　事業に不要不急の資産を処分するなど、事業経営の合理化を行った後においても、なお差押財産を換価することにより、事業を休止し、又は廃止させるなど、その滞納者の事業の継続を困難にするおそれがある場合（徴基通151－３）<br>・　差押財産を換価することにより、滞納者の必要最低限の生活費程度の収入が期待できなくなる場合（徴基通151－４） |
| ②　国税を徴収する上で有利 | 次のいずれかに該当する場合（徴基通151－５）<br>・　滞納者の全ての財産に滞納処分を行って徴収できる額が滞納国税よりも少なく、猶予した方が、猶予期間内に新たな滞納を生ずることなく、滞納国税の全額を徴収可能な場合<br>・　猶予することにより、滞納者の財産を換価する期間よりも短い期間で、猶予した国税を徴収可能な場合<br>・　滞納処分で徴収できる額は滞納国税より大きいが、最近において発生見込の国税と併せると少なくなり、猶予することでそれらの両方を徴収可能な場合 |
| ③　納税について誠実な意思 | 猶予する時において、滞納者が滞納国税を優先的に納付する意思を有していること（徴基通151－２）<br>その有無の判定は、これまで期限内に納付していたこと、過去に納税の猶予又は換価の猶予等を受けた場合において確実に分割納付を履行していたこと、滞納国税の早期完納に向けた経費の節約、借入の返済額の減額、資金調達等の努力が適切になされていることなどの事情が考慮されます。<br>なお、過去のほ脱の行為又は滞納の事実があったとしても、現在における滞納国税の早期完納に向けた取組があれば、それを考慮して判定します。 |

㈱　換価の猶予の対象となる国税は納期限を経過したものであればよく、督促状の発付前のものでもかまいません。

### (2)　申請による換価の猶予

次に掲げるような事由に該当した場合には、滞納者からの申請に基づき税務署長が認める換価の猶予があります（徴151の２）。

**要　件**

① 納付すべき国税を一時に納付することにより、その**事業の継続又は生活の維持を困難**にするおそれがあると認められること

② 納付すべき国税の納期限から**６月以内に、「換価の猶予申請書」**が提出されていること

③ 原則として、換価の猶予の申請書に係る国税以外の国税の**滞納がないこと**

＋

④ **納税について誠実な意思**を有していること

**要件の具体的内容**

<table>
<tr><td>①事業の継続又は生活の維持が困難</td><td>・　事業に不要不急の資産を処分するなど、事業経営の合理化を行った後においても、なお国税を一時に納付することにより、事業を休止又は廃止させるなど、その滞納者の事業の継続を困難にするおそれがある場合（徴基通151の２－３）<br>・　国税を一時に納付することにより、滞納者の必要最低限の生活費程度の収入が期待できなくなる場合（徴基通151の２－４）</td></tr>
<tr><td>②申請書</td><td>猶予を受けようとする国税の納期限から６月以内に「換価の猶予申請書」のほか次に掲げる添付書類を提出すること。<table><tr><th>猶予税額が100万円以下の場合</th><th>猶予税額が100円超の場合</th></tr><tr><td>「財産収支状況書」</td><td>「財産目録」<br>「収支の明細書」</td></tr></table>☞　「換価の猶予申請書」、「財産収支状況書」、「財産目録」、「収支の明細書」参照</td></tr>
<tr><td>③対象となる国税</td><td>申請に係る滞納国税とは別に、納期限を過ぎた他の滞納がある場合には、その滞納国税で滞納処分がされるため、申請による換価の猶予は認められません。ただし、他の滞納が次に掲げるときは、認められます（徴基通151の２－９）<br>・　申請に併せて納税の猶予又は換価の猶予の申請中の国税<br>・　現に納税の猶予又は換価の猶予を受けている国税（その国税の他に新たな滞納が発生し、現にされている猶予が取り消される場合（通49①四、徴152③、④）は除きます。）。</td></tr>
<tr><td>④納税について誠実な意思</td><td>「職権による換価の猶予」の場合と同じです（徴基通151の２－２）。</td></tr>
</table>

㈱「換価の猶予」を認める要件のうち、「国税を徴収する上で有利」とは、滞納処分をするよりも分割して納付させた方が徴税する側にとって「有利」な場合です。したがって、滞納者から申請する場合の要件にはそぐわないので、徴収法151条１項２号に相当する規定は「申請による換価の猶予」にはありません。

➢ 申請期限と滞納処分との関係

申請による換価の猶予は、納期限から６月までは申請することができます。しかし、申請される可能性に配慮して、納期限から６月を経過するまで差押え等の滞納処分を控えることはしません（徴基通151の２－６）。

⑶ 猶予の重複適用

ア　納税の猶予との関係

納税の猶予をしている国税については、同時に換価の猶予をすることはできません（徴基通151－６）。しかし、納税の猶予の期間が終わった後に、同じ国税について換価の猶予をすることは認められます（「納税の猶予取扱要領」19－⑵）。

イ　申請による換価の猶予との関係

申請による換価の猶予をしている国税については、同時に職権による換価の猶予をすることはできません（徴基通151の２－10）。しかし、申請による換価の猶予の期間が終わった後に、同じ国税について職権による換価の猶予（２号該当）をすることは認められます（「納税の猶予取扱要領」19－⑵）。

ウ　職権による換価の猶予との関係

事業継続困難等による換価の猶予（１号該当）をした場合において、猶予期間の経過後に、同じ国税について１号該当で再度の換価の猶予をすることは、無限に期間を延長できることになるので認められません。同様の理由から、申請による換価の猶予の期間が終わった後に、同じ国税について１号該当で職権による換価の猶予をすることは認められません。

ただし、事業継続困難等による換価の猶予（１号該当）をした場合において、その猶予期間の経過後に、徴収上有利による換価の猶予（２号該当）をすることは、適用する要件が違うので認められます（徴基通151－6－2）。

## 2　猶予に伴う担保

換価の猶予は、原則として、猶予金額に相当する担保の提供が必要です（徴152、通46⑤）。

### (1)　担保の種類

担保の種類としては、次のようなものがあります（通50）。

① 国債及び地方債
② 社債その他の有価証券で、税務署長等が確実と認めるもの
③ 土地
④ 建物、立木及び登記・登録される船舶、飛行機、回転翼航空機、自動車、建設機械で保険に附したもの
⑤ 鉄道財団、工場財団、鉱業財団、軌道財団、運河財団、漁業財団、港湾運送事業財団、道路交通事業財団及び観光施設財団
⑥ 税務署長等が確実を認められる保証人の保証
⑦ 金銭

(注)　建物を担保に徴するときは、建物が毀損して価値が減損することを想定して、火災保険又は火災共済に付されている場合に限られます。担保のため抵当権を設定したときは、保険金にも抵当権の効力が及びますが（民法第372条の物上代位）、他の抵当権と競合したときは物上代位による差押え（民304①）と質権設定の先後で優劣が決まるので、担保に徴すると同時に保険金に質権を設定します（通基通54－4）。

### (2)　担保の徴取等

**担保の選定**

担保の選定に当たっては、次に掲げる点に留意する必要があります（通基通50－8、9）。

① 担保は、可能な限り処分が容易で、かつ、価額の変動のおそれが少ないもの
② 担保は、その担保に係る国税が完納されるまでの延滞税及び担保の処分に要する費用をも十分に担保できる価額のもの

㈱　担保が保証人の保証である場合は、その国税等の保証義務を十分に果たせる資力を有する保証人

**担保と差押えの関係**

担保を徴する場合、その猶予に係る国税について差し押さえた財産があるときは、必要な担保の価額は、その猶予する金額から差押財産の価額（差押国税に優先する債権の額を控除した価額）を差し引いた額を限度にします（徴152、通46⑥）。

㈱　換価の猶予をしようとする場合において、猶予する国税に十分な保全措置がとられていないときは、差押え又は抵当権の設定（担保）を行います（「納税の猶予等の取扱要領」16－⑺）。

なお、不動産に抵当権を設定するときの元本額は、猶予する税金の本税に猶予期間中の延滞税の額を合せたものとします。

**納付委託との関係**

滞納者が通則法第55条の規定に基づき納付委託をしたことにより、担保を提供する必要がないと認めるに至ったときは、その認められる限度において、担保の提供があったものとすることができます（通55④）。

㈱　納付委託に使用できる証券（約束手形）は、2026年を目途に手形交換所が廃止される見込みなことから利用できなくなります。

### ⑶　担保を徴しないことができる場合（担保不徴取）

①猶予に係る税額が100万円以下の場合、②猶予期間が３月以内である場合又は③担保を徴することができない特別の事情※がある場合は、担保を徴しないことができます（徴152④、通46⑤）。

**※担保を徴することができない特別の事情**（通基通46－14）

①　通則法第50条各号に掲げる種類の財産がなく、かつ、保証人となる適当な者がいない場合
②　通則法第50条各号に掲げる種類の財産があるものの、その財産の見積価額が猶予に係る国税及びこれに先立つ抵当権等により担保される債権その他の債権の合計額を超える見込みがない場合
③　担保を徴することにより、事業の継続又は生活の維持に著しい支障を与えると認められる場合

### 3　換価の猶予の対象となる金額

猶予しようとする時点において①納付すべき国税から、②の現在納付可能資金の額を控除した残額（納付を困難とする額）を限度とします。具体的には、現在納付能力調査によって判定します（徴152①、徴令53③、徴基通152－１）。

①　納付すべき国税の金額

②　滞納者の納付能力を判定した日（「調査日」）において滞納者が有する現金、預貯金その他換価の容易な財産の価額に相当する金額（いわゆる「**当座資金**」）から、それぞれ次に定める額（いわゆる「**つなぎ資金**」）を控除した残額

ア　滞納者が法人の場合には、その事業の継続のために当面必要な運転資金の額

イ　滞納者が個人の場合には、次に掲げる金額の合計額

(ア)　滞納者及び滞納者と生計を一にする配偶者その他の親族（滞納者と婚姻の届出をしていないが事実上婚姻関係と同様の事情にある者及び当該事情にある者の親族を含みます。）の生活の維持のために通常必要とされる費用に相当する金額（滞納者が負担すべきものに限ります。）

(イ)　滞納者の事業の継続のために当面必要な運転資金の額

| | | |
|---|---|---|
| 当座資金 | 滞納者の納付能力を判定した日（「調査日」）において滞納者が有する現金、預貯金その他換価の容易な財産の価額に相当する金額 | 「**換価の容易な財産**」とは、事業の継続又は生活の維持のために必要と認められない財産のうち、売却等により金銭に変えることが容易なものであって、例えば次に掲げるようなものがあります（徴基通152－２）。<br>・　取引所のある株式、公社債その他の有価証券であって、速やかに売却等の処分をすることができるもの<br>・　投資信託契約に係る解約金であって、容易に投資信託契約を解除できるもの |
| つなぎ資金 | 法人の場合<br>滞納者が法人の場合には、その事業の継続のために当面必要な運転資金の額<br>個人の場合<br>次に掲げる金額の合計額 | 「**事業の継続のために当面必要な運転資金の額**」とは、次の⑴の金額から⑵の金額を控除した残額をいいます。<br>なお、商品の仕入から販売までの期間が長期にわたる場合、事業維持に必要不可欠な資産の買換えのための資金の積立てを要する場合その他支出が収入を超過するため収支状況 |

| | | |
|---|---|---|
| | (ア) 滞納者及び滞納者と生計を一にする配偶者その他の親族（滞納者と婚姻の届出をしていないが事実上婚姻関係と同様の事情にある者及び当該事情にある者の親族を含みます。）の生活の維持のために通常必要とされる費用に相当する金額（滞納者が負担すべきものに限ります。） | にそごを来す時期があると見込まれるといった事情がある場合において、調査日からおおむね１月以内の期間（以下「計算期間」といいます。）後のために資金手当てをしておかなければ事業を継続することができなくなると認められるときは、必要最小限度の範囲内の所要資金を算定して、事業の継続のために当面必要な運転資金の額に加算することができます（徴基通152－３）。<br>(1) 計算期間における滞納者の事業の継続のために必要不可欠な支出の額<br>(2) 計算期間における事業収入その他の収入に係る金額 |
| | (イ) 滞納者の事業の継続のために当面必要な運転資金の額 | **「生活の維持のために通常必要とされる費用に相当する金額」**とは、計算期間において支出する滞納者及び滞納者と生計を一にする配偶者その他の親族の生活費に相当する金額をいいます。<br>なお、納税者の事業等による収入などの状況を踏まえ、計算期間を超える期間のために資金手当てをしておかなければ生活を維持することができなくなると認められる場合は、必要最小限度の所要資金を算定して、生活の維持のために通常必要とされる費用に相当する金額に加算することができます（徴基通152－４）。 |

## 「現在納付可能資金」と「猶予の対象となる金額」

猶予をしようとする日の前日において「滞納者が有する現金、預貯金その他換価の容易な財産の価額に相当する金額」（当座資金、下図（ａ））から「上記ア又はイの額」（つなぎ資金、下図（ｂ））を差し引いた額を**「現在納付可能資金」**（下図②）といいます。

①　納付すべき国税の金額

当座資金（a）

| ②　現在納付可能資金（a−b） | つなぎ資金（b） |
|---|---|

猶予の対象となる金額（①−②）

## 4　換価の猶予をする期間

### ⑴　猶予期間

猶予期間は、税務署長が滞納者の将来における納付能力を調査し、1年以内の範囲内において、定めます（徴151）。

具体的な猶予期間及び猶予期間中における納付予定金額等は、将来において見込まれる納付能力に基づいて定められます。

㈱1　猶予に係る金額を適宜分割し、その分割した金額ごとに猶予期間を定めることができます（徴152、通46④）。

2　申請による換価の猶予における猶予の始期

申請による換価の猶予の期間の始期は、換価の猶予の申請書が提出された日となります。ただし、その日が猶予を受けようとする国税の法定納期限以前の日であるときは、法定納期限の翌日となります（徴基通151の２－８）。

### ⑵　猶予期間の延長

換価の猶予をした場合において、その猶予した期間内にその猶予した金額を納付することができないやむを得ない理由があると認めるときは、その猶予期間を延長することができます。

この延長する期間は、すでに換価の猶予をした期間と併せて２年を超えることはできません（徴152、通46⑦）。

㈱「やむを得ない理由」とは、予定していた入金がなかったことにより猶予期間内に完納できなかった場合など、納付することができないことが納税者の責めに帰することができない場合のその理由をいいます（通基通46－16）。

### ⑶　猶予期間中の分納

納税の猶予は、外的な要因から納付困難になった場合に納税を猶予する制度ですから、「分割して納付させることができる」として（通46④）、必ずしも猶予期間内での分割による納付は求めていません。それに対して換価の猶予は「納税について誠実な意思を有する」ことが要件ですから、「分割して納付させる」として（徴152①）、猶予期間内に実際に納付することを求めます。そのため、滞納者の財産の状況その他の事情からみて合理的かつ妥当な月ごとの納付（分納）の計画の提出及びその実行としての分納をしなければなりません（徴152①）。

なお、分納の計画は、毎月、定額である必要はありませんし、猶予期間内に完納しない計画であっても要件に該当すれば、換価の猶予は認められます（「納税の猶予取扱要領」18－(4)）。

## 5　換価の猶予の手続

換価の猶予は、期限内に納税をすることの例外として、一定の要件を満たす場合に税務署長が認める処分です。

### (1)　職権による換価の猶予

税務署長は、滞納者の財産状況等の実情を把握した上で、要件に該当するときは、次の手続を経て換価の猶予をします。

#### ア　分割納付計画書等の提出

換価の猶予を行う要件を判断するため、税務署長は滞納者に対して、滞納者の現在の資産及び負債の状況（財産目録）や今後の収支見込み（収支の明細書）の提出を求め、滞納者はそれらを提出しなければなりません。併せて、分割納付額を定めるための書類（分割納付計画書）の提出もしなければなりません（徴151②）。

#### イ　換価の猶予通知書

税務署長は、滞納者から提出された内容等に基づき、換価の猶予の要件に該当すると判断したときは、換価の猶予通知書によりその旨を通知します（徴152③）。

### (2)　申請による換価の猶予

税務署長は、滞納者から換価の猶予申請書及び必要書類が提出されたときは、申請事項について調査を行った上で、換価の猶予をします。

#### ア　換価の猶予申請書の提出

滞納者は換価の猶予を受けようとするときは、分納納付額等を記載した換価の猶予申請書に、要件を判断するための現在の資産及び負債の状況

（財産目録）、今後の収支見込み（収支の明細書）を添付して提出します（徴151の２③）。

#### イ　申請書等の補正等

滞納者から換価の猶予申請書が提出された場合は、税務署長は速やかにその内容を確認し、添付書類の提出がなかったり記載に不備があって適用の判断ができないときは、滞納者に対して提出又は補正を求め、その旨を通知します（徴152④、通46の２⑦、⑧）。

これらの通知をしてから20日以内に提出又は補正がされないときは、換価の猶予申請は取下げられたものとみなされます（徴152④、通46の２⑨）。

#### ウ　申請事項の調査

税務署長は、申請に係る事項について調査を行い換価の猶予の適否を判断します（徴152④、通46の２⑥）。この場合の調査は、徴収法141条に規定する質問・検査権により行い（徴152④は通46の２⑪を準用していません。）、滞納者が質問・検査に応じなかったときは、申請は不許可にします（徴152④、通46の２⑩）。

㈲　納税の猶予は、滞納処分とは関係がなく徴収法第141条の適用がないので、通則法第46条の２第11項で調査権限を別途に規定しています。

#### エ　換価の猶予通知書

税務署長は、申請に基づき換価の猶予を許可するときは、換価の猶予通知書によりその旨を通知します（徴152④、通47①）。また、猶予の要件に該当しないか、申請書等の補正等や調査に応じなかった場合で申請を認めないときは、換価の猶予不許可通知書により通知します（徴152④、通47②）。

### 6　換価の猶予の効果

換価の猶予の効果としては、次のようなものがあります。

| 猶予の効果 | 内　　　容 |
|---|---|
| 換価の制限 | 換価の猶予期間中は、既に差し押さえられている財産を換価することはできません。<br>ただし、事業の継続に困難を来たさない財産に対する新たな差押え、交付要求、参加差押え、差押換え、還付金等の充当をすることはできます（徴基通151－９、151－10）。<br>(注)　納税の猶予は、納税そのものを猶予しているので、猶予期間中に新たに差押えをすることはできません。 |
| 差押えの猶予又は解除 | 換価の猶予をした場合において、差押えにより滞納者の事業の継続又は生活の維持を困難にするおそれがあると認めるときは、その財産の差押えを猶予し解除することができます（徴152②）。 |
| 差押財産の果実等の換価及び充当 | 換価の猶予期間中であっても、差押財産の果実等については滞納処分を執行し、その換価代金等を猶予に係る国税に充当します（徴152、通48③）。 |
| 時効の停止 | 換価の猶予期間中は、徴収権の消滅時効は進行しません（通73④）。 |
| 延滞税の免除 | 換価の猶予をした場合には、その猶予に係る国税の延滞税のうち、次に相当する金額が免除されます（通63①、措94）。<br>(注)　猶予期間中の分納がされなかった場合でも、猶予の取消しをしない限り、延滞税は免除しなければなりません。<br>［猶予に係る国税の納期限の翌日から２月を経過する日後の猶予期間に対応する延滞税額］　×　1／2 |

## 7　換価の猶予の取消し

換価の猶予を受けた場合、その猶予期間中に、次に掲げる事由が生じたときは、税務署長はその猶予の取消し又は猶予期間を短縮することができます（徴152、通49①）。

換価の猶予を取り消した場合は、猶予の効果はその時からなくなるため、直ちに猶予した金額の徴収を行い、又は停止していた滞納処分を続行し、担保を徴しているときはその担保の処分を行います。

なお、税務署長は、換価の猶予の取消し又は猶予期間を短縮したときは、滞納者にその旨を通知しなければなりません（徴152、通49③）。

<table>
<tr><td rowspan="6">換価の猶予の取消等の事由</td><td>①　繰上請求事由（通38）が生じた場合において、滞納者が猶予に係る国税を猶予期間内に完納することができないと認められるとき</td></tr>
<tr><td>②　分割納付による猶予（徴151②、通46④）の場合に、その分納額を納付期限までに納付しないとき</td></tr>
<tr><td>③　税務署長による増担保の提供、担保の変更などの求め（通51①）に応じないとき</td></tr>
<tr><td>④　新たにその猶予に係る国税以外の国税を滞納したとき</td></tr>
<tr><td>⑤　偽りその他不正の行為によりその猶予がされたことが判明したとき</td></tr>
<tr><td>⑥　上記①～⑤の場合のほか、その者の財産の状況その他の事情の変化によりその猶予を継続することが適当でないと認められるとき<br>㈡　例えば、猶予した金額を納付する見込みがなくなる程度に資力を喪失したり、逆に業況の好転により納付困難と認められる金額がなくなる程度に資力が回復するなど、猶予を継続することが適当でないと認められる場合をいいます（通基通49－５）。</td></tr>
</table>

㈡　上記②、④は、税務署長がやむを得ない理由があると認めるときを除きます。

☞「繰上請求事由」については、123頁参照。

## 参考　納税の猶予と換価の猶予の概要

<table>
<tr><th></th><th>納税の猶予</th><th>換価の猶予</th></tr>
<tr><td>要件等</td><td>納税者からの申請<br><br>被災者の納期未到来の国税に関する納税の猶予<br>①　災害等により相当の損失を受けたとき（通46①）<br><br>災害等に基づく納税の猶予<br>②　災害・盗難、病気等の事実に基づき、国税を一時に納付できないと認められるとき（通46②一・二・五）<br>③　事業の休廃止、事業の損失等により、国税を一時に納付することができないと認められるとき（通46②三・四・五）<br><br>賦課の遅延等に基づく納税の猶予<br>④　確定手続等が遅延した場合で、その国税を一時に納付することができない理由があると認められるとき（通46③）</td><td>税務署長の職権<br>次のいずれかに該当し、かつ、納税について誠実な意思を有していること（徴151）<br>①　財産の換価を直ちにすることにより、その事業の継続又はその生活の維持を困難にするおそれがあるとき<br>②　財産の換価を猶予することが、直ちにその換価をすることに比べて、滞納国税及び最近における納付すべきこととなる国税を徴収する上で有利であるとき<br><br>納税者からの申請<br>一時に納付することにより事業継続・生活維持困難となるおそれがあり、納税について誠実な意思を有するとき（他に滞納がある場合は除きます。）（徴151の２）</td></tr>
</table>

<table>
<tr><td>猶予期間</td><td>１年以内<br>・上記②～④については、最大２年以内で延長可能<br>・上記①については、延長はありませんが、②と併せて最大３年以内で延長が可能（通46⑦）</td><td>１年以内<br>最大２年以内で延長可能（徴152、通46⑦）</td></tr>
<tr><td>担保</td><td>原則必要（上記①は不要）<br>税額100万円以下又は３月以内の猶予の場合等は担保不要（通46⑤）</td><td>原則必要<br>税額100万円以下又は３月以内の猶予の場合等は担保不要（徴152④、通46⑤）</td></tr>
<tr><td>延滞税</td><td>①②の場合：免除<br>③④の場合：軽減元年：年1.6%<br>２年：年1.6%<br>３年：年1.0%<br>４年：年0.9%<br>５年：年0.9%</td><td>元年：年1.6%<br>２年：年1.6%<br>３年：年1.0%<br>４年：年0.9%<br>５年：年0.9%</td></tr>
<tr><td>手続等</td><td>・分割納付（必須ではない）<br>・資産・収入等の資料提出<br>・不許可事由・取消事由<br>・申請に係る質問検査権</td><td>・分割納付（必須）<br>・資産・収入等の資料提出<br>・不許可事由・取消事由<br>・申請に係る質問検査権</td></tr>
<tr><td rowspan="5">効果</td><td>新たな督促、滞納処分（交付要求は除く）の禁止（通48①）</td><td>差押財産の換価は不可<br>ただし、新たな差押え、交付要求を行うことは可能</td></tr>
<tr><td>納税者の申請に基づき、差押えの解除可能（通48②）</td><td>必要があると認めるときは、差押えの猶予又は差押の解除可能（徴152②）</td></tr>
<tr><td>猶予期間中、上記①②については、延滞税の全額免除、上記③④については、延滞税の一部免除（通63①、措94②）</td><td>猶予期間中、延滞税の一部免除（通63①、措94②）</td></tr>
<tr><td>猶予期間中は、徴収権の時効は進行しない（通73④）</td><td>猶予期間中は、徴収権の時効は進行しない（通73④）</td></tr>
<tr><td>未督促時に猶予したときは督促状を発付しない。</td><td>未督促時に猶予しても、督促状は発付する。</td></tr>
</table>

（換価の猶予申請書）

| 収受印 | | 整理番号 | |
|---|---|---|---|

# 換 価 の 猶 予 申 請 書

税務署長殿

国税徴収法第151条の2第1項の規定により、以下のとおり換価の猶予を申請します。

| 申請者 | 住所<br>所在地 | 電話番号（　　）　携帯電話（　　） | ①<br>申請年月日 | 令和　年　月　日 |
|---|---|---|---|---|
| | 氏名<br>名称 | 印 | ※税務署整理欄 | 通信日付印 / 申請書番号 / 処理年月日 |
| | 法人番号 | | | |

| | 年度 | 税目 | 納期限 | 本税 | 加算税 | 延滞税 | 利子税 | 滞納処分費 | 備考 |
|---|---|---|---|---|---|---|---|---|---|
| 納付すべき国税 | | | ・　・ | 円 | 円 | 法律による金額　円 | 円 | 法律による金額　円 | |
| | | | ・　・ | | | 〃 | | 〃 | |
| | | | ・　・ | | | 〃 | | 〃 | |
| | | | ・　・ | | | 〃 | | 〃 | |
| | | | ・　・ | | | 〃 | | 〃 | |
| | 合計 | | | イ | ロ | ハ　〃 | ニ | ホ　〃 | |

| ②イ～ホの合計 | 円 | ③現在納付可能資金額 | 円 | ④換価の猶予を受けようとする金額（②-③） | 円 |
|---|---|---|---|---|---|

※③欄は、「財産収支状況書」の(A)又は「財産目録」の(D)から転記

| 一時に納付することにより事業の継続又は生活の維持が困難となる事情の詳細 | |
|---|---|

| ⑤納付計画 | 年　月　日 | 納付金額 | 年　月　日 | 納付金額 | 年　月　日 | 納付金額 |
|---|---|---|---|---|---|---|
| | 令和 | 円 | 令和 | 円 | 令和 | 円 |
| | 令和 | 円 | 令和 | 円 | 令和 | 円 |
| | 令和 | 円 | 令和 | 円 | 令和 | 円 |
| | 令和 | 円 | 令和 | 円 | 令和 | 円 |

※⑤欄は、「財産収支状況書」の(B)又は「収支の明細書」の(C)及び(D)から転記

| 猶予期間 | 令和　年　月　日から　令和　年　月　日まで　月間 |
|---|---|

※猶予期間の開始日は、①の申請年月日（ただし、納付すべき国税の法定納期限以前にこの申請書を提出する場合は、納付すべき国税の法定納期限の翌日）

| 担保 | □ 有<br>□ 無 | 担保財産の詳細又は提供できない特別の事情 | |
|---|---|---|---|

| 税理士署名押印 | 印<br>（電話番号　－　－　） |
|---|---|
| □ | 税理士法第30条の書面提出有 |

| 添付する書類欄 | |
|---|---|
| 100万円以下の場合 | 100万円超の場合 |
| □ 財産収支状況書 | □ 収支の明細書<br>□ 財産目録<br>□ 担保関係書類 |

（財産収支状況書）

| 整理番号 | | | | | | | | |
|---|---|---|---|---|---|---|---|---|

収受印

# 財　産　収　支　状　況　書

令和　　年　　月　　日

1 住所・氏名等

| 住所<br>所在地 | | 氏名<br>名称 | |
|---|---|---|---|

2 現在納付可能資金額

| 現金及び預貯金等 | 預貯金等の種類 | 預貯金等の額 | 納付可能金額 | 納付に充てられない事情 |
|---|---|---|---|---|
| 現金 | | 円 | 円 | □ 運転資金　□ 生活費　□ その他 （　　） |
| | | 円 | 円 | □ 運転資金　□ 生活費　□ その他 （　　） |
| | | 円 | 円 | □ 運転資金　□ 生活費　□ その他 （　　） |
| | | 円 | 円 | □ 運転資金　□ 生活費　□ その他 （　　） |
| | 現在納付可能資金額（A） | | 円 | ※（A）は、申請書の③「現在納付可能資金額」欄へ転記 |

3 今後の平均的な収入及び支出の見込金額（月額）

| 区 | 分 | 見込金額 |
|---|---|---|
| 収入 | 売上、給与、報酬 | 円 |
| | その他（　　） | 円 |
| | | 円 |
| ① 収入合計 | | 円 |
| 支出 | 仕入 | 円 |
| | 給与、役員給与 | 円 |
| | 家賃等 | 円 |
| | 諸経費 | 円 |
| | 借入返済 | 円 |
| | | 円 |
| | | 円 |
| | 生活費（扶養親族　　人） | 円 |
| ② 支出合計 | | 円 |
| ③ 納付可能基準額（①－②） | | 円 |

4 分割納付計画（B）※分割納付金額は、3の③の欄を基に記載し、申請書⑤「納付計画」欄へ転記

| 月 | 分割納付金額 | 増減理由 | 納付積立金額 |
|---|---|---|---|
| 月 | 円 | | 円 |
| 月 | 円 | | 円 |
| 月 | 円 | | 円 |
| 月 | 円 | | 円 |
| 月 | 円 | | 円 |
| 月 | 円 | | 円 |
| 月 | 円 | | 円 |
| 月 | 円 | | 円 |
| 月 | 円 | | 円 |
| 月 | 円 | | 円 |
| 月 | 円 | | 円 |
| 月 | 円 | | 円 |

【備考】

5 財産等の状況

(1) 売掛金・貸付金等の状況

| 売掛先等の名称・住所 | | 売掛金等の額 | 回収予定日 | 種類 | 回収方法 |
|---|---|---|---|---|---|
| | | 円 | ・・ | | |
| | | 円 | ・・ | | |
| | | 円 | ・・ | | |

(2) その他の財産の状況

| 不動産等 | | 国債・株式等 | |
|---|---|---|---|
| 車両 | | その他（保険等） | |

(3) 借入金・買掛金の状況

| 借入先等の名称 | 借入金等の金額 | 月額返済額 | 返済終了（支払）年月 | 追加借入の可否 | 担保提供財産等 |
|---|---|---|---|---|---|
| | 円 | 円 | 年　月 | 可・否 | |
| | 円 | 円 | 年　月 | 可・否 | |

## (財産目録)

収受印

| 整理番号 | | | | | | | | |
|---|---|---|---|---|---|---|---|---|

# 財　　産　　目　　録

令和　　年　　月　　日

**1 住所・氏名等**

| 住所<br>所在地 | | 氏名<br>名称 | |
|---|---|---|---|

**2 財産の状況**

(1) 預貯金等の状況

| 金融機関等の名称 | 預貯金等の種類 | 預貯金等の額 | 金融機関等の名称 | 預貯金等の種類 | 預貯金等の額 |
|---|---|---|---|---|---|
| 手持ち現金 | 現金 | 円 | | | 円 |
| | | 円 | | | 円 |
| | | 円 | | | 円 |
| | | | 預貯金等合計(A) | | 円 |

(2) 売掛金・貸付金等の状況

| 売掛先等の名称・住所 | | 種類 | 回収予定日 | 回収方法 | 売掛金等の額 |
|---|---|---|---|---|---|
| | | | ・　・ | | 円 |
| | | | ・　・ | | 円 |
| | | | ・　・ | | 円 |
| | | | ・　・ | | 円 |

(3) その他の財産の状況

| 財産の種類 | | 担保等 | 直ちに納付に充てられる金額 |
|---|---|---|---|
| 国債・株式等 | | □ | 円 |
| 不動産等 | | □ | 円 |
| 車両 | | □ | 円 |
| その他財産<br>(敷金、保証金、保険等) | | □ | 円 |
| | | 合計(B) | 円 |

(4) 借入金・買掛金の状況

| 借入先等の名称 | 借入金等の金額 | 月額返済額 | 返済終了(支払)年月 | 追加借入の可否 | 担保提供財産等 |
|---|---|---|---|---|---|
| | 円 | 円 | 年　月 | 可・否 | |
| | 円 | 円 | 年　月 | 可・否 | |
| | 円 | 円 | 年　月 | 可・否 | |

**3 当面の必要資金額**

| 項目 | | 金額 | 内容 |
|---|---|---|---|
| 支出見込 | 事業支出 | 円 | |
| | 生活費<br>(個人の場合のみ) | 円 | 【扶養親族　　人】 |
| 収入見込 | | 円 | |
| (支出見込)－(収入見込)(C) | | 円 | マイナスになった場合は0円 |

※(C)は、下記４②「当面の必要資金額」欄へ転記

**4 現在納付可能資金額**

| ①当座資金額((A)+(B)) | ②当面の必要資金額(上記(C)から転記) | ③現在納付可能資金額(①－②)(D) |
|---|---|---|
| 円 | 円 | 円 |

※(D)は、申請書の③「現在納付可能資金額」欄へ転記

（収支の明細書）

| 整理番号 | | | | | | | | |
|---|---|---|---|---|---|---|---|---|

収受印

# 収　支　の　明　細　書

令和　　年　　月　　日

1 住所・氏名等

| 住　所<br>所在地 | | 氏　名<br>名　称 | |
|---|---|---|---|

2 直前1年間における各月の収入及び支出の状況

| 年　月 | ①総収入金額 | ②総支出金額 | ③差額（①－②） | 備　　考 |
|---|---|---|---|---|
| 年　月 | 円 | 円 | 円 | |
| 年　月 | 円 | 円 | 円 | |
| 年　月 | 円 | 円 | 円 | |
| 年　月 | 円 | 円 | 円 | |
| 年　月 | 円 | 円 | 円 | |
| 年　月 | 円 | 円 | 円 | |
| 年　月 | 円 | 円 | 円 | |
| 年　月 | 円 | 円 | 円 | |
| 年　月 | 円 | 円 | 円 | |
| 年　月 | 円 | 円 | 円 | |
| 年　月 | 円 | 円 | 円 | |
| 年　月 | 円 | 円 | 円 | |

3 今後の平均的な収入及び支出の見込金額（月額）

| 区　　分 | | 見込金額 | 区　　分 | | 見込金額 |
|---|---|---|---|---|---|
| 収入 | | 円 | 支出 | | 円 |
| | | 円 | | | 円 |
| | | 円 | | | 円 |
| | | 円 | | | 円 |
| | | 円 | | | 円 |
| | | 円 | | | 円 |
| | | 円 | | | 円 |
| | | 円 | | | 円 |
| | | 円 | | 生活費（扶養親族　　人） | 円 |
| ①　収　入　合　計 | | 円 | ②　支　出　合　計 | | 円 |
| ③　納付可能基準額（①－②）（A） | | 円 | ※（A）は、裏面７①「納付可能基準額」欄へ転記 | | |

【備考】

4 今後1年以内における臨時的な収入及び支出の見込金額

| | 内　容 | 年　月 | 金　額 |
|---|---|---|---|
| 臨時収入 | | 令和　年　月 | 円 |
| | | 令和　年　月 | 円 |
| | | 令和　年　月 | 円 |
| | | 令和　年　月 | 円 |
| | | 令和　年　月 | 円 |
| 臨時支出 | | 令和　年　月 | 円 |
| | | 令和　年　月 | 円 |
| | | 令和　年　月 | 円 |
| | | 令和　年　月 | 円 |
| | | 令和　年　月 | 円 |

5 今後1年以内に納付すべきことが見込まれる国税及び地方税等（B） ※(B)は、下記7⑤「納付額」欄へ転記

| 年　月 | 税　目 | 金　額 | 年　月 | 税　目 | 金　額 |
|---|---|---|---|---|---|
| 令和　年　月 | | 円 | 令和　年　月 | | 円 |
| 令和　年　月 | | 円 | 令和　年　月 | | 円 |
| 令和　年　月 | | 円 | 令和　年　月 | | 円 |
| 令和　年　月 | | 円 | 令和　年　月 | | 円 |

6 家族(役員)の状況

| 続柄(役職) | 氏　名 | 生　年　月　日 | 収入・報酬（月額）(専従者給与を含む) | 職業・所有財産等 |
|---|---|---|---|---|
| | | 年　月　日 | 円 | |
| | | 年　月　日 | 円 | |
| | | 年　月　日 | 円 | |
| | | 年　月　日 | 円 | |

7 分割納付年月日及び分割納付金額

| 納付年月日（C） | ①納付可能基準額 | ②季節変動等に伴う増減額 | ③臨時的入出金額 | 国税等 | | ⑥分割納付金額(D)(①＋②＋③－④－⑤) |
|---|---|---|---|---|---|---|
| | | | | ④積立額 | ⑤納付額 | |
| 令和　年　月　日 | 円 | 円 | 円 | 円 | 円 | 円 |
| 令和　年　月　日 | 円 | 円 | 円 | 円 | 円 | 円 |
| 令和　年　月　日 | 円 | 円 | 円 | 円 | 円 | 円 |
| 令和　年　月　日 | 円 | 円 | 円 | 円 | 円 | 円 |
| 令和　年　月　日 | 円 | 円 | 円 | 円 | 円 | 円 |
| 令和　年　月　日 | 円 | 円 | 円 | 円 | 円 | 円 |
| 令和　年　月　日 | 円 | 円 | 円 | 円 | 円 | 円 |
| 令和　年　月　日 | 円 | 円 | 円 | 円 | 円 | 円 |
| 令和　年　月　日 | 円 | 円 | 円 | 円 | 円 | 円 |
| 令和　年　月　日 | 円 | 円 | 円 | 円 | 円 | 円 |
| 令和　年　月　日 | 円 | 円 | 円 | 円 | 円 | 円 |
| 令和　年　月　日 | 円 | 円 | 円 | 円 | 円 | 円 |

※③欄は、上記4「今後1年以内における臨時的な収入及び支出の見込金額」欄を基に、納付年月における臨時的入出金額の合計額を記載

※(C)及び(D)は、申請書⑤「納付計画」欄へ転記

## [36]　滞納処分の停止

滞納者は現在、収入が以前よりも大幅に減少し、生活も著しく窮迫するおそれがあります。この場合、納税を緩和するような何らかの措置はありませんか。

滞納者において、上記の場合や、調査をしても差し押える財産が無いなどの一定の要件に該当する場合に、滞納処分の執行を停止する場合があります。

**解説**

滞納処分の停止は、一定の要件に該当する場合に、滞納処分による滞納の強制的な徴収を行わない制度です。最終的には、国税の納税義務の消滅につながる手続です。

### 1　滞納処分の停止の要件

滞納者が次の事実のいずれかに該当するときは、滞納処分の執行を停止することができます（徴153①）。

①滞納処分の執行等をすることができる財産がないとき（徴153①一）
②滞納処分の執行等をすることによって滞納者の生活を著しく窮迫させるおそれがあるとき（徴153①二）
③滞納者の所在及び滞納処分の執行等をすることのできる財産がともに不明であるとき（徴153①三）

㈱1　上記「滞納処分の執行等」とは、滞納処分の執行及び租税条約等の規定に基づく当該租税条約等の相手国等に対する共助対象国税の徴収の共助の要請による徴収をいいます。
2　上記要件については、徴収法基本通達第153条関係1～5参照
3　滞納処分を行うべき財産は皆無ではないが、滞納処分を行うと「生活を著しく窮迫するおそれ」がある場合には、個人のときは滞納処分の停止ができます（徴153①二）。それに対して法人は、滞納処分により「事業の継続が困難」になる場合でも、滞納処分の停止をすることはできません。法人には適用されません。

## 2　滞納処分の停止の手続

滞納処分の停止は、滞納者の申請に基づかず、税務署長が職権をもって行います（徴153、徴基通153－５）。

また、滞納処分の停止をしたときは、その処分の効力を生じさせるためには、滞納者に通知しなければなりません（徴153②）。

## 3　滞納処分の停止の対象となる金額

滞納処分の停止は、滞納者の状況に基づき行うので、それを行う際の滞納国税の全部についてしなければなりません。したがって、滞納者の納税資力が大幅に減少しているときに（オーバーローン）、滞納国税のうち納付可能な額を換価の猶予し、他を滞納処分の停止をすることはできません。

ただし、次の場合（一部停止）には、段階に分けて停止をするので、徴収可能と認められる金額を差し引いたところで、滞納処分の停止をすることができます（徴基通153－８）。

ア　差し押さえた債権について、その全部又は一部の取立てに長期間を要する場合

イ　他の強制換価手続に交付要求をしているが、配当を受けるまでに長期間を要する場合

ウ　差押不動産について、再公売に付しても売却できないなど換価に長期間を要する場合

## 4　滞納処分の停止の効果

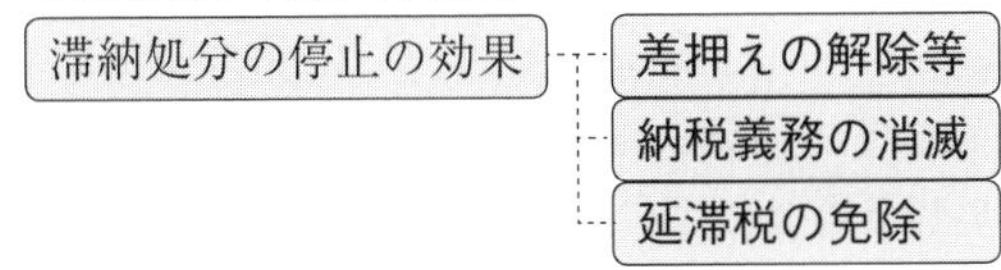


### (1)　差押えの解除等

滞納処分を行うと「生活を著しく窮迫するおそれ」がある場合に滞納処分を停止するときは（徴153①二）、その時に行っていた給与等の差押えは解除しなければなりません（徴153③）。

また、滞納処分を停止している期間中は、その停止に係る国税につき新たな差押えをすることはできません（徴基通153－10）。

ただし、滞納者が自発的に納付した金銭を収納し、又は過誤納金等や交付要求（参加差押えを含みます。）の受入金をその停止に係る国税に充当することは、新たに滞納処分をするのではないので可能です（徴基通153－11)。

### (2)　納税義務の消滅

滞納処分の停止が３年間継続したときは、停止した国税の納税義務は消滅します（徴153④)。

#### ア　納税義務の即時消滅

法人について破産手続の終了や事業を廃業して将来再開の見込みが全くない場合や、滞納者が死亡して納税義務を承継させる相続人がいない場合で、滞納処分を行うべき財産が皆無又は財産の所在が不明であるときは、滞納処分の停止から３年を待たずに、直ちに停止した滞納国税を消滅させることができます（徴153－⑤)。

#### イ　徴収権の消滅時効

滞納処分の停止をしても、徴収権の消滅時効は完成猶予又は更新はされません（徴基通153－12)。したがって、滞納処分の停止から３年を待たなくても、本来の消滅時効が到来したときに、滞納国税の納税義務は消滅します（通72①)。

### (3)　延滞税の免除

滞納処分の停止をした国税に係る延滞税のうち、停止をした期間に対応する部分の金額は免除されます（通63①)。ただし、滞納処分の停止の取消しの原因となる事実が生じた場合には、その事実が生じた日以後の期間に対応する部分の金額については免除しないことができます（徴63①ただし書)。

**参考** 滞納処分の停止と延滞税の免除

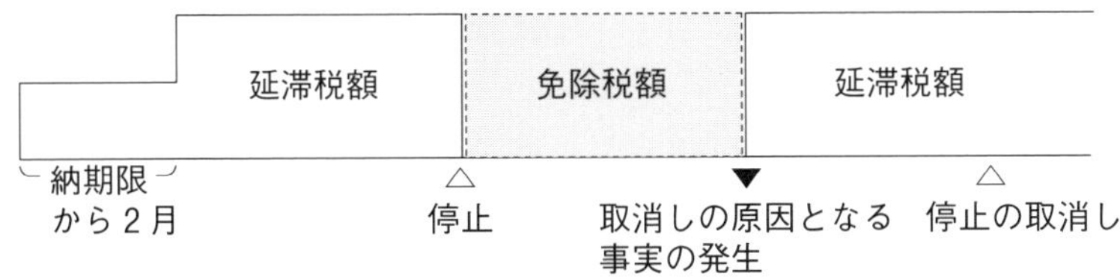


## ５　滞納処分の停止の取消し

### (1)　要件等

滞納処分の停止してから納税義務が消滅するまでに、その停止した滞納者について、停止の理由に該当する事実がないと認められるときには、滞納処分の停止を取り消さなければなりません（徴154①）。

また、滞納処分の執行の停止を取り消したときは、その旨を滞納者に通知しなければなりません（徴154②）。

### (2)　取消しの効果

滞納処分の停止の取消しは、停止の取消事由が生じたことにより、滞納処分の停止を将来に向かって撤回するものであって、取消しの効果は停止の始期まで遡りません。よって、滞納処分の停止がされている期間についての停止の効果には影響を及ぼしません。

なお、滞納処分の停止が取り消されると滞納処分を行うことができます。

# 第９章　保全担保及び保全差押え

## [37]　保全担保

酒税や揮発油税を滞納した場合に、その後にその納税者に課されるべき国税を徴収することができないと認められる場合には、どのような措置がとられることがありますか。

納税者が酒税や揮発油税などの消費税等（消費税法に規定する課税資産の譲渡等による消費税を除く。以下、この章において同じ。）を滞納した場合に、その後の納税者に課すべきこれらの国税の徴収を確保する必要があるときには、一定の金額を限度としてあらかじめ担保の提供を命ずることがあります。

**解説**

酒税やたばこ税等の製造場等から移出する際に課される税金については、納税者が課税前に製造場等から課税対象の物品を持ち出して販売してしまうと、税金の納税が確保されない恐れがあります。そこで、そのような事態にならないよう、事前に納税額を指定して、担保を提出させる制度が保全担保です。納税者が担保を任意に提供しないときは、納税者の意思にかかわらず、その金額を限度とする根抵当権を納税者の財産の上に設定することができます（徴158）。

| 保全担保の規定の適用のある消費税等 | 酒税、たばこ税、揮発油税、地方揮発油税、石油ガス税、石油石炭税（徴158①、２三） |
|---|---|

㈟　消費税法に規定する消費税は、課税事業年度における課税資産の売上高と仕入高との差分に基づき納税し、移出した物品に直接に課税するものではないので、保全担保の対象になりません。

### 1　保全担保徴取の要件

税務署長は、あらかじめ担保の提供を命じることができます（徴158①）。

担保徴取の要件
- 納税者が消費税等を滞納していること
- その滞納後、その納税者に課されるべき消費税等の徴収を確保することができないと認められること

## 2　保全担保の提供命令及びその提供

### (1)　保全担保の提供命令

保全担保を徴する必要があると認められるときは、税務署長は、担保の種類等所定の事項を記載した書面（徴令55①）により、保全担保の提供を命ずることができます（徴158①）。

### (2)　被担保金額の指定

担保提供命令の書面に記載する担保されるべき指定金額は、次の①又は②のいずれか大きい金額を限度とします（徴158②）。

① その提供を命ずる月の前月分の当該国税の額の３倍に相当する金額

② 前年におけるその提供を命ずる月に対応する月分及びその後の２月分のその国税の合計額

### (3)　担保提供の期限

担保を提供すべき期限は、担保の提供を命令する書面を発する日から起算して７日を経過した日以後の日を指定しなければなりません。ただし、納税者につき繰上請求（通38①）に該当する事実が生じたときは、この期限を繰り上げることができます（徴令55②）。

### (4)　担保の種類及び提供手続等

担保提供命令がされたときは、納税者は通則法第50条《担保の種類》に掲げる財産を選定し、それを提供します。その手続は、他の猶予制度において担保を提供する場合と同じです。

なお、抵当権は、保全担保の提供で指定した３月分の見込納税額を被担保債権額とするので、それを極度額とする根抵当権を設定します（徴基通158－６）。

### 3　担保の提供に応じない場合の根抵当権の設定

税務署長は、担保の提供を命じられた納税者がその指定された期限までに、その命ぜられた担保を提供しないときは、納税者の財産で抵当権の目的となるもの（不動産、自動車など）について、納税者の意思にかかわらず抵当権を設定することができます（徴158③）。

・　税務署長は、抵当権を設定するときはその旨を納税者に、書面で通知します（登記は共同申請が原則ですが、登記義務者（納税者）の承諾は不要です（徴158⑥））。

・　酒税について納税者が保全担保の提供をしなかったときは、酒類の製造免許が取り消されるので（酒税法12五）、担保権の設定は行いません。

・　保全担保の提供を命じた国税の滞納がない期間が３月間継続したときは、担保を解除しなければなりません（徴158⑦）。

## [38]　保全差押え

脱税の嫌疑により犯則事件の調査及び処分又は刑事訴訟法に基づく処分を受けた場合、その後どのような措置が取られることがありますか。

脱税の嫌疑により通則法第11章に定める犯則事件の調査及び処分又は刑事訴訟法に基づく処分を受けた場合において、その納税義務があると認められる者が、国税の徴収を免れようとするおそれがある場合には、その国税の納税義務が確定する前であっても、見込みの税額により直ちに差し押さえることができます。

**解説**

納税義務があると認められる者が、脱税の嫌疑により通則法第11章《犯則事件の調査及び処分》又は刑事訴訟法に基づく処分を受けた場合など、国税の徴収を免れようとするおそれがある場合には、その国税が修正申告、更正、決定等により確定する前であっても、その者の財産を直ちに差し押さえることができます（徴159①）。

㈱　平成29年度税制改正により、国税犯則取締法が廃止され、その規定が国税通則法第11章《犯則事件の調査及び処分》に編入されました。この施行は、平成30年4月1日からになります。

### 1　保全差押えの要件

税務署長は、納税義務があると認められる者が、次に該当する場合には、あらかじめ滞納処分を執行することを要する金額（**保全差押金額**）を決定し、その金額を限度として、その者の財産を直ちに差し押さえることができます（徴159①）。

**①不正に国税を免れ、又は国税の還付を受けたことの嫌疑に基づき、通則法第11章の規定による差押え、記録命令付差押え若しくは領置又は刑事訴訟法の規定による押収、領置若しくは逮捕を受けたこと**

＋

②その処分に係る国税の納付すべき額の確定後においては、その国税の全額の徴収を確保することができないと認められること

## 2　保全差押えの手続

### (1)　国税局長の承認

税務署長は、保全差押金額の決定をしようとするときは、あらかじめ、その所属する国税局長の承認を受けなければなりません（徴159②）。

### (2)　保全差押金額の範囲

保全差押金額の範囲は、「税務署長が徴収を確保するため、あらかじめ滞納処分を執行することが必要であると認める金額」の範囲に限られます（徴159①）。

### (3)　保全差押金額の通知

税務署長は、保全差押金額を決定するときは、納税義務があると認められる者に、次に掲げる事項を記載した書面で通知しなければなりません（徴159③、徴令56）。

①　決定した保全差押金額

②　保全差押金額の決定の基因となった国税の年度及び税目

### (4)　保全差押え

税務署長は、保全差押金額を限度として納税義務があると認められる者の財産を直ちに差し押さえることができます。この差押えは、差押え後において納付すべき国税の額が確定したときは、その確定した国税を徴収するためにされたものとみなされます（徴159⑦）。

(注)　上記の「直ちに差し押さえることができる」とは、徴収法第47条《差押の要件》に規定する差押えの要件を充たすことを要せず、又は督促を要せず、納税者の財産の差押えができることをいいます。

なお、保全差押金額の決定後保全差押えをするまでの間に納付すべき国税が確定したときは、その確定した国税の額に相当する保全差押金額については、保全差押えをすることができません（徴基通159－８）。

### ⑸　担保の提供

保全差押金額を通知した場合において、その納税義務があると認められる者がその通知に係る保全差押金額に相当する担保として通則法第50条《担保の種類》各号に掲げるものを提供してその差押えをしないことを求めたときは、徴収職員は、その差押えをすることができません（徴159④）。

### ⑹　差押え又は担保の解除

保全差押えを受けた者が担保を提供して、その差押えの解除を請求したときは、差押えを解除しなければなりません（徴159⑤一）。なお、上記⑸及びこの担保の提供は、担保の提供後において納付すべき国税の額が確定したときは、その確定した国税を徴収するためにされたものとみなされます（徴159⑦）。

また、上記⑶の通知をした日から６月を経過した日までに、保全差押え又は担保の提供に係る国税につき納付すべき額の確定がないときには、その保全差押え又は担保を解除しなければなりません（徴159⑤二、三）。

### ⑺　換価の制限

保全差押えをした財産は、その差押えに係る国税につき納付すべき額の確定があった後でなければ、換価することができません（徴159⑧）。

### ⑻　損害賠償

保全差押え後に国税の納付すべき額として確定した金額が、その保全差押金額に満たない場合において、その差押えを受けた者がその差押えにより損害を受けたときは、国は、無過失であってもその損害を賠償しなければなりません（徴159⑪、徴基通159－27）。

㈱　国の損害賠償責任については、国家賠償法第１条が故意又は過失を要件とする賠償を規定しているが、徴収法第159条第11項は、故意又は過失を要件としておらず、したがって、たとえ故意又は過失がなくても損害賠償をしなければならない（無過失賠償）とされています。

# 第10章　不服審査及び訴訟の特例

## [39]　不服申立ての概要

税務署長が行った差押処分に不服がある場合、どのような対応を行うことができますか。

また、不服申立てにはどのようなものがありますか。

納税者は、税務署長等が行った差押えなどの滞納処分に対して、不服がある場合には、その処分の取消しを求める不服申立てを行うことができます。

この不服申立てには、「再調査の請求」と「審査請求」があります。

「再調査の請求」、「審査請求」から「訴訟」に至る一連の流れ

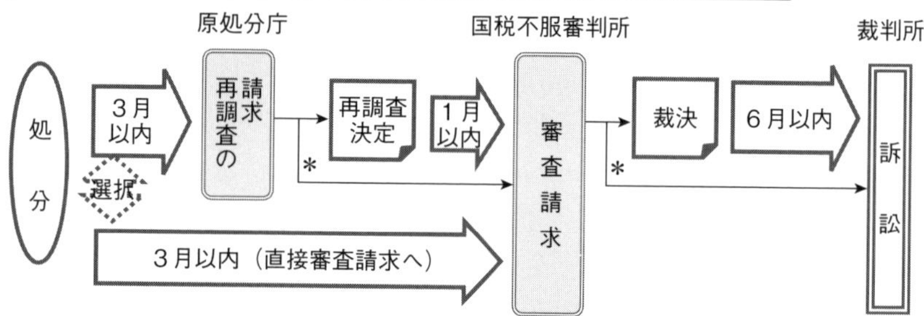


(注)　上記の＊印は、原処分庁、国税不服審判所において、３月以内に決定・裁決がない場合は、決定・裁決を経ないで、審査請求・訴訟をすることができます。

**解説**

### 1　不服申立の構造―不服申立ての種類、不服申立先

#### (1)　再調査の請求と審査請求の選択

国税に関する法律に基づく処分で、次に掲げる処分に不服がある者は、次に定める不服申立てを行うことができます（通75）。

| 処　　　分 | 不　　服　　申　　立 |
|---|---|
| A　税務署長、国税局長又は税関長がした処分（通75①一） | 不服のある者が次のいずれかを選択<br>①　その処分をした税務署長、国税局長、税関長に対する「**再調査の請求**」<br>②　国税不服審判所長に対する「**審査請求**」 |
| B　国税庁長官がした処分（通75①二） | 国税庁長官に対する**審査請求** |
| C　国税庁、国税局、税務署及び税関以外の行政機関の長又はその職員がした処分（通75①三） | 国税不服審判所長に対する**審査請求** |

### ア　「再調査の請求」と「審査請求」の選択（上表のA）

国税に関する処分に不服がある者は、全ての処分につき、直接国税不服審判所長に対して「**審査請求**」をすることができます。また、請求人の選択により、処分庁に対し、審査請求の前に従前の異議申立てに相当する「**再調査の請求**」をすることもできます（通75①一②⑤）。

**参考**　これまでの不服申立制度において、二段階の不服申立前置（異議申立前置）とされてきたのは、国税に関する処分については、不服申立てがあっても、争点が整理されていない、要件事実の認定に関しての見直し調査的な請求が多いことから、このような争いについては、まず原処分庁に不服を申し立てることにより、より簡易かつ迅速に事件の処理を図るとともに、争点を整理して審査請求の手続の整備充実に資する必要があることによるもので、合理的なものとされていました（昭49.7.19最高判参照）。

しかしながら、こうした不服申立前置の在り方については、納税者の利便性の向上を図る観点から、争訟手続における納税者の選択の自由度を増やすことを基本に、原則として二段階となっている現行の仕組みを抜本的に見直す方向で検討がされました。

こうした中、平成28年4月からの行政不服審査法の改正において、①異議申立てが廃止され審査請求に一元化されたこと、②現行の異議申立ては、国税など大量処分であるものなどについては審査請求に前置して処分庁が簡易に処分を見直して決定する「再調査の請求」として規定することとされたことに伴い（行審２、４、５）、通則法においても、審査請求に一元化するとともに、納税者の選択により、再調査の請求ができることとされました。

### イ 「国税庁長官がした処分」に対する不服申立て（上表のＢ）

「国税庁長官がした処分」に対する不服申立ては、国税庁長官に対する「審査請求」により行いますが（通75①二）、国税庁長官が処分の主体とならない滞納処分では該当しません。

㈱　国税庁長官がする処分には、納税地の指定（所18①）や連結納税の承認取消（法４の５①）などがあります。

### ウ 「他の行政機関の長等がした処分」に対する不服申立て

「他の行政機関の長等がした処分」に対する不服申立ては、国税不服審判所長に「審査請求」を行いますが（通75①三）、他の行政機関の長等が滞納処分をすることはないので該当しません。

㈱　他の行政機関の長がする処分には、登記機関による登録免許税の認定処分などがあります。

### エ　納税地の異動・徴収の引継ぎ等があった場合の不服申立て

国税に関する処分に対する再調査の請求は、その処分をした税務署長等に対して行うのが原則です（通75①一）。処分がされた後に納税地が異動した場合には、課税の場合は異動先の税務署長ですが、滞納処分は当該処分を行った税務署長が不服申立先になります（通85①）。

また、徴収の引継ぎ（通43③、④）及び滞納処分の引継ぎ（徴182②、③）により行った滞納処分についても、当該処分を行った国税局長又は税務署長が不服申立先になります。

㈱　滞納処分は「徴収職員」が処分の主体になりますが、不服申立ては当該徴収職員が属する税務署長等に対して行います（通75⑤）。

## ⑵　国税不服審判所に対する審査請求（決定後の審査請求）

再調査の請求（再調査の請求期間が経過した後にされたものその他不適法にされた請求を除きます。）について、「決定」があった場合において、当該請求をした者が当該決定を経た後の処分になお不服があるときは、その者は国税不服審判所長に対して審査請求をすることができます（通75③）。

**処分の形態別の不服申立ての種類及びその不服提出先**

| | 再調査の請求 | 審　査　請　求 | |
|---|---|---|---|
| | 税務署長等 | 国税不服審判所長 | 国税庁長官 |
| 税務署長の処分(A) | ○　税務署長--- | ◎国税不服審判所長 | |
| | 選択 ─── | ○国税不服審判所長 | |
| 国税局長の処分(A) | ○　国税局長--- | ◎国税不服審判所長 | |
| | 選択 ─── | ○国税不服審判所長 | |
| 国税庁長官の処分(B) | | | ○国税庁長官 |

### (3)　再調査の請求について決定を経ない審査請求

再調査の請求をしている者は、次のいずれかに該当する場合には、当該再調査の請求に係る処分について、その決定を経ないで、国税不服審判所長に対して審査請求をすることができます（通75④）。

①　再調査の請求をした日（通則法第81条第３項（再調査の請求書の記載事項等）の規定により不備を補正すべきことを求められた場合にあっては、当該不備を補正した日）の翌日から起算して3月を経過しても当該再調査の請求についての「決定」がない場合

②　その他再調査の請求についての決定を経ないことにつき正当な理由がある場合

## 2　不服申立期間

### (1)　一般的な不服申立て期間

不服申立ては、処分があったことを知った日（処分に係る通知を受けた場合には、その受けた日）の翌日から起算して３か月を経過したときはすることができません。ただし、正当な理由があるときはこの限りではあり

ません（通77①）。

また、審査請求（再調査決定に不服があり第二審たる審査請求に移行する場合）は、再調査決定書の謄本の送達があった日の翌日から起算して１か月を経過したときはすることができません。ただし、正当な理由があるときはこの限りではありません（通77②）。

なお、不服申立ては、処分があった日の翌日から起算して１年を経過したときはすることができません。ただし、正当な理由があるときはこの限りではありません（通77③）。

| ・再調査の請求<br>・審査請求（第１審としての審査請求、始審的審査請求） | 処分に係る通知を受けた日又は処分があったことを知った日の翌日から起算して３月以内（通77①） |
|---|---|
| ・第二審としての審査請求（既に再調査決定を経ている場合） | 再調査決定書の謄本の送達があった日の翌日から起算して１月以内（通77②） |

**不服申立期間の救済…「正当な理由があるとき」**

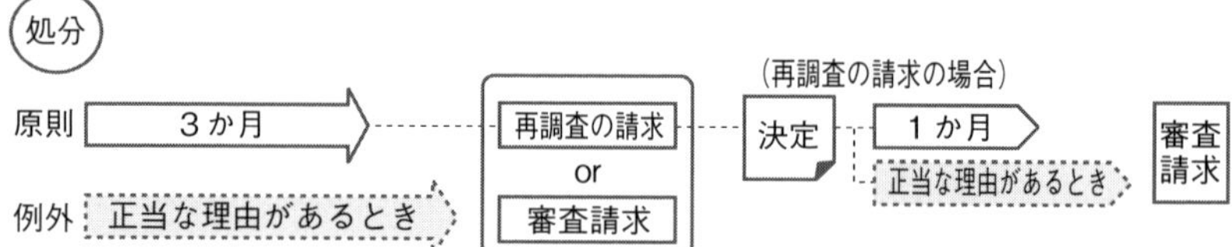


**参考**　「処分があった日」（不基通（国）77－４）

国税通則法第77条第３項の「処分があった日」とは、処分に係る書類の送達があった日（公示送達をしたときは、書類の送達があったものとみなされる日）（通14③）をいいます。

なお、不動産等の差押えについて、滞納者に対する差押書の送達前に差押えの登記又は登録がされた場合など、処分に係る書類の送達があった日とその処分の効力が生じた日が異なる場合は、上記にかかわらず、その処分の効力が生じた日が「処分があった日」になります。

### ⑵　正当な理由があるときの救済

不服申立期間を徒過した場合の救済については、「正当な理由があるとき」は認められます（通77）。

ここにいう「正当な理由があるとき」とは、①誤って法定の期間より長い期間を不服申立期間と教示した場合において、その教示された期間内に不服申立てがされたとき、②不服申立人の責めに帰すべかざる事由により、不服申立期間内に不服申立てをすることが不可能と認められるような客観的な事情がある場合（具体的には、地震、台風、洪水、噴火などの天災に起因する場合や、火災交通の途絶等の人為的障害に起因する場合等）をいいます（不基通（国）77－1、不基通（審）77－1））。

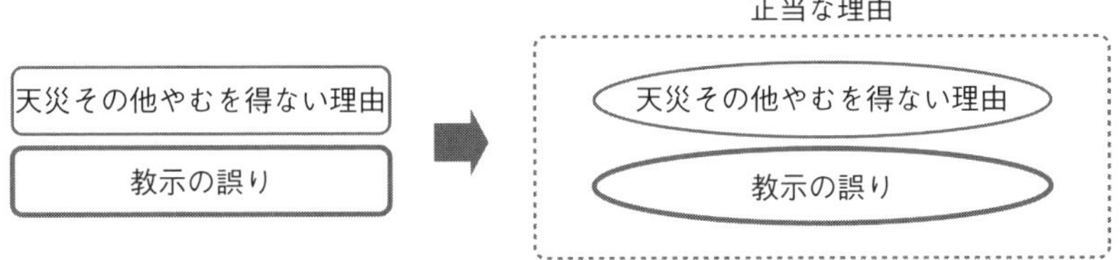


## 3　不服申立て等の期限の特例等

### ⑴　不服申立て等の期限の特例

滞納処分において、次に掲げる処分に関して欠陥があることを理由に行う不服申立ては、それぞれに掲げる期限までに行わなければなりません。ただし、⑴の一般的な不服申立て期限が、次に掲げる特例の期限より先に到来するときは、その先に到来する期限までに不服申立てをしなければなりません（徴171①）。

| 欠陥があるとする処分 | 不　服　申　立　て　期　限 |
|---|---|
| 督　促 | 差押えに係る通知を受けた日（その通知がないときは、その差押えがあったことを知った日）から3月を経過した日 |
| 不動産等についての差押え | その公売期日等 |
| 不動産等について公売公告から売却決定までの処分 | 換価財産の買受代金の納付の期限（この期限までに代金が納付されたかどうかは問いません。） |
| 換価代金等の配当 | 換価代金等の交付期日 |

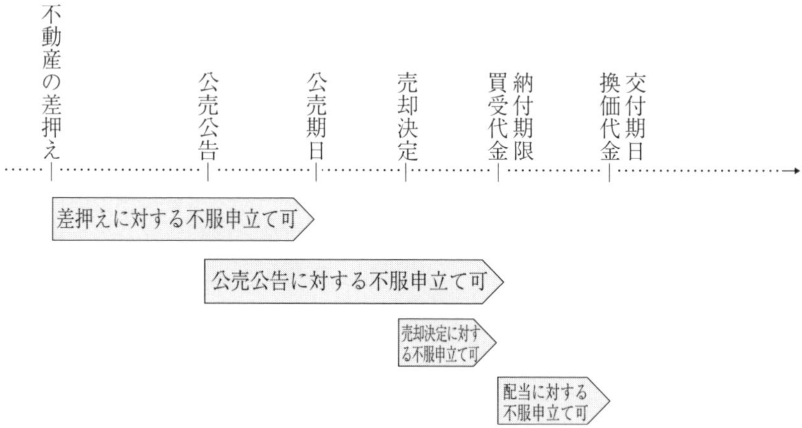

不動産の差押え　公売公告　公売期日　売却決定　納付期限／買受代金　交付期日／換価代金

差押えに対する不服申立て可

公売公告に対する不服申立て可

売却決定に対する不服申立て可

配当に対する不服申立て可

**参考**　発信主義の適用除外

| |
|---|
| ○　郵便又は信書便により提出された再調査の請求書又は審査請求書は、原則として、その郵便物等の通信日付印により表示された日に提出されたものとみなされます（**発信主義**、通22、77④）。 |
| ○　ただし、不動産等の公売公告から売却決定までの処分及び換価代金等の配当に係る再調査の請求書又は審査請求書が郵便又は信書便により提出された場合には、不服申立て先に到達した時にその提出がされたこととなります（**到達主義**、徴171③、徴基通171－９）。 |

### ⑵　差押動産の搬出の制限

引渡命令（徴58②）を受けた第三者が、その命令に係る財産が滞納者の所有に属していないことを理由として、その命令につき不服申立てをしたときは、その不服申立てが係属する間は、徴収職員はその財産の搬出をすることはできません（徴172）。

### ⑶　不動産等の売却決定等の取消しの制限

不動産等について公売公告から売却決定までの処分に欠陥があることを理由として滞納処分に関する不服申立てがあった場合において、その処分は違法であっても軽微なときは、税務署長又は国税不服審判所長は、その不服申立てを「**棄却**」することができます（徴173①）。

## 4　訴訟についての特例

国税に関する法律に基づく処分で不服申立てをすることができるものの「取消訴訟」は、原則として審査請求についての裁決を経た後でなければ、提起することができません（通115①、行訴 8 ）。これを「**不服申立前置主義**」といいます。

ただし、次のいずれかに該当するときは、審査請求についての裁決を経ないで国税の徴収に関する処分の取消しの訴え提起することができます（通115①）。

| 審査請求の手続を経ないで、徴収に関する処分の訴え提起することができる場合 | ①審査請求された日の翌日から起算して 3 月を経過しても裁決がないとき |
|---|---|
| | ②係属している間に、他の更正決定等の取消しを求めようとするとき |
| | ③裁決を経ることにより生ずる著しい損害を避けるため緊急の必要があるとき |
| | ④裁決を経ないことにつき正当な理由があるとき |

## 参考　地方税における不服申立て制度

### 審査請求の事務の流れ

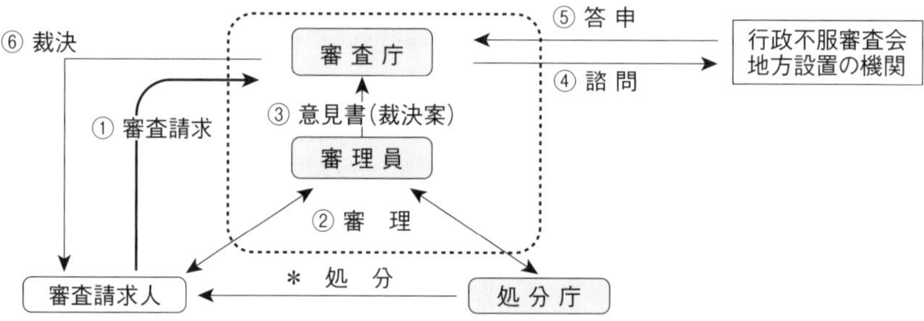


処分庁が行った処分に対し不服があった場合は、処分を行った処分庁の長（例えば市長）に対し「審査請求」を行います（上図①）。

審査請求を受理した審査庁（市における審査担当する部署）は、審理員を指定し、審理員において審査請求内容を審理します（上図②）。その審理員は事案の審理を行いその結果を「審理員意見書」として審査庁に提出し（上図③）、審査庁はこれを踏まえ行政不服審査会の諮問します（上図④）。

行政不服審査会は、当該事案を審査しその審査結果を審査庁に答申します（上図⑤）。

審査庁は、その答申に基づき審査請求人に「裁決書」を送付します（上図⑥）。

### 審査請求に係る関係者

審査請求の提出時の関係者としては、①審査請求人、②審査庁（不服審査担当課）・審査員、③処分庁（処分担当課）があります。

《基本的な構図（三面構造）》

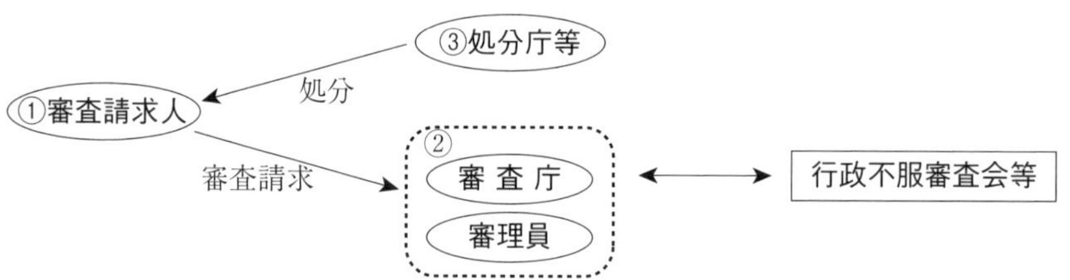


| | |
|---|---|
| 審　査　庁 | 法律等に特別の定めがある場合を除き、原則として、処分庁等の最上級行政庁が該当。審査請求を受け、それに対する応答として、裁決を行います。 |
| 審　理　員 | 審査庁から審理手続を行う者として指名を受けた審査庁に所属する職員で、審査請求の審理に当たって中心的な役割を担います。 |
| 処 分 庁 等 | 審査請求に係る処分をした（審査請求に係る不作為に係る）行政庁。 |
| 行政不服審査会等 | 審査庁の諮問を受けて、審理員が行った審理手続の適正性を含め、審査請求についての審査庁の判断の妥当性をチェックします。 |

## [40]　不服申立てと国税の徴収の関係

不服申立てが行われた場合、税務署長は、その国税について差押えを行うことができますか。また、既に差し押さえがされているときは、不服申立て中にその差押財産を公売することができますか。

不服申立てがなされた場合であっても、それらの申立てがなされたという理由のみで、原処分の執行又は手続の続行を停止することはありません。これを「**執行不停止の原則**」といいます。

これは、不服申立てがなされたという理由だけで原処分の執行を停止することとすると、行政の運営が不当に阻害されたり、国税の徴収の公平を破る結果となるおそれが多分にあるためのほか、執行停止のみを目的とした濫訴の弊を生じることにもなりかねないなどの理由からです。

**解説**

通則法では、執行不停止を原則としながらも、例えば差押財産については換価の禁止を原則とするなど、納税者の権利利益の保護に努めることとしています。また、担保の提供があれば新たな差押えをしないこととするほか、既に差し押さえている財産の差押解除ができることとしています。

更に、行政不服審査法にならって、通則法でも、職権による執行停止に加え、不服申立人に執行停止の申立権を認めることとしています（通105）。

### 1　執行不停止の原則

不服申立ては、その目的となった処分の効力、処分の執行又は手続の続行を妨げないとするのが原則です（通105①）。

| 処分効力の不停止 | 更正・決定に不服申立てがされても、納付すべき税額が確定し、その税額を期限までに納付すべきことの効力が生じること |
|---|---|
| 処分の執行の不停止 | 更正決定税額が所定の期限までに納付されない場合に、不服申立てがされても、督促及び滞納処分を執行しうること |

| 手続の続行の不停止 | 滞納処分手続において、先行処分（差押え）に不服申立てがされても、それに続く処分（差押債権の取立て、取り立てた金銭の充当等）ができること |
|---|---|

### 2　換価の停止

不服申立てがなされた場合には、それについての決定、裁決がされるまでの間、差押財産の換価をすることができません（通105）。

㈲　不服申立てができる要件がなく却下される場合であっても、その不服申立ての決定がされるまでの間は換価は制限されます。

ただし、生鮮食料品等で速やかに公売しないと財産の価額が著しく減少するおそれがあるとき、又は不服申立人（不服申立人が処分の相手方でないときは、不服申立人及び処分の相手方）から別段の申出があるときは、換価をすることができます（通105ただし書）。

#### ⑴　債権の取立て

徴収法第89条第１項において規定する「換価」には取立ては含まれません。また、換価を制限する理由はそれによる回復困難な損害が生じることの防止することですが、金銭債権の取立ては同額の賠償で損害を補填でき、むしろ差押えで履行を制限された第三債務者の履行遅滞の問題などがあるので、債権の取立ては、通則法第105条第１項の「換価」には含まれないと解されています（国税不服審判所昭59.５.14裁決参照）。

したがって、債権の差押え処分に対して不服申立てがされても、履行期が到来すれば被差押債権は取立てられて消滅してしまい、取り消すべき処分が存在しなくなるので、不服申立ては却下になります（大阪地判平12.11.30）。

#### ⑵　不動産等の公売

公売公告以降の処分は、買受代金の納付期限まで不服申立てをすることができますが、それがされたときは換価の制限として、入札等の手続までは行い売却決定はしない取扱いがされています（換価事務提要160⑵イ）。

ただし、不服申立ての決定又は裁決がされて換価の制限が解除される時には、既に公売公告事項である「売却決定の日」及び「買受代金の納付期限」は過ぎているので、それを変更する旨の公売公告（変更公告）を行います（換価事務提要160(2)ハ）。

この変更公告に対しても不服申立てがされれば、続けて売却決定ができない事態が生じますが、繰り返し理由のない不服申立てがされ、公売を不当に遅延させていると認められるときは、売却決定以下の処分をしても違法にはならないとされています（平22.5.20東京高判参照）。

### 3　徴収の猶予等

再調査審理庁又は国税不服審判所長は、必要があると認めるときは、不服申立人の申立てにより、又は職権で徴収を猶予し、又は滞納処分の続行を停止することができます（通105②④）。

### 4　差押えの猶予等

不服申立人は、上記により徴収の猶予等がなされない場合においても、担保を提供して、差押えをしないこと又は既にされている差押えを解除すべきことを、再調査審理庁又は国税不服審判所長に求めることができます（通105③⑤）。

## [41]　訴　訟

差押処分の取消しを求めた審査請求において、「棄却」の裁決がなされましたが、なお不服がある場合、いつまでに訴訟を提起する必要がありますか。

国税不服審判所の裁決があった後の処分になお不服がある場合には、その通知を受けた日から６月以内に裁判所に対して訴えを提起することができます。

**解説**

国税に関する法律に基づく処分の取消しを求める訴訟は、審査請求についての裁決を経た後でなければ、提起することができません（**不服申立て前置主義**、通115①、行訴８）。

しかしながら、通則法第115条第１項では、次のいずれかに該当する場合には、審査請求についての裁決を経ないで、国税の徴収に関する処分の取消しの訴えを提起することができます。

①　審査請求がされた日の翌日から起算して３月を経過しても裁決がないとき（通115①一）
②　更正決定等の取消しを求める訴えを提起した者が、その訴訟が係属している間に当該更正決定等に係る国税についてされた他の更正決定等の取消しを求めようとするとき（通115①二）
③　決定又は裁決を経ることにより生ずる著しい損害を避けるため緊急の必要があるとき（通115①三）
④　決定又は裁決を経ないことにつき正当な理由があるとき（通115①三）

# 第11章　罰　則

## [42]　徴収法上の罰則規定

不動産が滞納処分を受けるのを妨害するため、架空の抵当権を登記していた事実が発覚しましたが、何らかの責めを負うことはありますか。

徴収法においては、国税徴収の確保を侵害する危険を防止するため、滞納処分免脱罪、質問及び検査拒否の罪等の罰則規定を設けています。

**解説**

### 1　徴収法上の罰則規定

徴収法は、国税徴収の確保を侵害する危険を防止するため、滞納処分免脱罪（徴187）、質問及び検査拒否の罪（徴188）等の罰則規定を設けています。

徴収法上の罰則規定 ……
- 滞納処分免脱罪（徴187）
- 質問及び検査拒否の罪（徴188）
- 両罰規定（徴189）

**令和５年度の税制改正において、滞納処分免脱罪の適用対象について見直しが行われています。**

滞納処分免脱罪の適用対象に、納税者等が滞納処分の執行又は徴収の共助の要請による徴収を免れる目的で、その現状を改変して、その財産の価額を減損し、又はその滞納処分に係る滞納処分費を増大させる行為をした場合が加えられました。

㊟　上記の改正は、令和６年１月１日以後にした違反行為について適用されます。

## 2　滞納処分免脱罪

納税者が、滞納処分の執行を免れる目的で、その財産を隠匿し、損壊し、国の不利益に処分し、又はその財産に係る負担を偽って増加する行為をしたときは、その者は、３年以下の懲役もしくは250万円以下の罰金に処し又はその罰金刑と懲役刑とを併科することとされています（徴187①）。

また、納税者の財産を占有する第三者（例えば、財産の保管者、質権者、賃借人等）が納税者に対する滞納処分の執行を免れる目的で同様の行為をしたときには、納税者本人と同様な罪を科することとされています（徴187②）。

更に、情を知って納税者又は納税者の財産を占有する第三者の上記の行為の相手方となった者に対しては、２年以下の懲役若しくは150万円以下の罰金に処し又は懲役刑と罰金刑とを併科することとされています（徴187③）。

### (1)　罰則の成立時期

滞納処分免脱罪の成立は、現実に滞納処分の執行を受けるおそれがある客観的な状態の下において、それを免れる目的をもって同項所定の行為をなすことが必要です（昭35.６.24最高判参照）。したがって、納税義務が申告又は更正等で確定する前には、その客観的な状態にあるとはいえないので罰則の適用はされません（平21.４.28東京高判参照）。

### (2)　告発と証拠の収集

徴収職員は、徴収法上の罰則規定に該当する犯罪行為があると認めたときは、告発しなければなりません（刑事訴訟法239②）。ただし、告発に必要な証拠の収集ついては、特段に犯則事件を担当する職員に委せる必要がないことから、通則法第11章《犯則事件の調査及び処分》の適用はないと解されています。また、徴収法上の調査権限を行使して集めることもできないので（徴147②）、任意に収集したものでなければなりません。

(注)「情を知って」とは、これらの者が、滞納処分の執行を免れ、又は免れさせる目的で上記の隠ぺい等の行為をすることを、その行為の相手方となった者が知っていることをいいます（徴基通187－11）。

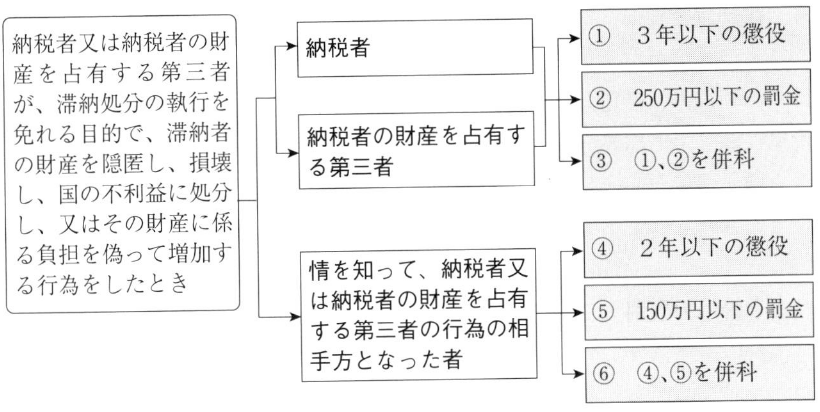


| 犯　罪　行　為　の　態　様 | |
|---|---|
| 隠ぺい | 財産について仮装売買、仮装贈与、財産の隠匿等によって徴収職員による財産の発見を困難にさせる行為（徴基通187－4） |
| 損　壊 | 財産の構造の一部又は全部について損傷を与え、その性質、形状を変える等その財産の財産的価値を害する行為（徴基通187－5） |
| 国に不利益な処分 | 贈与、不当な低額な対価による売買、換価容易な財産と換価困難な財産との交換、賃借権の設定、債務免除その他財産の処分によって国を不利益にさせる一切の行為（徴基通187－6） |
| 財産の負担を虚偽に増加させる行為 | 虚偽に地上権、賃借権を設定する等その財産の価値の減少を仮装する一切の行為（徴基通187－7） |

### 3　質問及び検査拒否の罪

徴収法第141条《質問及び検査》の規定による質問及び検査は、威力をもって強制することはできませんが（その意味での「任意」であり、答えないことの選択がある任意ではありません。）、質問及び検査を受ける対象の滞納者及び取引先等を含む関係者は、それを受忍する義務を負っています。

したがって、質問に対し答弁しなかったり虚偽を答えた場合（徴188一）、検査を拒否しあるいは偽りの記載等をした帳簿書類（電子データを含みます。）を提示した場合は、1年以下の懲役又は50万円以下の罰金に処することとされています（徴188二）。

## 4　両罰規定

法人の代表者（人格のない社団等の管理人を含みます。）又は法人若しくは人の代理人、使用人、その他の従業員が、その法人若しくは人の業務又は財産に関して滞納処分免脱又は検査拒否等の違反行為をした時は、その行為者を罰するほか、その法人又は人に対して、上記２又は３の罰金刑を科することとされています（徴190①）。

## 5　その他の罰則

国税の滞納処分に関する罰則として、次に掲げるとおり、刑法の規定が適用される場合があります。

| 犯罪行為の態様 | | 法定刑 |
|---|---|---|
| 公務執行妨害 | 職務を執行している徴収職員に対する暴行、脅迫（刑95） | ３年以下の懲役若しくは禁錮又は50万円以下の罰金 |
| 封印等破棄 | 徴収職員が動産や自動車などを差し押さえるために施した封印や公示書（徴60②、70③）を損壊する、又はその他の方法によりその封印等の処分を無効にする行為（刑96） | ①３年以下の懲役<br>②250万円以下の罰金<br>③①、②の併科 |
| 強制執行行為妨害 | 自宅の敷地に猛犬を放つなど、偽計又は威力を用いて徴収職員の立ち入り、占有者の確認などを妨害する行為（刑96の３①） | 同上 |
| 強制執行関係売却妨害 | 偽計又は威力を用いて公売を妨害する行為、談合により公売の公正を害する行為（刑96の４） | 同上 |

### ➢　徴収職員の守秘義務

国税の徴収に関する事務に従事している者又は従事していた者が、これらの事務に関して知ることができた秘密を洩らし、又は盗用したときは、２年以下の懲役又は100万円以下の罰金に処されます（通127）。

徴収職員は、財産調査等における滞納整理の過程で納税者の財産上及び一身上の秘密を知りうる立場にあることから、その秘密を洩らした場合、納税者と税務当局の信頼関係が損なわれ、税務行政にも多大な支障をきたすことになることから、国家公務員法第100条の守秘義務違反に対する罰則としての（１年以下の懲役又は50万円以下の罰金）よりも加重された守秘義務違反に対する罰則が科されることになります。

# 第2編

# 滞納処分に関する<br>その他通則的手続等

# 第１章　送達

## [43]　書類の送達等

税務署から滞納者（納税者）に対して発する書類の送達方法には、どのようなものがありますか。

書類の送達には、①郵便又は信書便による送達と②交付送達があります。また、書類の送達ができない事情がある場合には、その送達に代えて、③公示送達ができます。

解説

### 1　書類の送達

国税に関する法律に基づいて、税務署長その他の行政機関の長又はその職員が発する書類は、**郵便**若しくは**信書便**による送達又は**交付送達**により、その送達を受けるべき者の住所又は居所（事務所及び事業所を含みます。）に送達します（通12①）。

国税の賦課、徴収等の行政処分は、原則として、この書類を受けるべき者への送達によって効力が生じます。

(注)　徴収法に基づいて「職員が発する書類」としては、差押書、差押調書謄本、差押通知書などがあります。

#### ➢　書類の送達に注意する理由

書類の送達でもって行う行政処分においては、処分の相手方がその処分の内容を了知しうべき状態（書類の内容を見ているかどうかではない）に置かれることによって、はじめてその相手方に対する処分の効力が生じます（昭57.7.15最高判参照）。

(注)　不動産の差押えは、滞納者に差押書を送達することで効力が生じるので（徴68②)、差押えの登記がされても差押書の送達がなければ差押えの効力は生じません。一方で、債権の差押えは第三債務者に債権差押通知書が送達されていれば、差押えとしての効力は生じますが（徴62③)、滞納者に差押調書謄本が送達されていなければ、処分としての効力は生じません。そのときは、徴収権の時効は更新等されませんし、取り立てた金銭の配当処分は違法になっ

て取り消されます（平28.２.16東京地判）。

### ⑴　送達を受けるべき者

《原　　則》

行政処分を受けるべき納税者（書類の名宛人）

《例　　外》

①　納税管理人
②　被相続人の国税に関する書類を受領する代表者を指定する旨の届出があった場合の相続人代表者
③　法定代理人が明らかな場合の法定代理人等

㈷　納税管理人は滞納処分に関する書類について、国税は送達先になりますが、地方税は送達先になりません（地方税法第20条第１項但書参照）。

### ⑵　送達すべき場所

原則　その送達を受けるべき者の住所又は居所

・事業所等が２以上ある場合の送達…送達すべき書類と緊密な関係ある住所等（通基通12－１）
・所在不明の法人に対する送達………法人を代表する権限を有する者の住所等（通基通12－２）
・無能力者に対する送達………………その者の住所等
その者の法定代理人が明らかな場合は、その法定代理人の住所等（通基通12－３）
・破産者に対する送達…………………破産管財人の住所等（通基通12－４）
・在監者に対する送達…………………その者の住所等
住所等が不明な場合及び本人のために書類を受け取るべき者がない場合は、その者が在監している刑務所等（通基通12－５）

住所とは　　**各人の生活の本拠**（民22）

生活の本拠は、住民登録の場所で画一的に決められないので、本人が介護施設に長期に入居しているなどの、客観的な状況があれば、住民登録地への送達はできません（平30.12.19東京高判）。ただし、複数の場所のうちどこが生活の本拠か分からない場合には、郵便等の配達を受けている場所が送達場所になります（平４.11.19東京地判）。

法人にあっては、その本店又は主たる事務所の所在地（会社４等）。

なお、法人が事実上解散して所在が不明であるような場合（登記簿上の所在地に事務所がないような場合）において、その法人を代表する理事、清算人等の住所又は居所が明らかであるときは、そこに送達するものとされています。

## 2　送達の方法

書類の送達の方法には、①**郵便又は信書便による送達**と②**交付送達**があります（通12①）。また、書類の送達ができない場合には、その送達に代えて③**公示送達**ができます（通14①）。

なお、郵便等による送達と交付送達は、どちらが原則ということはありません（平30.２.22大阪高判）。したがって、送達先の相手が書留郵便等の受領をしないと認められるときは、郵送をせずに、最初から書類を持参し（交付送達）、受領を拒んだときはその場に書類を置いて送達すること（差置送達）ができます（通12⑤二）。

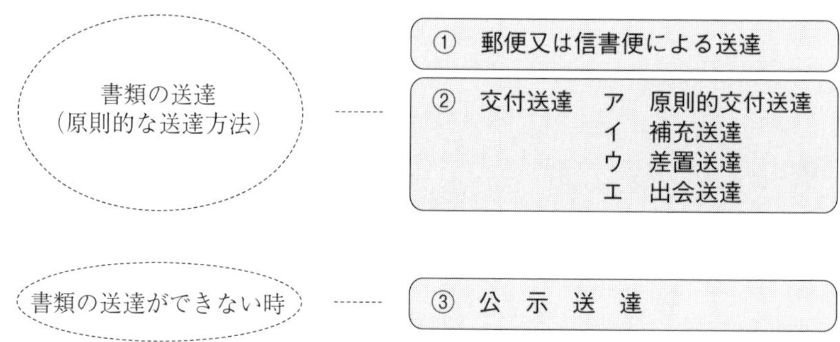


### (1)　郵便又は信書便による送達

#### ア　郵便による送達

郵便による送達には、通常の取扱いによる郵便（郵便法第44条の規定による特殊取扱いによる郵便以外のもの）のほか、更正、決定などの通知書、差押えに関する重要な書類などは、相手方への到達の証明が必要であることから、特殊取扱いによる郵便として、①簡易書留（郵便法45④)、②書留（郵便法45①）及び③配達証明（郵便法47）によることになります。

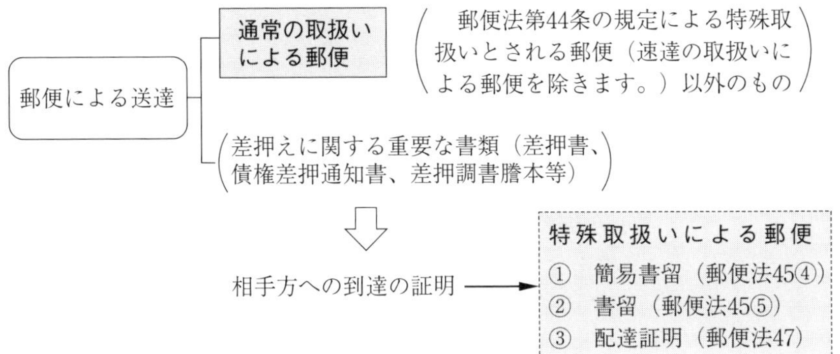


### イ　信書便による送達

平成14年の民間事業者による信書の送達に関する法律の制定により、一定の民間事業者が他人の信書を送達する業務を行うことができるようになったことに伴い、税務署長等が書類を送達する場合に、一般信書便事業者（信書２⑥）又は特定信書便事業者（信書２⑨）による**信書便**（信書２②）により送達することができるようになりました。

**参考**　発付確認を要するのは、通常の取扱いによる郵便又は信書便による場合だけです。書留郵便又は配達証明郵便等により発送した場合には、差出人である税務官庁側に郵便物又は信書便物の引受書が交付され、郵便事業株式会社又は信書便事業者において郵便物又は信書便の引受けから配達に至るまでの記録が作成されます。したがって、必要な場合には、郵便事業株式会社又は信書便事業者の記録により発付確認をすることができるので、通則法第12条第２項の推定規定による必要がありません。

また、交付送達の場合には、送達書が作成され、受領印又は当該職員の記録がされるので、いずれも発付確認手続を要しないこととなります。

### ウ　郵便又は信書便による場合の送達の推定

**送達の推定**　通常の取扱いによる郵便又は信書便によって書類を発送した場合

⇨その郵便物が通常到達すべきであった時に送達があったものと推定される（通12②）。→そのときの郵便又は信書便の事情と地理的事情等を考慮して合理的に判定される時（通基通12－７）

**発付確認**　発送簿の作成

発付確認の証拠とするため、発付した書類の名称、送達を受けるべき者の氏名（法人のときはその名称）、宛先及び発送の年月日が確認できる記録（発送簿）を作成する必要があります（通12③）。

➢　書類の発送記録簿の作成・記録が適切に行われていない場合は、郵送による送達の推定は働かないとした事例があります（平28.２.16東京地判参照）。

### ⑵　交付送達

交付送達とは、税務官庁の職員が送達を受けるべき者に対して直接交付するもので、交付送達の場所は住所又は居所を原則としています。

なお、交付送達には次のようなものがあります。

**交付送達の方法**

| | 交付送達 | | | |
|---|---|---|---|---|
| | 原則的交付送達 | 補充送達 | 差置送達 | 出会送達 |
| 書類の送達場所 | 送達すべき場所 | 送達すべき場所 | 送達すべき場所 | 送達すべき場所以外の場所 |
| 書類の受領者等 | 送達を受けるべき者（名宛人） | 名宛人以外の使用人、同居者など | 不在又は受領拒否 | 送達を受けるべき者（名宛人） |

#### ア　原則的交付送達

送達を行う職員が、送達すべき場所において、その送達を受けるべき者に書類を交付（通12④本文）。

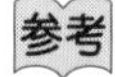

送達を受けるべき者が封筒を受け取り開封しその内容を知った後、

受け取れないとして返却し、送達を行った者がそれを持ち帰ったとしても、交付送達により適法に送達されたことになります（昭62.7.16福岡地判参照）。

### イ　補充送達

送達すべき場所において、書類の送達を受けるべき者に出会わない場合に、その使用人その他の従業員又は同居の者で、送達の趣旨を了解し、名宛人に交付されることが期待できる者（送達の趣旨を了解できる未成年者を含みます。）に、書類を交付（通12⑤一）。

参考
- 「同居の者」とは、送達を受けるべき者と同一の建物内で共同生活をしていれば足り、生計を一にしていることを要しません（通基通12－８）。
- 書類を交付する相手が未成年者であっても、相当の知識能力があれば送達の効力は生じます（大３.７.13行判参照）。

### ウ　差置送達

送達を受けるべき者、その使用人、従業員又は同居の者が送達すべき場所にいない場合、又はこれらの者が正当な理由がなく書類の受け取りを拒んだ場合に、送達すべき場所の玄関内、郵便受箱などにその書類を差し置くことにより送達（通12⑤二）。

### エ　出会送達

送達を受けるべき者に異議がないときは、送達すべき場所以外の相手方と出会った場所、その他相手方の了解した場所（例、勤務先など）で書類を交付（通12④ただし書）。

㊟　例えば、送達を受けるべき者（名宛人）の勤務先は、その者の住所又は居所ではないことから原則的な送達場所になりませんが、その者に異議のないときは、そこで書類を交付して送達することができます。

### オ　交付送達の手続

交付送達をしたときは、その旨を記載した書面（送達記録簿）を作成し、原則的交付送達及び出会送達、補充送達においては、書類を交付した相手から受領したことの署名を求めます（通規１①）。

なお、差置送達は送達記録簿にその旨を記載します（通規１②)。

### (3) 送達の効力発生時期

**送達の効力発生時期**

郵便又は信書便による発送又は交付送達は、送達を受けるべき者の住所又は居所等に送達します。この送達の効果は、受取人が了知し得べき状態におかれた時、すなわち本人若しくはその使用人等に交付した時又は送達すべき場所に差し置いた時（郵便受箱に投入されたような時）に生じ、このようにして、ひとたび送達の効力の生じた書類が返還されても、送達の効力に影響を及ぼしません（昭14.12.26行判参照)。

書類の送達の効力 ⇒

書類が社会通念上送達を受けるべき者の支配下に入ったと認められる時（送達を受けるべき者が了知し得る状態におかれた時）

＊いったん有効に書類が送達された以上、その返戻があっても書類の送達の効力には影響はありません（通基通12－10)。

《具体例》

・郵便による送達の場合……郵便受箱に投入された時
・交付送達の場合……………送達を受けるべき者又はその使用人などに交付した時
・差置送達の場合……………郵便受箱などに差し置いた時

**参考**　**名宛人の表示に誤記があった場合の送達の効力**

名宛人の表示に誤記があった場合における送達の効力については、行政処分の表示が誤記であることが明白であり、かつ、その真意とすることを知り得るときは、その意思とするところに従ってその効力を生ずるとして、「高畠辰雄」とすべきところを「高畑辰雄」と誤記した書類の送達は有効であるとした判決があります（昭39.５.14大阪地判参照)。

## 参考　書類の送達一覧表

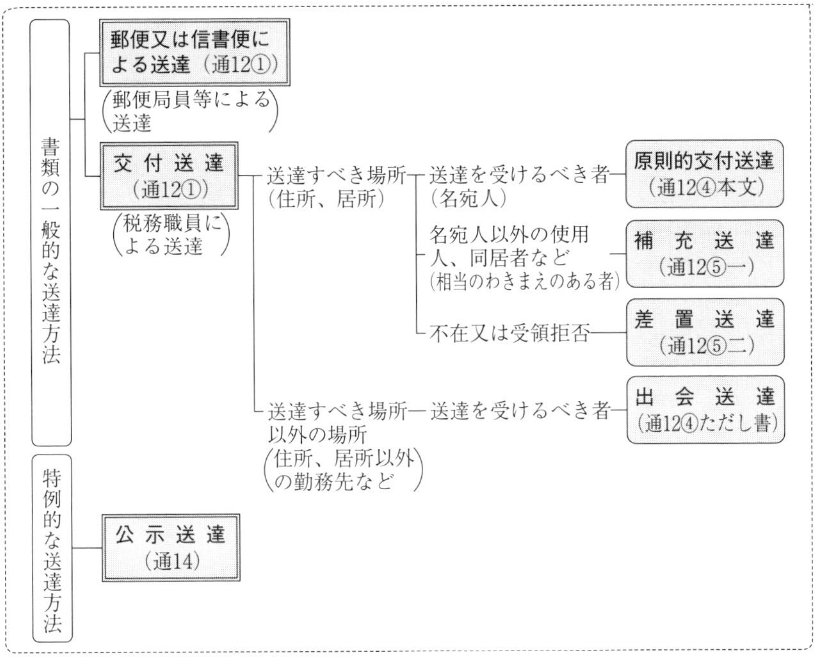


## 3　公示送達

### (1)　公示送達の要件

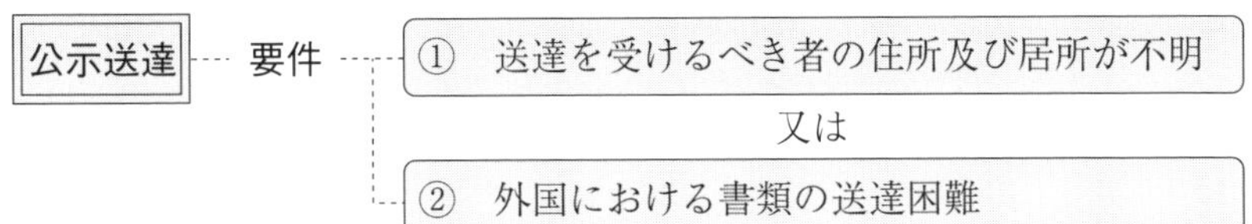


公示送達は、①書類の送達を受けるべき者の住所及び居所が不明である場合、②外国においてすべき送達につき困難な事情（天災、動乱の発生など）があると認められる場合には、郵便又は信書便による送達及び交付送

達ができないので、その送達に代えて行うものです（通14①）。なお、単に、郵便物が返戻されてきたという理由だけで、実地調査などの所要の調査を行わないで公示送達しても、公示送達の効力は生じません。

㈟１　「住所及び居所が明らかでない場合」とは

送達を受けるべき者について、通常必要と認められる調査（市町村役場、近隣者、登記簿等の調査）をしても、住所等が不明な場合をいいます（通基通14－１）。

なお、所要の調査をすれば、住所等が判明すべきであったにもかかわらず、単に一回限りの郵便による送達があて先不明で返戻されたこと等を理由として所要の調査をしないで、公示送達をしたときには、公示送達の効力が生じないこととされています（昭７.12.23行判、昭44.３.５東京地判参照）。また、公示通達の有効性が認められた訴訟では、職員による現地確認が行われています。

２　「外国においてすべき送達につき困難な事情があると認められる場合」とは

書類の送達をしようとする外国につき国交の断絶、戦乱、天災、又は法令の規定等により書類を送達することができないと認められる場合をいいます（通基通14－２）。

３　滞納者の住所等が外国にある場合でも、「租税に関する相互行政支援に関する条約」による徴収共助の対象となる租税に関する書類については、条約相手国の権限ある当局に嘱託して送達することができます（同条約17、租税条約等の実施に伴う所得税法、法人税法及び地方税法の特例等に関する法律11の３）。

### ⑵　公示送達の方法

公示送達は、①送達を受けるべき書類の名称、②送達を受けるべき者の氏名及び③その書類をいつでも送達を受けるべき者に交付する旨を、税務署等の掲示場に掲示して行います（通14②）。

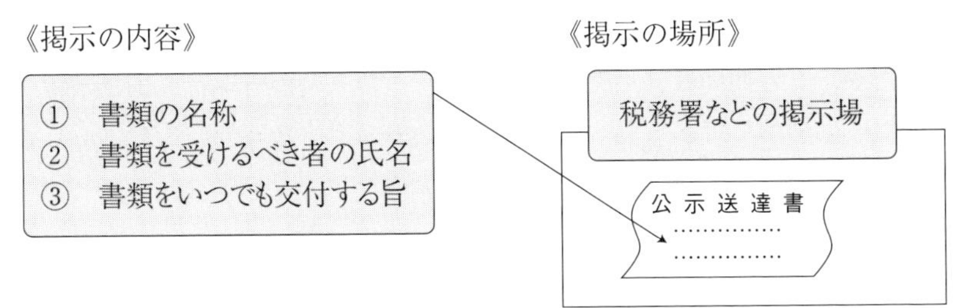


この掲示は、公示送達の効力が発生する時まで継続して行います。掲示をした後、送達の効力発生前にその掲示書が脱落した場合には、それにより効力が失なわれることはありませんが、速やかに再掲示し、この場合でも、掲示すべき期間は、通常当初の掲示を始めた日から計算します（通基通14－３、４）。

**参考** 外国においてすべき送達については、徴収共助条約が発効している国に対しては同共助により相手国の当局が送達を行います。それ以外の国で直接送達することが困難な事情（法律の適用上困難な場合を含みます。）があるときは、公示送達を行いますが、それに併せて相手方の住所等が判明している場合は、公示送達があったことを通知できます（通規１の２）。

### (3)　公示送達の効力

**公示送達の効力** ⇨その掲示を始めた日から起算して７日を経過した日

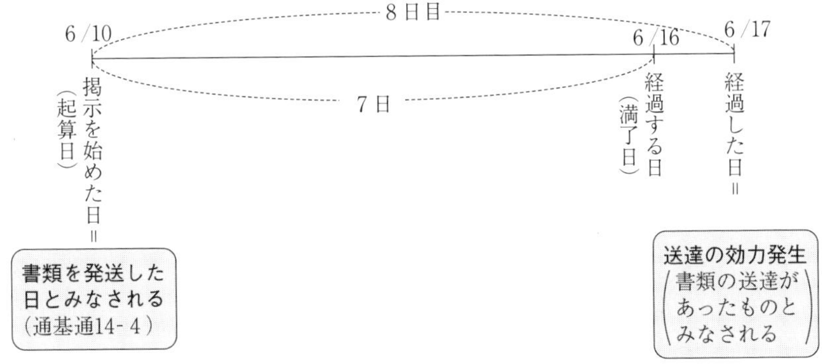


公示送達は、その掲示を始めた日から起算して７日を経過した日、すなわち掲示を始めた日を含めて８日目にその送達の効力が生じます（通14

③)。

なお、この期間は、不変期間であり、その末日が日曜日、国民の祝日その他一般の休日であっても公示送達の効力の生ずる時期に影響はありません。

**参考**　公示送達した場合の差押えの着手

公示送達の方法により督促状を送達した場合、滞納処分による差押えに着手することができる日は、一般に、徴収法第47条第１項第１号に規定する「滞納者が督促を受け、その督促に係る国税をその督促状を発した日から起算して10日を経過した日までに完納しないとき」ですから、この公告を始めた日を含めて11日目の日までに完納されないことが明らかになったその翌日、すなわち12日目の日から差押えができます。

**参考**　公示送達の方法等の見直し

1　令和５年度税制改正において、公示送達の方法等の見直しが行われました。公示事項については、これまで行われてきた「送達すべき書類の名称」の公示を不要とするとともに、送達すべき書類を特定するために必要な情報、送達を受けるべき者の氏名、及び税務署長その他の行政機関の長がその書類をいつでも送達を受けるべき者に交付する旨を公示することとされました。また、公示の方法については、財務省令で定める一定の方法（インターネットを利用する方法が予定されています。令和５年度税制改正大綱参照）により不特定多数の者が閲覧することができる状態に置く措置をとるとともに、公示事項が記載された書面を当該行政機関の掲示場に掲示し、又は公示事項を当該行政機関に設置した電子計算機の映像面に表示したものの閲覧をすることができる状態に置く措置をとることによって行うこととされました(通14②)。

そして、上記の措置を開始した日から起算して７日を経過したときに、書類の送達があったものとみなすこととされました（通14③)。

2　この改正は、民事訴訟手続のIT化等の観点から、民事訴訟法111条(公示送達の方法）等が改正されたこと（令和４年法律第48号）を踏まえたものであり、それら他法令における公示送達制度の見直しの適用時期を踏まえ、交付の日から起算して３年３月を超えない範囲内において政令で定める日から施行することとされています（通改正附則①七)。

# 第2章　期間・期限等

## [44]　期間と期限

提出期限とか猶予期間など、よく「期限」「期間」という言葉を聞きますが、この「期限」と「期間」との違いはどのようなものですか。

「期間」とは、ある時点からある時点までの継続した時の区分をいい、例えば「災害のやんだ日から２月以内」という場合をいいます。

また、「期限」とは、法律行為の効力の発生、消滅又はこれらの法律行為と事実行為の履行が一定の日時に決められている場合における、その一定の日時をいい、例えば「翌月10日」という場合をいいます。

**解説**

### 1　期間

通則法第10条第１項にいう「期間」とは、ある時点からある時点まで継続した時の区分をいいます。ただし、その期間の計算というのは確定日から確定日までというような明確で疑問の余地のない場合をいうのではなく、「…から10日以内」、「…から１月後」というように計算をして当該期間を明らかにする必要があるもの、すなわち日、月又は年をもって定められている期間をいいます。

**期間とは**　ある時点からある時点までの継続した時の区分

㊟「一般に「期間」とは、ある時点から他の時点までの時間的隔たりといった、時的連続性を持った概念であると解されている」（平22.3.2最高判参照）

**期間の計算**

国税に関する法律において、日、月又は年をもって定める期間の計算は、次により行います（通10①）。

ただし、「２月16日から３月15日まで」（所120①）のように、確定日から確定日までに定められている期間については、期間の計算を行う必要がないことから、期間計算の規定（通10①）は適用されません。

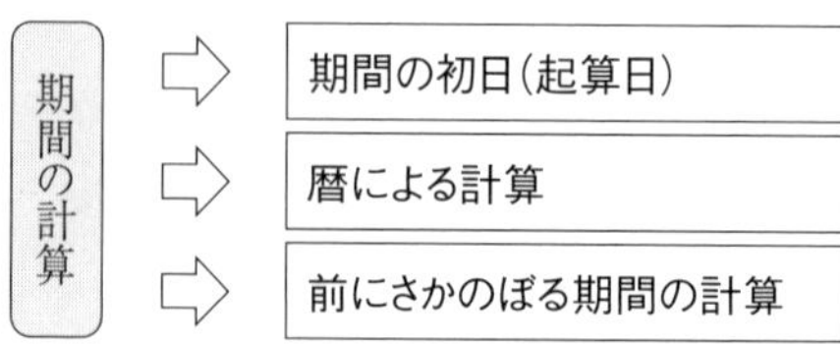


㈱「週」に関する規定……国税に関する法律のなかには、「週」に関する規定はありません（民法第140、143条参照）。

### (1) 期間の初日（起算日）

初日不算入

期間が日、月又は年をもって定めている場合には、期間の初日は算入しないで、翌日を起算日とするのが原則です（通10①一）。

㈱ 例えば、通則法第46条第１項《納税の猶予》において、「災害のやんだ日から２月以内」、「納期限から１年以内」とあるのは、初日を算入しないで、翌日から起算します。　☞ 民法第140条参照

（例）その理由のやんだ日から２月以内

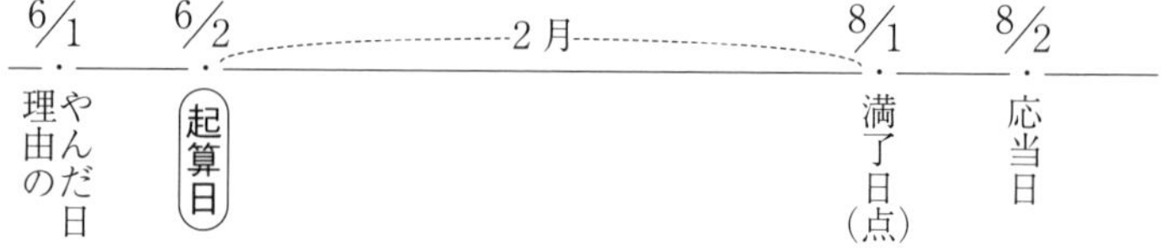


初日算入

期間が午前零時から始まるとき、又は特に初日を算入する旨の国税に関する法律に別段の定めがあるときは、初日を起算日とします（通10①一ただし書）。

㈱ 税法の規定中、期間計算の原則に対する特別規定として、「……した日から起算して」と規定し、初日を算入する例も多いです（通14③、58①、77、所111③等）。

（例）終了の日の翌日から２月以内（法74①）

＊「～の日の翌日から……」午前零時から始まります。

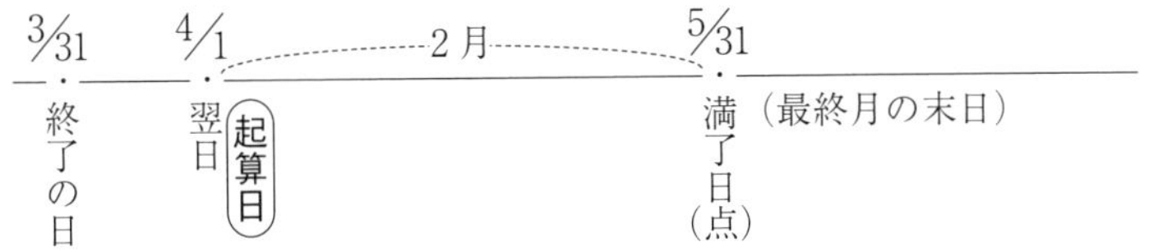


### ⑵　暦による計算

期間を定めるのに月又は年をもってしたときは、暦によって計算します（通10①二）。これは日に換算して計算しないで暦により応当する日を決めるということです。

ここに「暦によって計算」とは、１月を30日又は31日とか、１年を365日というように日に換算して計算することなく、例えば、１月の場合は翌月において、起算日に応当する日（以下「**応当日**」といいます。）の前日を、１年の場合は翌年の起算日の応当日の前日を、それぞれの期間の末日として計算することをいいます。

（例）損失を受けた日以後１年以内に納付すべき国税（通46①）

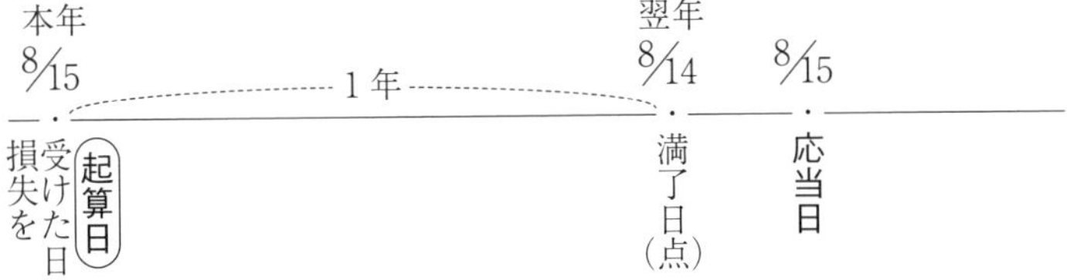

**満了点**

月又は年の始めから期間を起算するとき ⇨ **応当の月又は年の末日の終了時点（午後12時）が期間の満了点**

（例）「５月１日から起算して２月」とは、６月30日をもって満了します。

月又は年の始めから期間を起算しないとき ⇨ **最後の月又は年においてその起算日の応当日の前日の終了時点が期間の満了点**

（例）「令和２年４月２日から起算して３年」とは、３年を経過した応当日である令和５年４月２日の前日４月１日が末日となります。

この場合、最後の月に応当日がないときには、その月の末日の終了時点が期間の満了点（通10①三ただし書）

（例）「12月31日から起算して２月」とは、２月末日が期間の末日となります。

### ⑶　前にさかのぼる期間の計算

期間の計算が過去にさかのぼる場合には、その起算日が「法定納期限の１年以上前」（徴35①）のように、丸１日として計算できる場合を除き、その前日を第１日として過去にさかのぼって期間を計算します。

《設例》　公売の日の少なくとも10日前までに（徴95①）

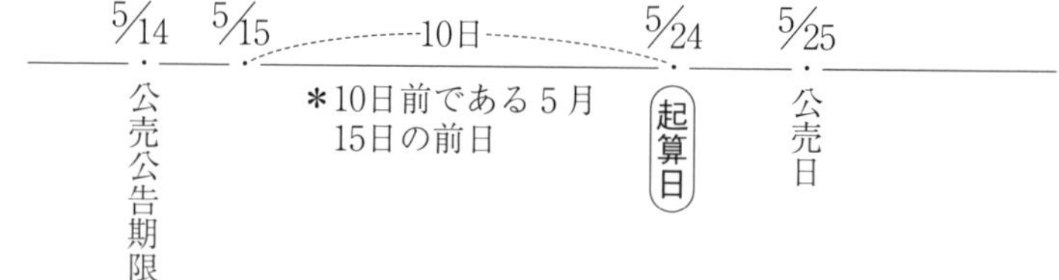

公売日の前日（5/24）を第1日として、さかのぼって10日目（5/15）に期間が満了します。したがって、その前日の11日目の日（5/14）までに公売公告をしなければならないことになります（通基通10－2）。

## 2　期限

### (1)　期限の意義

**期限とは**　**法律行為の効力の発生、消滅又はこれらの法律行為と事実行為の履行が一定の日時に決められている場合における、その一定の日時**

期限には、確定日によるもの（翌月10日、3月15日、7月31日等）のほか、期間の末日も含まれます。

### (2)　延期される期限

国税に関する法律に定める申告、申請、請求、届出その他書類の提出、通知、納付又は徴収に関する期限（時をもって定める期限などを除きます（通令2①）。）が日曜日、国民の祝日に関する法律に定める休日、その他一般の休日又は政令で定める日に当たるときには、これらの日の翌日が期限となります（通10②）。

（例）所得税の確定申告

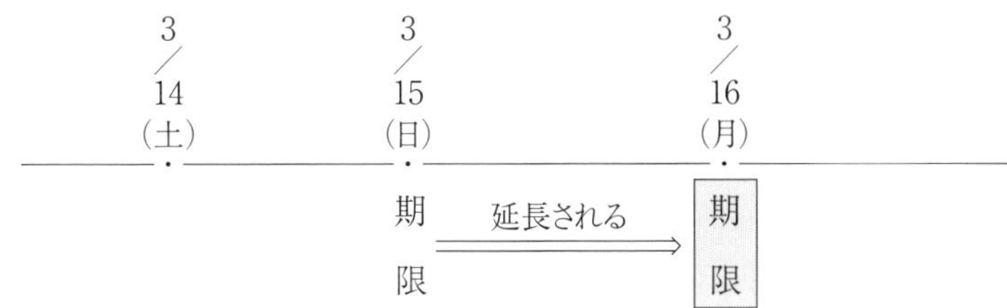


(注)　3月15日が土曜日のときには、3月17日まで延長（2日延長）されます。

**一般の休日とは**　**日曜日、国民の祝日に関する法律に規定する休日以外の全国的な休日**

行政機関の休日に関する法律第1条第1項第3号

《行政機関の休日》に掲げる日のうち、１月２日及び３日は、通則法第10条第２項の「一般の休日」に該当します（昭33.６.２最高判参照）（通基通10－４）。

☞　国民の祝日に関する法律参照

### ⑶　延期されない期限

通則法第10条第２項の規定の適用により延期される期限は、国税に関する法律に定める申告、申請、請求、届出その他書類の提出、通知、納付又は徴収に関する期限ですが、同項の規定（かっこ書）及びその解釈から次に掲げる期限は除かれます。

つまり「延期される期限」には、次に掲げる期間の末日等は含まれません（通基通10－３）。

| 延期されない期限 | | |
|---|---|---|
| | 時をもって定める期限 | 「出国の時」を期限とする場合（通令２①一）（出国する場合の所得税の申告期限） |
| | 行政処分により定める期限 | 申請に基づき納期限の延長を承認する場合（所132、133） |
| | 国税の申告等に関する期限以外の期限 | ①単に計算の基準としている期間の末日（所得税における暦年の末日）<br>②課税内容を定める際に基準となる期間の末日<br>③一定事実の判断の基準としている期間の末日（所105、例：予定納税基準額の計算の基準日「その年６月30日」） |
| | 政令に定める期限(通令２①) | 引取りに係る消費税の徴収の期限(消50②)等 |

## 期間計算の具体例一覧

| 用語 | 説明 | 用例 | 図示 |
|---|---|---|---|
| ～から | 原則<br>初日不算入<br>（通10①一本文） | その理由がやんだ日から２月以内（通11） | 8/10 その理由がやんだ日 ― 11 起算日 ―（２か月）― 10/10 満了日 ― 11 応当日 |
| | | 公売期日から10日以内に行われるとき（徴107③） | 10/15 公売期日 ― 16 起算日 ―（10日）― 25 満了日 |
| | 特例<br>初日算入<br>（通10①一ただし書） | 相続の開始があったことを知った日の翌日から10月以内（相27①） | 3/5 知った日 ― 3/6 翌日 起算日 ―（10か月）― 1/5 満了日 ― 1/6 応当日 |
| | 期間が午前０時から始まるとき | 当該事業年度開始の日以後６月を経過した日から２月以内に（法71①） | 4/1 開始の日 ―（６か月）― 9/30 ― 10/1 起算日 ―（２か月）― 11/30 満了日 |
| ～から起算して | 期日の初日を明確にする場合に用いられる。<br>（通10①一ただし書）<br>国税に関する法律に別段の定めがあるとき | その通知に係る書面を発した日から起算して１月を経過した日後でなければ督促できない（所116） | 9/15 発した日 起算日 ―（１か月）― 10/14 経過する日 ― 15 経過した日 |
| | | 納期限は、当該告知書を発する日の翌日から起算して１月を経過する日（通令8） | 10/25 発する日 ― 26 翌日 起算日 ―（１か月）― 11/25 経過する日 ― 26 応当日 |
| | | 督促状を発した日から起算して10日を経過した日までに完納しないときは差押えをしなければならない（徴47①一） | 7/25 発した日 起算日 ―（10日）― 8/3 経過する日 ― 4 経過した日 ― 5 差押え |
| 暦に従う | 期間を月で定めた場合<br>（通10①二・三） | （月の途中から起算する場合）<br>不服申立ては処分があったことを知った日の翌日から起算して３月以内にしなければならない（通77①） | 6/10 知った日 ― 11 翌日 起算日 ―（３か月）― 9/10 満了日 ― 11 応当日 |
| | | （月の始めから起算する場合）<br>不服申立ては処分があったことを知った日の翌日から起算して３月以内にしなければならない（通77①） | 7/31 知った日 ― 8/1 翌日 起算日 ―（３か月）― 10/31 満了日 |
| | | （最後の月に応答する日がない場合）<br>更正通知書又は決定通知書が発せられた日の翌日から起算して１月を経過する日までに納付しなければならない（通35②二） | 1/30 発せられた日 ― 31 翌日 起算日 ―（１か月）― 2/28（29）満了日 ― 応当日無 |

| 用　語 | 説　　明 | 用　　例 | 図　　示 |
|---|---|---|---|
| 暦に従う | 期間を年で定めた場合（通10①二・三） | （年の始めから起算する場合）その納期限から１年以内の期間を限り（通46本文） | 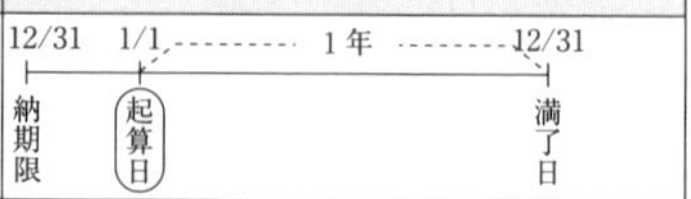 12/31 納期限、1/1 起算日、1年、12/31 満了日 |
| | | （年の途中から起算する場合）その納期限から１年以内の期間を限り（通46本文） | 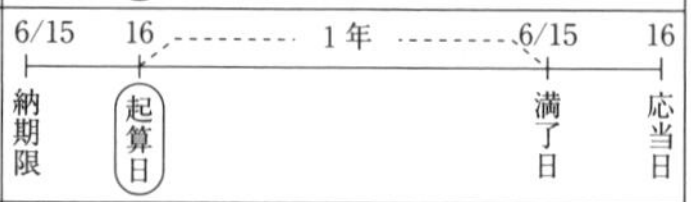 6/15 納期限、16 起算日、1年、6/15 満了日、16 応当日 |
| 以　前 | 起算点となる日時を含む | 法定納期限等以前に（徴15） | 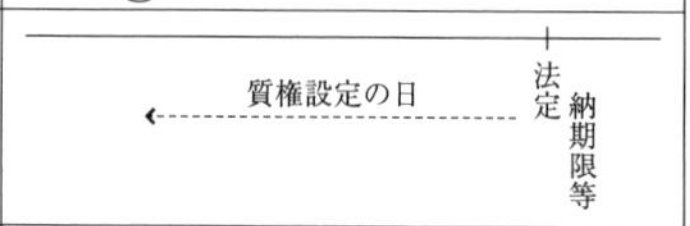 質権設定の日、法定納期限等 |
| 以　後 | 起算点となる日時を含む | 支払期日以後に納期限の到来する（通55①二） | 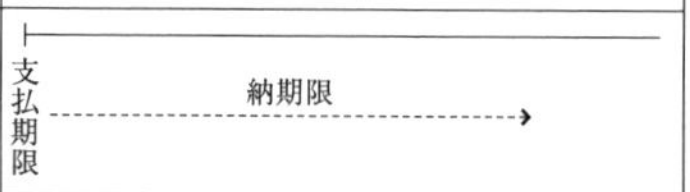 支払期限、納期限 |
| 前 | 起算点又は満了点となる日時を含まない | 公売の日の少なくとも10日前までに、公告しなければならない（徴95①） | 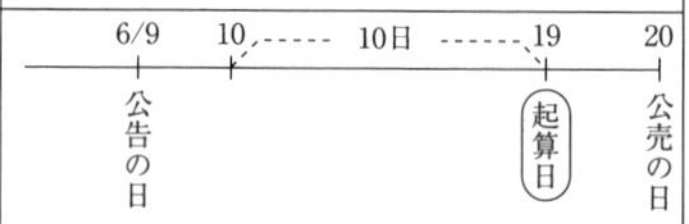 6/9 公告の日、10、10日、19 起算日、20 公売の日 |
| 後 | 起算点又は満了点となる日時を含まない | その法定納期限後に納付する（通60①三） | 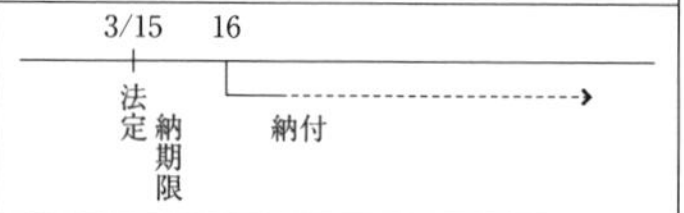 3/15 法定納期限、16、納付 |
| 以　内 | 期間の満了点となる日を含む | 法定申告期限から１年以内に限り | 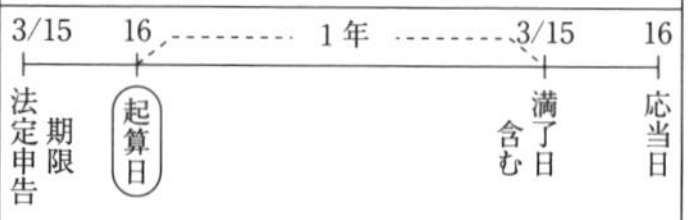 3/15 法定申告期限、16 起算日、1年、3/15 満了日 含む、16 応当日 |
| 経過する日 | 期間の末日となる日 | 発せられた日の翌日から起算して１月を経過する日（通35②二） | 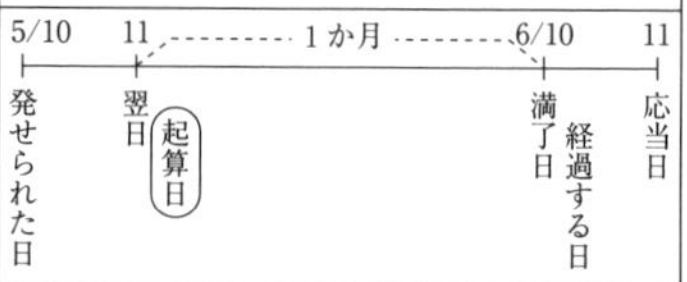 5/10 発せられた日、11 翌日 起算日、1か月、6/10 満了日 経過する日、11 応当日 |
| 経過した日 | 期間の末日の翌日 | 掲示を始めた日から起算して７日を経過したときは（通14③） | 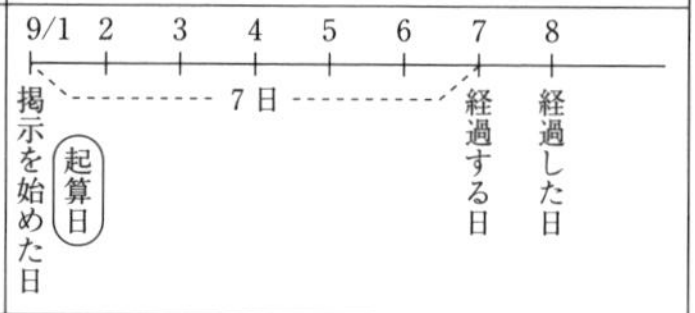 9/1 掲示を始めた日 起算日、2、3、4、5、6、7、7日、7 経過する日、8 経過した日 |

（令和４年版　図解 国税通則法Ｐ57より引用）

## 3　災害等による期限の延長

### (1)　災害等による期限の延長の要件等

災害その他やむを得ない理由により、各税法に基づく申告、申請、請求、届出その他書類の提出、納付又は徴収に関する期限までに、その書類の提出や納付ができない場合には、その理由がやんだ日から２月以内に限り、これらの期限を延長することができます（通11）。

この延長をする必要が生じた場合には、その理由が都道府県の全部又は一部にわたるときには、国税庁長官が職権で地域及び期日を指定し（**地域指定**）、また、その理由が個別の納税者にあるときは、納税者の申請により、税務署長などが納税者ごとに期日を指定し（**個別指定**）、期限を延長することができます（通令３）。

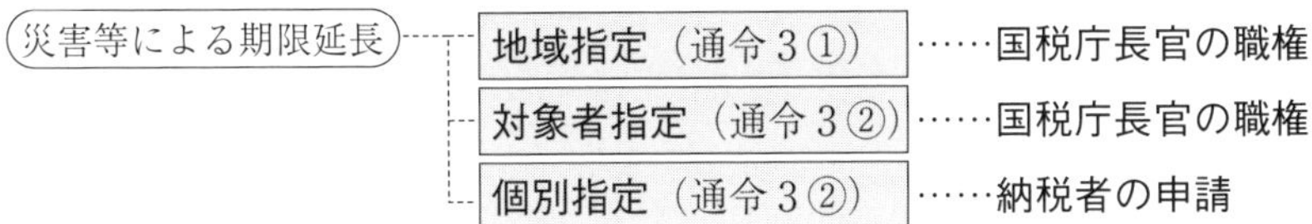


**地域指定と個別指定**

災害等の発生

・都道府県の全部又は一部地域（広範囲）……………… 国税庁長官の指定（地域、期日）　**地域指定**

・対象者が多数……………… 国税庁長官の指定（対象者の範囲、期日）　**対象者指定**

・個別的事例ないし狭い範囲内の事例 ⇨ 納税者の申請 ⇨ 国税庁長官、国税局長、税務署長等の指定（地域、期日）　**個別指定**

**延長することができる期間**　**その理由がやんだ日から２月以内**

**期限延長の効果**

・**法定申告期限その他の期限が延長**
　→　その延長後の期限が法定申告期限、法定納期限その他の法定の期限
・**更正決定に係る国税の納期限その他の具体的納期限が延長**
　→　その延長期間に対応する部分の延滞税及び利子税が免除（通63②、64③）

**「災害その他やむを得ない理由」とは**

「災害その他やむを得ない理由」とは、国税に関する法令に基づく申告、申請、請求、届出、その他書類の提出、納付又は徴収に関する行為（以下「申告等」といいます。）の不能に直接因果関係を有するおおむね次に掲げる事実をいい、これらの事実に基因して資金不足を生じたため、納付がで

きない場合は含まれません（通基通11－１）。

⑴　地震、暴風、豪雨、豪雪、津波、落雷、地すべりその他の自然現象の異変による災害

⑵　火災、火薬類の爆発、ガス爆発、交通途絶その他の人為による異常な災害

⑶　申告等をする者の重傷病、申告等に用いる電子情報処理組織で国税庁が運用するものの期限間際の使用不能その他の自己の責めに帰さないやむを得ない事実

**地域指定及び対象者指定と個別指定による延長との関係**

通則法施行令第３条第１項（地域指定）又は第２項（対象者指定）の規定により期限を延長した場合において、その指定期日においても、なお申告等ができないと認められるときは、災害その他やむを得ない理由のやんだ日から２月を限度として、同条第３項（個別指定）の規定によりその期限を再延長することができます（通基通11－３）。

**地域指定と対象者指定による延長との関係**

通則法施行令第３条第１項（地域指定）の規定による期限の延長が適用されている納税者が、地域指定の適用がなければ、同条第２項（対象者指定）の規定による期限の延長の対象となる場合において、地域指定により延長された期限が先に到来したときは、対象者指定による期限の延長の適用があります（通基通11－４）。

**「理由のやんだ日」とは**

「理由のやんだ日」とは、災害の場合は、災害が引き続いて発生するおそれがなくなり、申告、申請、納付等の行為をするのに差し支えがないと認められる程度の状態に復した日をいいます。この判定は、地域指定の場合は、被災地を所轄する国税局長の意見を徴して国税庁長官が、個別指定の場合は、税務署長（２以上の税務署の管轄にわたるときは所轄の国税局長）が、それぞれ被災地域を指定し一律に行うか又は個別的に行うことになっています。

**参考**　**やむを得ない理由に当たらない場合**

・　法の不知（昭38.12.17新潟地判参照）
・　多忙（昭41.8.23札幌地判参照）
・　通知書を受領した代理人の過失・怠慢（昭25.9.21最高判参照）
・　相手方が休暇中又は処分の相手方が外国人であるため翻訳に時間が必要であること（昭44.5.2最高判参照）

### ⑵　延長の対象となる期限

通則法第11条の規定により延長される期限は、国税に関する法律に基づく申告、申請、請求、届出その他書類の提出、納付又は徴収に関する期限です。したがって、通則法第10条第２項《期限の延長》の「国税に関する

法律に定める…期限」と異なり、国税に関する法令に基づく行政処分により定められる期限も含まれますが（通基通11－２）、次に掲げる期限については、通則法第11条の適用はありません。

①　出国等に関し時をもって定める期限

②　国税の申告等に関する期限以外の期限

・　法定納期限（通２八）が延長されるので、延滞税が課される起算日は、その延長された日の翌日になります。

・　担保権及び譲渡担保権との調整を行う際の「法定納期限等」及び徴収法第39条の無償譲渡等の第二次納税義務を追及する際の法定納期限は、この延長された期限になります。

### ⑶　期限の延長に関する特則

①　不服申立ての期限（通77①②）

②　内国消費税課税物品の未納税移出、特定用途免税等に係る移入証明書の提出期限（酒28③、た12③等）

③　法人税の確定申告書等の提出期限（法75）

# 第３章　納税緩和制度

## [45]　納税の緩和、猶予及び担保

納税者の納付困難等の事情を考慮して、一定の要件の下、納税を緩和する制度があると聞いていますが、この納税緩和制度について説明してください。

納付すべき税額が確定した後、納税者は、その確定した国税を納期限までに納付し、納税義務を消滅させることが求められます。しかしながら、国税の性質及び納税者の個別事情により、納付を強制することが適当でない場合に、一定の要件に基づき、国税の納付又は徴収を緩和して納税者の保護を図る措置が採られています。これを**納税の緩和制度**といいます。

**解説**

### 1　納税の緩和制度の種類

**納期限の延長**……
- ・災害等による期限の延長
- ・消費税等についての納期限の延長
- ・法人税についての納期限の延長等

**延　　納**……
- ・所得税の延納
- ・相続税又は贈与税の延納

**納税の猶予**……
- ・災害により相当な損失を受けた場合の猶予
- ・災害、病気、事業の廃止等の場合の猶予
- ・納付すべき税額の確定が遅延した場合の猶予

**納 税 猶 予**……
- ・農地等についての相続税又は贈与税の納税の猶予
- ・事業承継に係る非上場株式等についての相続税又は贈与税の納税猶予

**換価の猶予**

**滞納処分の停止**

**徴収の猶予**
- 行政処分を求める場合の猶予
- 不服申立ての場合の徴収の猶予

**その他の緩和制度**
- 源泉徴収の猶予
- 滞納処分の続行の停止又は中止

## 納税の緩和制度一覧表

| 区分 | 対象税目 | 要件 | 申請の要否 | 緩和期間 | 担保 | 利子税・延滞税 |
|---|---|---|---|---|---|---|
| 納期限の延長 | すべての国税 | 災害などを受けた場合（通11） | 否（通令3①）<br>要（通令3②） | ２月以内 | 否 | 利子税及び延滞税全額免除 |
| 納期限の延長 | 消費税等 | 期限内申告書を提出した場合（消51、酒30の６、た22、石石18等） | 要 | 税目により１月ないし３月以内 | 要 | 利子税<br>年7.3％ |
| 延納 | 所得税 | 法定納期限までに２分の１以上を納付（所131①） | 要 | ３月16日から５月31日 | 否 | 利子税<br>年7.3％ |
| 延納 | 所得税 | 延払条件付譲渡の税額（山林・譲渡）が２分の１を超え、かつ、30万円を超える場合（所132①） | 要 | ５年以内 | 要 | |
| 延納 | 相続税 | 確定税額が10万円を超え、金銭で納付が困難な場合（相38①、措70の９等） | 要 | ５年又は不動産等の割合により10年・15年・20年（40年） | 要 | 利子税<br>年6.6～3.6％ |
| 延納 | 贈与税 | 確定税額が10万円を超え、金銭で納付が困難な場合（相38③） | 要 | ５年以内 | 要 | 利子税<br>年6.6％ |
| 納税の猶予 | すべての国税 | 災害による相当な損失の場合（通46①） | 要 | １年以内 | 否 | 延滞税<br>全額免除 |
| 納税の猶予 | すべての国税 | 災害・疾病・廃業等の場合（通46②） | 要 | １年以内<br>１年の延長可能 | 要 | 延滞税<br>1/2免除 |
| 納税の猶予 | すべての国税 | 課税が遅延した場合（通46③） | 要 | １年以内<br>１年の延長可能 | 要 | 延滞税<br>1/2免除 |
| 納税猶予 | 相続税 | 農地等に係る納税猶予の場合（措70の６①） | 要 | 相続人の死亡の日・20年・転用等の日から２月以内のいずれか早い日 | 要 | 利子税<br>年6.6％ |
| 納税猶予 | 贈与税 | 農地等に係る納税猶予の場合（措70の４①） | 要 | 贈与者の死亡の日・転用等の日から２月以内のいずれか早い日 | 要 | 利子税<br>年6.6％ |

| | | | | | | |
|---|---|---|---|---|---|---|
| 換価の猶予 | 滞納中のすべての国税 | 事業の継続又は生活の維持が困難な場合と徴収上有利な場合（徴151①） | 否 | １年以内<br>１年の延長可能 | 要 | 延滞税<br>1/2免除 |
| | | 事業の継続又は生活の維持が困難な場合と納税について誠実な意思を有する場合（徴151の２） | 要 | | | |
| 徴収の猶予 | 不服申立て等の国税 | 税務署長が必要と認めた場合（通105②⑥） | 要 | 決定又は裁決までの間 | 否 | 延滞税<br>1/2免除 |
| 滞納処分の停止 | 滞納中のすべての国税 | 無財産・生活が著しく困窮・滞納者及び財産がともに不明の場合（徴153①） | 否 | ３年 | 否 | 延滞税<br>全額免除 |

## 納税の猶予と滞納処分手続上の緩和制度との相違

納税義務は定められた期限までに完納することが本則ですが、天変地異などの外的な要因で納税が困難になったときに、未納を強制的に徴収することは酷なことから、一定の場合に該当する納税者からの申請を受けて、未納を滞納にしないで納税を緩和するのが「**納税の猶予**」です。

しかし、滞納処分ができる場合であっても、それをすることで滞納者の事業継続や生活維持に困難をきたすような場合には、滞納処分の行使を待ち、滞納者による自主的な納税をさせるのが「**換価の猶予**」です。

この両者の猶予制度は目的が異なるので、要件に該当すれば、納税の猶予をした国税について、続けて換価の猶予をすることは可能です（猶予の重複適用については、第８章［35］換価の猶予１－⑶参照）。通則法に定める納税の猶予と滞納処分手続上の緩和制度（徴収法に定める換価の猶予及び滞納処分の停止）との相違点は、次のようになります。

<table>
<tr><th>納税の猶予</th><th colspan="2">滞納処分手続上の緩和制度</th></tr>
<tr><th>納税の猶予</th><th>換価の猶予</th><th>滞納処分の停止</th></tr>
<tr><td>滞納処分の着手前から</td><td colspan="2">滞納処分の手続が既に進行</td></tr>
<tr><td>納税者の申請<br>（納税者の申請があって要件事実を判定）</td><td>納税者の申請<br>（徴151の２）<br>税務署長の職権（滞納処分を進めていく段階で要件事実を判定）<br>（徴151）</td><td>（徴153）</td></tr>
<tr><td>実体法上の規制<br>（一定の要件の下に執行の開始ないしは続行を自制）</td><td colspan="2">手続法上の規制<br>（一定の要件の下に、税務署長の執行の続行を緩和ないし停止）</td></tr>
<tr><td>その後の強制履行手段の猶予</td><td>（原則）滞納処分による差押えまで行い、差押え後、その後の換価を猶予</td><td>その停止の状態が３年間継続したときには、納税義務が消滅</td></tr>
<tr><td>通則法に規定<br>【通則法第46条】</td><td colspan="2">徴収法に規定<br>【徴収法第151条】<br>【徴収法第151条の２】<br>【徴収法第153条】<br>⇨　滞納処分手続の段階で行われる</td></tr>
</table>

## 2　担保

### (1)　担保を提供する場合

国税について担保の提供が求められるのは、国税に関する法律に基づき、担保の提供の定めがある場合に限られます。

| | |
|---|---|
| 納税の猶予<br>換価の猶予 | 通常の納税の猶予及び換価の猶予を認めた税額が100万円を超えるとき（猶予期間が３月以内の場合は、この限りではありません。）（通46⑤、徴152） |
| 延納<br>納税猶予 | ・資産の延払条件付譲渡による所得税の延納を許可するとき（所132②）<br>・相続税及び贈与税の延納を許可するとき（相38④）<br>・租税特別措置法による贈与税及び相続税の納税猶予を認めるとき（措70の４①、措70の６①） |
| 納期限の延長 | 消費税等（課税資産の譲渡等に係る消費税を除きます。）の納期限の延長を許可するとき（酒30の６、消51、揮13、地揮８①、石ガ20、石石18、た22） |
| 消費税等の保全 | 消費税等及び航空機燃料税の保全上必要があると税務署長が認めるとき（酒31、揮18①、地揮８②、石ガ21、石石19①等） |
| 不服申立て | 不服申立てをした者が、不服申立ての国税につき、差押えをしないこと、又は既にされた差押えの解除を求めるとき（通105③） |
| 保全担保 | 消費税等について保全担保の提供命令を受けたにもかかわらず、指定された期限までにその提供をしないとき（徴158③） |
| 繰上保全差押え<br>保全差押え | 繰上保全差押え又は保全差押えを要する金額の決定通知を受けた者が、その保全差押えをしないこと、又は既にされた差押えの解除を求めるとき（通38④、徴159④） |

### (2)　担保の種類

国税に関する法律の規定により提供される担保の種類は、次に掲げるようなものがあります（通50）。よって、これ以外のもの、例えば通常の動産は、担保とすることはできません。

①　国債、地方債
②　税務署長等が確実と認める社債その他の有価証券
③　土地
④　登記又は登録のある建物、立木、船舶、飛行機、回転翼航空機、自動車及び建設機械で、損害保険が付いているもの
⑤　鉄道財団、工場財団、鉱業財団などの各種財団
⑥　銀行、信用金庫など税務署長が確実と認める保証人の保証

⑦　金銭

＊　確実と認める保証人

金融機関その他の保証義務を果たすための資力が十分であると認める者をいいます（通基通50－６）。

法人による保証については、保証行為がその法人の定款に定める目的の範囲内に属するものに限られますが、次の保証は、その範囲内に属するものとされています（通基通50－７）。

①　営利を目的とする法人で、納税者と取引上密接な関係があるものがする保証（昭33.３.28最高判参照）

②　営利を目的とする法人で、納税者が役員となっているものがする保証（取締役会の承認等を受けたものに限ります。）

＊　担保提供の順位

担保は、なるべく処分が容易で、かつ、価額の変動のおそれが少ないものから、提供させるものとします（通基通50－８）。

### ⑶　担保の価額

#### ア　担保の価額

担保の価額

その担保に係る国税が完納されるまでの延滞税、利子税及び担保の処分に要する費用をも十分に担保できる価額（通基通50－９）

㈲　担保が保証人の保証である場合は、その国税等の保証義務を十分に果たせる資力を有する保証人

#### イ　担保物の見積価額

担保財産（担保物）の価額（見積価額）は、次のような評価がなされます（通基通50－10）。

国　債

「政府ニ納ムヘキ保証金其ノ他ノ担保ニ充用スル国債ノ価格ニ関スル件」に規定する金額

㈲　その額面全額（証券が発行されていない場合―登録金額）。

ただし、割引の方法により発行された国債で担保して提供する日から５年以内に償還期限が到来しないものは、「政府ニ納ムヘキ保証金其ノ他ノ担保ニ充用スル国債ノ価格ニ関スル件」の規定により計算します。

| | |
|---|---|
| 地方債及び税務署長が確実と認める社債その他の有価証券 | 社債その他の有価証券については、時価の８割以内において担保の提供期間中の予想される価額変動を考慮した金額 |
| 土　地 | 時価の８割以内において適当と認められる金額 |
| 建物及び鉄道財団等 | 時価の７割以内において担保提供期間中の予想される価額の減耗等を考慮した金額 |
| 保　証　人 | その保証する金額 |

⑷　**担保の提供手続**

担保の提供は、担保提供する旨の書面を提出して、担保財産の種類に応じ次のような手続で行います。

| 担保の提供手続 | | |
|---|---|---|
| | 有価証券及び金銭の担保 | 供託して**供託書の正本**を税務署長に提出（通令16①）<br>（登録国債）担保権の登録を受け、**担保権登録済通知書**を提供 |
| | 土地、建物などの担保 | 税務署長が抵当権の設定登記を関係機関に嘱託するので、抵当権を設定するのに必要な**承諾書**、**印鑑証明書**などの書類を税務署長に提出（通令16③） |
| | 保証人の保証による担保 | **保証書**、**印鑑証明書**などの書類を提出（通令16④） |

## [46]　納税の猶予

納税者がその事業につき著しい損失を受けた場合、納税を猶予してもらう制度はありますか。

震災、風水害等の外的な理由で納税者がその財産につき相当な損失を受けた場合は、納税者の申請に基づき、税務署長は、被害にあった財産の損失の状況及び当該財産の種類を勘案して、期間を定めて納税を猶予することができます。

**解説**

### 1　納税の猶予の区分

納税の猶予は、次のように区分することができます。

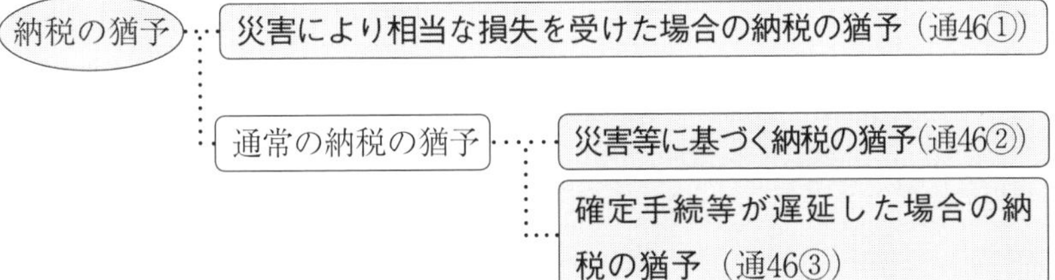


### 2　災害により相当な損失を受けた場合の納税の猶予

震災、風水害等の災害により納税者がその財産につき相当な損失を受けた場合は、納税者の申請に基づき、税務署長は、被害にあった財産の損失の状況及び当該財産の種類を勘案して、期間を定めて納税を猶予することができます（通46①）。

○　納税の猶予の要件等

| | | |
|---|---|---|
| 猶予の要件 | 要件事実 | 震災、風水害、落雷、火災その他これらに類する災害により、納税者がその財産につき相当な損失を受けたこと（通46①）<br>＊「その他これらに類する災害」（通基通46－１）、「相当な損失」（通基通46－２）参照 |

| | | |
|---|---|---|
| | 対象国税 | ①　災害のやんだ日以前に納税義務の成立した国税で、その納期限が損失を受けた日以後１年以内に到来する者のうち、納税の猶予の申請の日以前に納付すべき税額が確定したもの（通46①一）<br>②　災害がやんだ日以前に課税期間が経過した課税資産の譲渡等に係る消費税で、その納期限が損失を受けた日以後に到来するもののうち、納税の猶予の申請の日以前に納付すべき税額が確定したもの（通46①二）<br>③　予定納税の所得税並びに中間申告の法人税及び消費税で、その納期限が未到来のもの（通46①三） |
| | 納税者からの申請 | 納税者から災害のやんだ日から２月以内に、「**納税の猶予申請書**」の提出があること（通46①、46の２①、通令15①） |
| 猶予金額 | | **申請した国税の全部又は一部**（通46①） |
| 猶予期間 | | **最長１年**<br>…納税者の納付能力を調査することなく、災害にあった財産の損失状況及び財産の種類を勘案して１年以内の期間（通令13①、通基通46－５） |
| 猶予期間の延長 | | 猶予期間の延長なし（通46①）<br>☞　通常の納税の猶予「猶予期間の延長」参照 |
| 納税者への通知 | | 猶予を認めた場合、猶予に係る金額、猶予期間、その他必要な事項を納税者に通知（通47①）<br>猶予を認めない場合、その旨を通知（通47②） |
| 担保の徴取等 | | 担保不要（通46⑤参照） |

### 3　通常の納税の猶予

風水害、事業の休廃止又は確定手続の遅延等、納税者の責めに帰することができないやむを得ない理由に基づき（通基通46－８－２）、その国税を一時に納付できないと認められるときは、納税者の申請により、期間を定め、納税の猶予をすることができます（通46②③）。

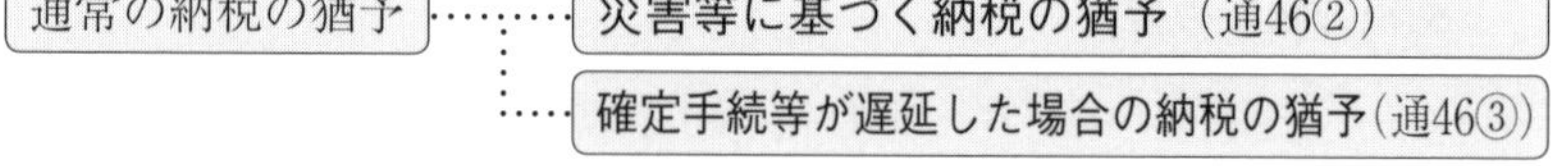

通常の納税の猶予
- 災害等に基づく納税の猶予（通46②）
- 確定手続等が遅延した場合の納税の猶予（通46③）

○　通常の納税の猶予の要件等

<table>
<tr><td colspan="2"></td><td>災害等に基づく納税の猶予</td><td>確定手続等が遅延した場合の納税の猶予</td></tr>
<tr><td rowspan="3">猶予の要件</td><td>要件事実</td><td>①災害等…納税者の財産が災害又は盗難にあったりしたこと（通46②一）<br>②病気等…納税者又は納税者と生計を一にする親族が病気にかかり、又は負傷したこと（通46①二）<br>③事業の休廃止…納税者の事業を休廃止したこと（通46②三）<br>④事業に係る著しい損失…事業について著しい損失を受けたこと（通46②四）<br>⑤以上に類する事由…上記①から④までに類する事実があったこと（通46②五）</td><td>①法定申告期限（課税標準申告書の提出を要しない賦課課税方式の国税は、納税義務の成立の日）から１年以上経ってから納付すべき税額が確定したこと（通46③一、二）<br>②源泉徴収等による国税について、法定納期限から１年以上を経ってから納税の告知がされたこと（通46③三）</td></tr>
<tr><td>納付困難</td><td colspan="2">納付困難　⇒　納付能力の調査<br>☞通則法第46条第１項の「災害により相当な損失を受けた場合の納税の猶予」参照</td></tr>
<tr><td>納税者からの申請</td><td>納期限の前後又は滞納処分の開始の有無を問わず、何時でも提出可</td><td>その猶予の申請を受けようとする国税の納期限内に提出（通46③）</td></tr>
<tr><td colspan="2">猶予金額</td><td colspan="2">その事実により納付すべき税額を一時に納付できない金額を限度（通46②③）。<br>⇒　納付能力を調査して猶予金額を判定</td></tr>
<tr><td colspan="2">猶予期間</td><td>猶予を始める日から起算して１年以内（通46②）</td><td>その国税の納期限の翌日から起算して１年以内（通46③）</td></tr>
<tr><td colspan="2">猶予期間の延長</td><td colspan="2">納税者の延長申請　⇒　『納税の猶予期間延長申請書』<br>この猶予期間内に、やむを得ない理由により猶予金額を納付できないと認められるときは、納税者の申請により、既に認めた猶予期間と合わせて２年を超えない範囲で猶予期間を延長することが可（通46⑦）</td></tr>
<tr><td colspan="2">納税者への通知</td><td colspan="2">猶予を認めた場合、猶予に係る金額、猶予期間、その他分割納付を認めた場合の分割金額及び分割納付期限等必要な事項を納税者に通知（通47①）<br>猶予を認めない場合、その旨を通知（通47②）</td></tr>
<tr><td colspan="2">担保の徴取等</td><td colspan="2">猶予金額が100万円以下の場合、猶予の期間が３月以内である場合又は担保を徴することができない特別の事情がある場合を除き、猶予金額に相当する担保を提供（通46⑤）</td></tr>
</table>

《図　示》　猶予期間の延長

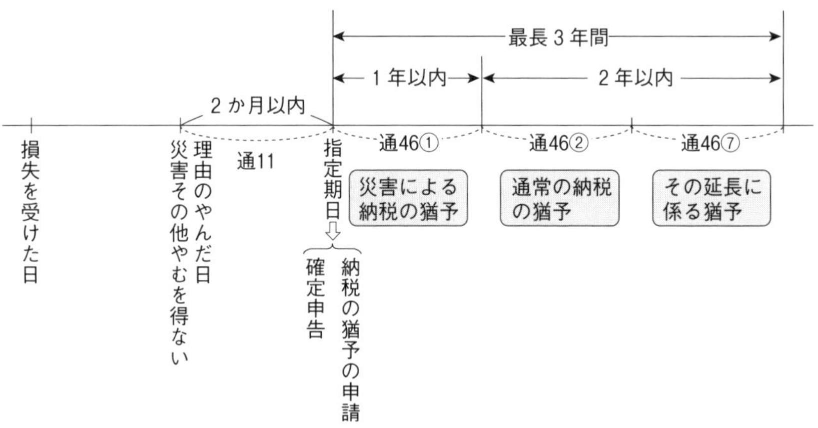


## 4　納税の猶予の効果

納税の猶予の効果

- ①督促及び滞納処分の制限（通48①）
- ②差押えの解除（通48②）
- ③差押財産の果実等の換価及び充当（通48③）
- ④延滞税の免除（通63①）
- ⑤時効の中断及び停止（通72③、73④）

## 納税の猶予の概要一覧

| 猶予の種類／区分 | 災害により相当な損失を受けた場合の猶予（通46①） | 通常の納税の猶予<br>災害･疾病･廃業などにより納付困難な場合の猶予（通46②） | 通常の納税の猶予<br>課税が遅延した場合の猶予（通46③） |
|---|---|---|---|
| 要件 | １災害により相当な損失を受けたこと<br>２特定の国税（通46①各号、通令14）<br>３災害のやんだ日から２月以内の申請 | １災害その他の事実があること<br>２１の事実により納付困難であること<br>３申請（期限なし）<br>４左の猶予の適用を受ける場合を除く | １課税遅延があったこと<br>２納付困難であること<br>３納期限内の申請 |
| 担保 | 必要なし | 原則として必要 | 同　左 |
| 猶予金額 | 要件２の特定の国税の全部又は一部 | １要件２の納付困難な金額が限度（要件と関係あり）<br>２分割納付ができる（通46④） | １同　左（要件と関係なし）<br>２同　左 |
| 猶予期間 | １財産の損失の程度に応じた期間（納期限から１年以内）<br>２延長の規定なし | １納付能力に応じた期間（猶予の始期から１年以内）<br>２延長は、１と合わせて２年以内（通46⑦） | １同　左（納期限から１年以内）<br>２同　左 |
| 効果等 | １督促、滞納処分（交付要求を除く）の制限（通48①）<br>２差押えの解除（通48②）<br>３天然果実、第三債務者などから給付を受けたものの換価･充当（通48③、④）<br>４徴収権の消滅時効の不進行（通73④）<br>５納付委託（通55①）<br>６還付金等の充当適状日の特例（通令23①ただし書）<br>７延滞税の全額免除（通63①） | １～５同　左<br>６規定なし<br>７延滞税の免除は、要件１の事実により全額免除と半額免除（通63①）<br>また、非免除部分について裁量免除（通63③）※ | １～５同　左<br>６規定なし<br>７延滞税の半額免除、裁量免除は同左※ |

※租税特別措置法第 94 条第２項の適用がある場合に留意してください。

（納税の猶予申請書）

収受印

| 整理番号 | | | | | | | | |
|---|---|---|---|---|---|---|---|---|

# 納 税 の 猶 予 申 請 書

税務署長殿

国税通則法第46条第　項第　号（第5号の場合、第　号類似）の規定により、以下のとおり納税の猶予を申請します。

| 申請者 | 住所<br>所在地 | 電話番号（　）　携帯電話（　） | ①<br>申請年月日 | 令和　年　月　日 |
|---|---|---|---|---|
| | 氏名<br>名称 | 印 | ※税務署整理欄 通信日付印 | |
| | | | 申請書番号 | |
| | 法人番号 | | 処理年月日 | |

| 納付すべき国税 | 年度 | 税目 | 納期限 | 本税 | 加算税 | 延滞税 | 利子税 | 滞納処分費 | 備考 |
|---|---|---|---|---|---|---|---|---|---|
| | | | ・　・ | 円 | 円 | 法律による金額　円 | 円 | 法律による金額　円 | |
| | | | ・　・ | | | 〃 | | 〃 | |
| | | | ・　・ | | | 〃 | | 〃 | |
| | | | ・　・ | | | 〃 | | 〃 | |
| | 合計 | | | イ | ロ | ハ　〃 | ニ | ホ　〃 | |

| ②イ～ホの合計 | 円 | ③現在納付可能資金額 | 円 | ④納税の猶予を受けようとする金額（②-③） | 円 |
|---|---|---|---|---|---|

※③欄は、「財産収支状況書」の（A）又は「財産目録」の（D）から転記

| 猶予該当事実の詳細 | |
|---|---|
| 一時に納付することができない事情の詳細 | |

| ⑤納付計画 | 年　月　日 | 納付金額 | 年　月　日 | 納付金額 | 年　月　日 | 納付金額 |
|---|---|---|---|---|---|---|
| | 令和 | 円 | 令和 | 円 | 令和 | 円 |
| | 令和 | 円 | 令和 | 円 | 令和 | 円 |
| | 令和 | 円 | 令和 | 円 | 令和 | 円 |
| | 令和 | 円 | 令和 | 円 | 令和 | 円 |

※⑤欄は、「財産収支状況書」の（B）又は「収支の明細書」の（C）及び（D）から転記

| 猶予期間 | 令和　年　月　日から　令和　年　月　日まで　月間 |
|---|---|

※猶予期間の開始日は、①の申請年月日（ただし、災害等のやむを得ない理由により、申請書を提出できなかった場合は、災害等が生じた日）

| 担保 | □ 有<br>□ 無 | 担保財産の詳細又は提供できない特別の事情 | |
|---|---|---|---|

| 税理士署名押印 | 印<br>（電話番号　－　－　） |
|---|---|
| □ | 税理士法第30条の書面提出有 |

| 添付する書類欄 | |
|---|---|
| 100万円以下の場合 | 100万円超の場合 |
| □ 財産収支状況書<br>□ 猶予該当事実証明書類 | □ 収支の明細書<br>□ 財産目録<br>□ 担保関係書類<br>□ 猶予該当事実証明書類 |

## [47]　納付委託

滞納税金の納付は、金銭以外に、例えば、手形で納付することはできますか。

国税は、金銭による納付を原則とし、いわゆる証券類による納付は、国債証券の利札などの特別の制限の下に許されているにすぎません。

手形、先日付小切手については、一般に経済界において債務の決済手段として用いられていますが、証券による国税の納付には使用できないので、国税の納付に関して活用できる手段として、納付委託の制度が設けられています。

**解説**

### 1　納付委託とは

国税は、金銭による納付を原則とし（通34）、いわゆる証券類による納付は、国債証券の利札などの特別の制限の下に許されているにすぎません。

手形、先日付小切手については、一般に経済界において債務の決済手段として用いられていますが、証券による国税の納付には使用できないので、国税の納付に関して活用できる手段として、納付委託の制度が設けられています（通55）。

納付委託に利用する証券（手形・先日付小切手）は、証券の所持者が銀行に呈示し、手形交換所を通じて決済がされますが、2022年11月に手作業による手形交換所は廃止されて、電子化されたイメージファイルによる電子交換所に移行がされました。その上で更に、政府は2026年度までに紙の手形そのものを廃止し、電子手形（電子記録債権）にすべてを移行する計画です。そうなれば、電子記録債権では納付委託はできないので、納付委託の制度そのものが消滅します。

### 2　納付委託の要件

納付委託を受けることができるのは、次に掲げる要件のすべてに該当する場合です（通55①）。

①　納税者に納付委託の目的となる国税があること

②　納税者が納付委託に使用できる有価証券を提供して、その証券の取立てと取り立てた金銭による①の国税の納付とを委託すること

③　取立費用を要するときは、その費用の提供があること

## 3　納付委託のできる国税

納付委託ができる国税は、次に掲げるものです（通55①）。

①　納税の猶予又は換価の猶予に係る国税

②　納付委託をする有価証券の支払期日後に納期限の到来する国税

③　滞納者に納税について誠実な意思があり、納付委託を受けることが国税の徴収上有利と認められる滞納国税

＊「国税の徴収上有利」とは

滞納に係る国税をおおむね６月以内に完納させることができると認められる場合において、滞納者の財産の状況その他の事情からみて、滞納に係る国税につき有価証券の納付委託を受けることにより確実な納付が見込まれ、かつ、その取立てまでの期間において新たに納付委託に係る国税以外の国税の滞納が見込まれないと認められる場合をいいます（通基通55－１）。

## 4　納付委託に使用できる証券

| 納付委託に使用できる証券 | ①　国税の納付に使用できる証券以外の有価証券であること<br>②　おおむね６月以内において取立てが確実と認められる証券であること<br>③　証券の金額が納付委託する国税の額を超えないこと |
|---|---|

提供できる証券

| 小切手 | ①　再委託銀行（税務署長が証券の取立て及び納付に関する再委託契約を締結した銀行をいいます。）又は再委託銀行と同一の手形交換所に加入している銀行（手形交換所に準ずる制度を利用して再委託銀行と交換決済をすることができる銀行を含みます。以下「所在地の銀行」といいます。）を支払人とし、再委託銀行の名称（店舗名を含みます。）を記載した線引の小切手で、次に該当するもの。<br>イ　振出人が納付委託をする者であるときは、税務署長を受取人とする記名式のもの |
|---|---|

| | |
|---|---|
| | ロ　振出人が納付委託をする者以外の者であるときは、納付委託をする者が当該税務署長に取立てのための裏書きをしたもの<br>②　所在地の銀行以外の銀行を支払人とする上記①のイと同様な要件を備える小切手で、再委託銀行を通じて取り立てることができるもの |
| 約束手形<br>為替手形 | ①　所在地の銀行を支払場所とする約束手形又は為替手形で、次に該当するもの<br>イ　約束手形については振出人が、為替手形（自己あてのものに限ります。）については支払人が、納付委託をするものであるときは、当該税務署長を受取人とし、かつ、指図禁止の文言の記載のあるもの<br>ロ　約束手形については振出人が、為替手形（引受けのあるものに限ります。）については支払人が、納付委託をする者以外の者であるときは、納付委託をする者が税務署長に取立てのための裏書をしたもの<br>②　所在地の銀行以外を支払場所とする①のイ又はロに掲げる約束手形又は為替手形で、再委託銀行を通じて取り立てることができるもの |

## 5　納付委託の手続

納税者から納付委託の申し出があり、徴収職員が納付委託を受けたときは、証券を受領し、その証券の取立て費用を要するときはその費用の提供を受けます（通55①）。この場合、**納付受託証書**を納税者に交付します（通55②）。

受託した証券は、その保管及び取立ての便宜と確実を図るため、金融機関に再委託します（通55③）。

**納付委託の手続**

証券受領 → 費用の受領 → 納付受託証書の交付 → 再委託

| | |
|---|---|
| **費用の受領** | 証券の取立てにつき費用を要するときは、委託をしようとする者は、その費用の額に相当する金額を合わせて提供する必要があります。 |
| **納付受託証書の交付** | 徴収職員が納付委託を受けた証券を受領した場合には、納付受託証書を納税者に交付しなければなりません。 |
| **再委託** | 徴収職員は、納付委託を受けた場合において、必要があるときは確実と認める金融機関にその証券の取立て及び納付の再委託をすることができます。 |

㈱　納付委託があった場合、すべて再委託とする取扱いです。「再委託」とは、徴収職員が受けた納付委託をさらに金融機関に委託することをいいます。

この再委託は、税務署長と銀行との間で再委託契約を締結し、この契約に基づいて行われます。

「確実と認められる金融機関」とは、通常日本銀行代理店又は歳入代理店を兼ねている銀行をいいます。

## 6　受託後の処理手続

現金による納付、賦課の取消し、還付金等の充当等により納付委託の目的となった国税が消滅した場合には、当該証券による納付の委託を解除し、当該証券を返還します。証券が不渡りとなり委託銀行から返還を受けた場合には、裏書人等に対して遡求するか又は猶予を取り消すべき場合は猶予の取消しをして納税者に滞納処分を執行する等徴収上有利な措置をとることができます。

## 7　納付委託と担保

猶予した国税について、納付委託を受けたときは、一般的にはその証券が担保的機能を果たしているため、改めて担保の提供は必要がないと認められる限度において、担保の提供があったものとすることができます（通55④）。

㈱　通則法第55条第１項第３号に規定する国税について納付委託を受けた場合においては、その取り立てるべき日までは納付に係る国税について、原則として、滞納処分を行わないこととして取り扱われています（通基通55－８）。

# 第4章　延滞税・利子税

## [48]　延滞税・利子税

延滞税、利子税はどのような場合に課されるのですか。また、その違いは何ですか。

「延滞税」は、納付すべき国税を法定納期限までに納付しないときに課されます。「利子税」は、一定の条件により延納若しくは物納又は納期限の延長などが認められた国税について、それぞれの延長された期間に応じて、課されます。

**解説**

### 1　延滞税と利子税

納税者が納付すべき国税をその法定納期限までに完納しない場合は、期限内に納付した者との権衡を図る必要があること、併せて国税の期限内納付を促進させる見地から、未納の税額の納付遅延に対する遅延利子的性格に滞納に対する行政制裁としての性格を持つ延滞税が課されます（通60）。

また、延納若しくは物納又は納税申告書の提出期限の延長が認められた期間中は、利子税が課されます（通64①）。これは、民事においていまだ履行遅滞に陥っていない場合に課される約定利息に相当するものです。

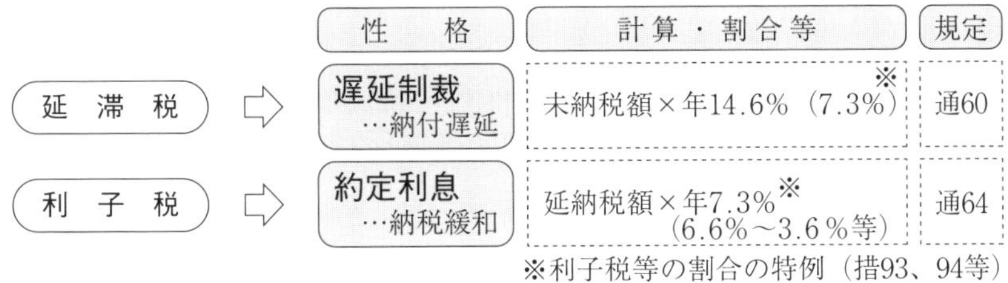

### ○　延滞税等の割合

市中金利の実勢を踏まえ、利子税等の負担を軽減する観点等から、延滞税等が措置法において、次のとおり引き下げられています。

| | | 内　容 | 本　則<br>(通60、64、58) | 特例(注)１<br>割合の算定根拠 | 割　合<br>(参考：令和５年分) |
|---|---|---|---|---|---|
| 延　滞　税 | | 法定納期限を徒過し履行遅滞となった納税者に課されるもの | 14.6% | 延滞税特例基準割合＋7.3% | 8.7% |
| | ２か月以内等 | 納期限後２か月以内等については、早期納付を促す観点から低い利率 | 7.3% | 延滞税特例基準割合＋１% | 2.4% |
| | 納税の猶予等 | 事業廃止等による納税の猶予等の場合には、納税者の納付能力の減退といった状態に配慮し、軽減<br>(災害・病気等の場合には、全額免除) | ２分の１免除<br>(7.3%) | 猶予特例基準割合 | 0.9% |
| 利　子　税<br>(主なもの)<br>(注)２ | | 所得税法・相続税法の規定による延納等、一定の手続を踏んだ納税者に課されるもの | 7.3% | 利子税特例基準割合 | 0.9% |
| 還付加算金<br>(注)２ | | 国から納税者への還付金等に付される利息 | 7.3% | 還付加算金特例基準割合 | 0.9% |

（注１）イ　納期限までの期間及び納期限の翌日から２か月を経過するまでの期間については、年「7.3%」と「延滞税特例基準割合（※）＋１%」のいずれか低い割合を適用しています（措94①）。

ロ　納期限の翌日から２か月を経過する日の翌日以後については、年「14.6%」と「延滞税特例基準割合（※）＋7.3%」のいずれか低い割合を適用しています（措94①）。

（※）延滞税特例基準割合とは、各年の前々年の９月から前年８月までの各月における銀行の短期貸付けの約定平均金利の合計を12で除して得た割合として各年の前年の11月30日までに財務大臣が告示する割合（平均貸付割合）に年１%の割合を加算した割合をいいます（措93②）

（注２）利子税（所131③、136①、137の２⑫、137の３⑭、法75⑦、地法19④、相51の２①、52④、53、消45の２④及び措法70の７の２⑭に係る利子税）及び還付加算金については、利子税特例基準割合及び還付加算金特例基準割合（いずれも平均貸付割合に年0.5%の割合を加算した割合）を適用しています（措93①、95）。

## 2　延滞税

国税債権の期限内における適正な実現を担保し、併せて、期限内に適正に納付を履行した納税者との権衡を図るための制度として、**延滞税**の制度があります。

| 延滞税を課する理由 | 国税の期限内納付の促進 |
|---|---|
| | 期限内に納付した者との権衡 |

### (1)　延滞税が課される場合

| 延滞税が課される場合 | | |
|---|---|---|
| | 申告納税方式による国税 | 期限内申告書を提出した場合に、その納付すべき国税を法定納期限までに完納しないとき |
| | | 期限後申告書、修正申告書を提出し、又は更正、決定により、納付すべき国税があるとき |
| | 賦課課税方式による国税 | 納税の告知による納付すべき国税を、その法定納期限までに完納しないとき |
| | 予定納税による所得税 | 予定納税による所得税を、その法定納期限までに完納しないとき |
| | 源泉徴収等による国税 | 源泉徴収等による国税を、その法定納期限までに完納しないとき |

㊟　延滞税が課されない国税
　加算税、過怠税、連帯納付責任額、第二次納税義務額及び保証債務額など

### (2)　延滞税の割合

延滞税の割合は、法定納期限の翌日から、その国税を完納する日までの期間に応じ、未納税額に対し**年14.6%**の割合で計算します。

ただし、納期限までの期間及びその翌日から起算して２月を経過する日までの期間については、この割合は**年7.3%**となっています（通60②）。

しかしながら、平成12年１月１日以後の延滞税の割合については、次のとおりとなります（措94①）。

| | 納期限までの期間及び納期限の翌日から２月を経過する日までの期間 | 納期限の翌日から２月を経過する日の翌日以後 |
|---|---|---|
| 平成12年１月１日～平成25年12月31日 | 年「7.3%」と「前年の11月30日において日本銀行が定める基準割引率＋４％」のいずれか低い割合を適用 | 年14.6％を適用 |
| 平成26年１月１日以降 | 年「7.3%」と「延滞税特例基準割合（※）＋１％」のいずれか低い割合を適用 | 年「14.6%」と「延滞税特例基準割合（※）＋7.3%」のいずれか低い割合を適用 |
| 令和３年１月１日以降 | 年「7.3%」と「延滞税特例基準割合＋１％」とのいずれか低い割合を適用 | 年「14.6%」と「延滞税特例基準割合＋7.3%」のいずれか低い割合を適用 |

㈱　上記「延滞税特例基準割合」については、318頁参照

| 期　間 | 割　合 | |
|---|---|---|
| | ①納期限までの期間及び納期限の翌日から２か月を経過するまでの期間 | ②納期限の翌日から２か月を経過する日の翌日以後 |
| 平成11年12月31日以前 | 7.3% | 14.6% |
| 平成12年１月１日～平成13年12月31日 | 4.5% | |
| 平成14年１月１日～平成18年12月31日 | 4.1% | |
| 平成19年１月１日～平成19年12月31日 | 4.4% | |
| 平成20年１月１日～平成20年12月31日 | 4.7% | |
| 平成21年１月１日～平成21年12月31日 | 4.5% | |
| 平成22年１月１日～平成25年12月31日 | 4.3% | |
| 平成26年１月１日～平成26年12月31日 | 2.9% | 9.2% |
| 平成27年１月１日～平成28年12月31日 | 2.8% | 9.1% |
| 平成29年１月１日～平成29年12月31日 | 2.7% | 9.0% |
| 平成30年１月１日～令和２年12月31日 | 2.6% | 8.9% |
| 令和３年１月１日～令和３年12月31日 | 2.5% | 8.8% |
| 令和４年１月１日～令和５年12月31日 | 2.4% | 8.7% |

延滞税の割合

申告、更正等の場合に分けて延滞税の割合（通則法第61条関係を除きます。）を示すと次のようになります。

（期限内申告の場合）

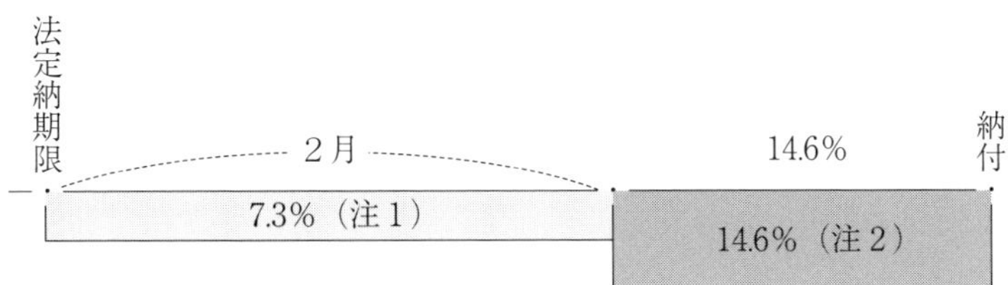


（期限後申告、修正申告の場合）

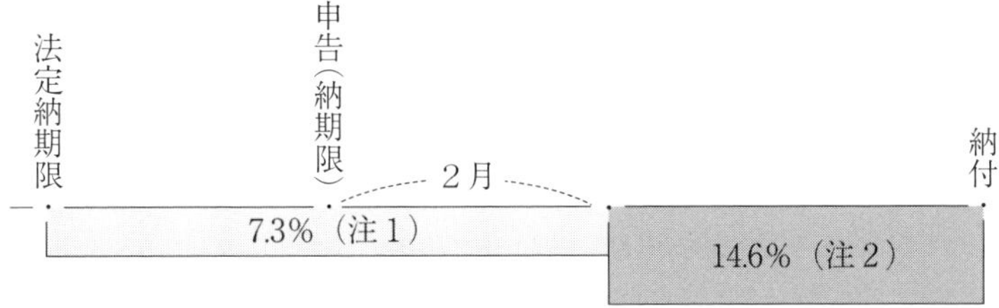


（更正、決定、納税の告知（源泉所得税）の場合）

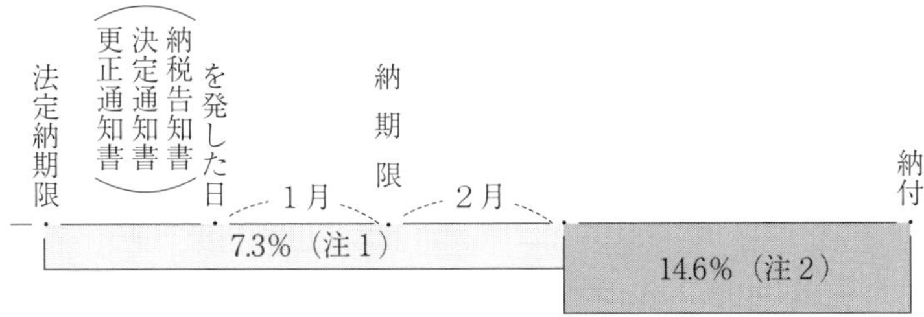


（注１）　この割合は、通則法第60条所定の延滞税の割合です。

（注２）　平成12年１月１日以後平成25年12月31日までの期間と平成26年１月１日以後平成26年12月31日までの期間の延滞税の割合は前記［表］のとおりです。

## 3　延滞税の計算

### ⑴　延滞税の計算（一般的な延滞税の計算方法）

延滞税の計算方法

| 納付すべき本税の額 ※1 | × | 延滞税の割合 7.3%（注）（納期限の翌日から２月を経過した日以後は14.6%） | × | 期間（日数） 法定納期限（延納期限）の翌日から完納の日まで |
|---|---|---|---|---|

÷ 365 ＝ 延滞税の額 ※2（100円未満端数切捨て）

（端数計算等）

※１　本税の額が10,000円未満の場合には、延滞税を納付する必要はありません。また、本税の額に10,000円未満の端数があるときは、これを切り捨てて計算します。

※２　計算した延滞税の額が1,000円未満の場合は納付する必要はありません。また、その額が1,000円以上で100円未満の端数があるときは、これを切り捨てて納付することになります。

特例（平成12年１月１日から平成25年12月31日までの期間）

1　納期限までの期間及び納期限の翌日から２か月を経過する日まで
……前記２の［表］の割合参照

2　納期限の翌日から２か月を経過する日以降
……14.6%（特例適用はありません。）

特例（平成26年１月１日から平成26年12月31日までの期間）

1　納期限までの期間及び納期限の翌日から２か月を経過する日まで
……前記２の［表］の割合

2　納期限の翌日から２か月を経過する日以降
……前記２の［表］の割合

参考　延滞税の額を計算する場合の年当たりの割合は、閏年の日を含む期間についても、365日当たりの割合となります（利率等の表示の年利建て移行に関する法律25）。

延滞税は、本税についてのみ計算され、延滞税に延滞税がかかるというわゆる複利計算はしないこととされています（通60②）。

また、延滞税の納付は、計算の基礎となった本税と併せて行うこととされています（通60③）。

## ⑵ 延滞税の計算（一部納付があった場合の延滞税の計算）

### 一部納付があった場合の延滞税の計算

延滞税を計算する基礎となる本税について一部納付があったときは、その納付の日の翌日以降の期間に対応する延滞税は、一部納付がされた本税額を控除した未納の本税額を基礎として計算されます（通62①）。

また、国税の一部納付があった場合には、その納付額はまず本税に充てることとされています。納付した金額が本税の額に達するまでは、民法の利子先取（民491①）の趣旨とは逆になりますが、これは、その納付した金額は、まず本税に充て延滞税の負担を軽くして、納税者の利益を図ったものです（通62②）。

**《設例１》 所得税の期限内申告書を提出したが、納付が期限後となった場合**

① 申告により納付すべき税額　900,000円
② 法定納期限（納期限）　３月15日
③ 納付状況　４月30日　300,000円（一部納付）
　　　　　　６月30日　600,000円（完納）
④ 前年の11月30日までに財務大臣が告示した割合0.4％（延滞税特例基準割合1.4％）

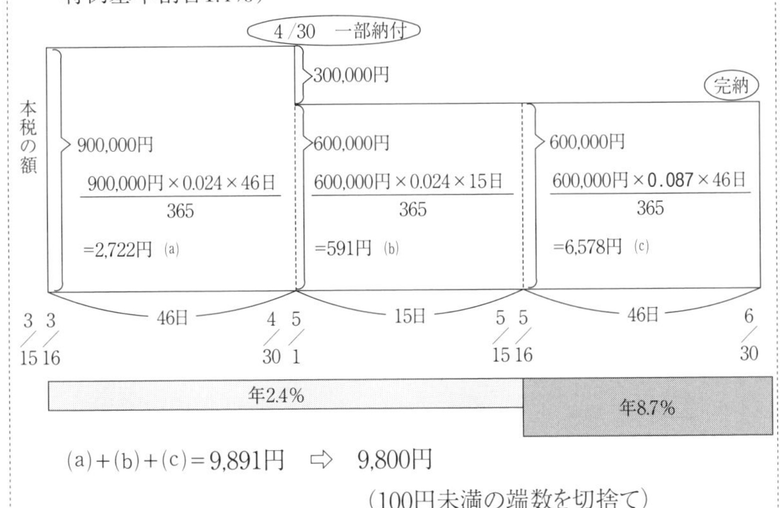


(a)＋(b)＋(c)＝9,891円　⇨　9,800円

（100円未満の端数を切捨て）

《設例２》 所得税の更正により新たに納付すべき税額が確定した場合

① 更正により新たに納付すべき税額　875,400円

② 法定納期限　３月15日

③ 納期限　７月31日（更正通知書６月30日発送）

④ 納付状況　７月31日　175,400円（一部納付）
　９月20日　200,000円（一部納付）
　10月20日　500,000円（完納）

⑤ 前年の11月30日までに財務大臣が告示した割合0.4％（延滞税特例基準割合1.4％）

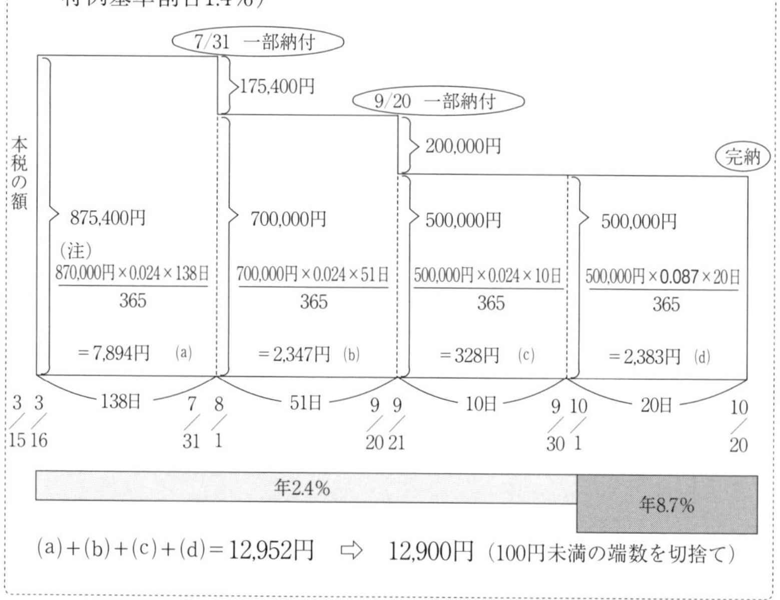


(a)＋(b)＋(c)＋(d)＝12,952円　⇨　12,900円（100円未満の端数を切捨て）

㈲ 10,000円未満の端数金額は切り捨てて計算します。

### (3) 延滞税の計算（控除期間がある場合の延滞税の計算）

**控除期間がある場合の延滞税の計算**

申告納税方式による国税に関し、期限内申告書又は期限後申告書の提出（期限内申告の場合は法定申告期限）後１年以上経過して修正申告又は更正があった場合には、申告書の提出（期限内申告の場合は法定申告期限）後１年を経過する日の翌日から修正申告書を提出した日又は更正通知書を発した日までは、延滞税の計算期間から控除することとされて

います（通61①）。

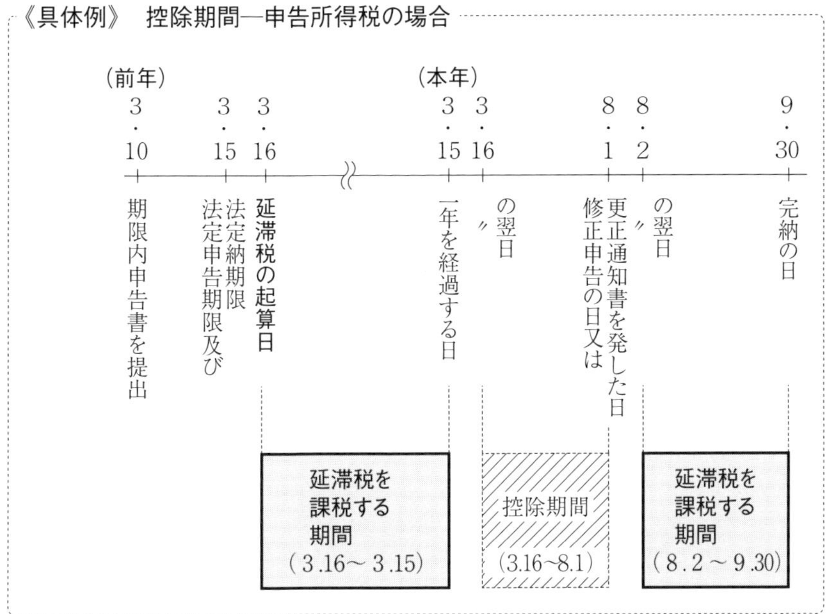


**控除期間の趣旨**

この**控除期間**は、かなりの期間を過ぎてから修正申告、更正又は納税告知があった場合に、あえて法定納期限までさかのぼって、多額の延滞税を負わせることは実際上酷であること及び税務署の事務配分上更正などの時期が納税者ごとに別々であることにより、経済上の負担に差異が生じるのは適当でないことを考慮して設けられた制度です。

この控除期間については、源泉徴収等による国税についても認められています（通61③）。

**延滞税の計算期間の特例の不適用**

この適用に当たっては、修正申告書の提出又は更正があった場合のすべてに適用されるわけではありません。すなわち偽りその他の不正の行為により国税を免れ、又は国税の還付を受けた納税者に対して当該国税についての調査があったことにより当該国税について更正があるべきことを予知して修正申告書の提出があった場合又は偽りその他不正の行為により国税を免れ、又は国税の還付を受けた納税者に対し当該国税に係る更正があった場合には、この適用がありません（通61①）。例えば、重加算税を課されるような場合には、重加算税の対象となった本税については、計算期間の控除は認められません。

## 参考　修正申告・更正における延滞税の計算期間の特例

### 1　延滞税の計算期間の特例の適用

| | | 延滞税算出における控除期間 |
|---|---|---|
| 当初申告が期限内申告でその法定納期限から１年を経過する日後に修正申告又は更正があった場合 | ⇨ | その法定申告期限から１年を経過する日の翌日から修正申告書の提出（更正通知書の発せられた日）までの期間 |
| 当初申告が期限後申告の場合 | ⇨ | 上記の「その法定申告期限から」を「その期限後申告書の提出があった日の翌日から起算して」と読み替えます。 |

### 2　重加算税の賦課に伴う延滞税の計算期間の特例の不適用

《修正申告・更正の場合》

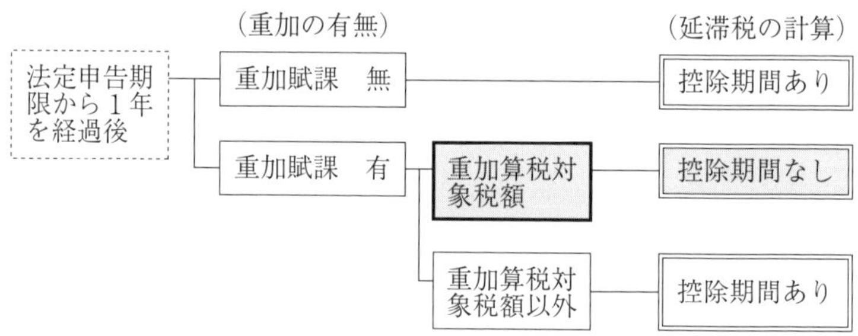


### 3　延滞税の免除

(1)　延滞税免除の本則（通則法）適用

延滞税は、国税債務の履行遅滞に対してかされるから、その履行遅滞が納税者につきやむを得ない理由によるものであれば、延滞税を免除することができます（通63）。

## 通則法第63条の延滞税の免除

| | | |
|---|---|---|
| 第１項 | ・納期限前の国税に係る災害による納税の猶予（通46①）<br>・滞納国税に係る災害、病気等による納税の猶予（通46②一・二・類似五）<br>・滞納処分の停止（徴153） | 猶予期間又は停止期間に対応する延滞税（全額） |
| | ・滞納国税に係る事業の休廃止等による納税の猶予（通46②三・四・類似五）<br>・課税手続等が遅延した場合による納税の猶予（通46③）<br>・換価の猶予（徴151、151の２） | 猶予期間に対応し、かつ、年7.3％を超える部分 |
| 第２項 | ・通則法第11条による災害等による期限の延長（通11） | 延長期間に対応する延滞税（全額） |
| 第３項 | ・事業休廃止等による納税の猶予（通46②三・四・類似五）<br>・課税手続等が遅延した場合による納税の猶予（通46③）<br>・換価の猶予（徴151、151の２） | やむを得ない期間に対応する延滞税（猶予期間に対応する7.3％部分に延滞税） |
| 第４項 | ・徴収の猶予 | 年7.3％を超える部分 |
| 第５項 | ・滞納国税に充足する財産の差押えをした場合<br>・猶予した国税に充足する担保の提供があった場合 | 年7.3％を超える部分 |
| 第６項 | 納付委託の場合 | 取立期日の翌日から納付があった日までの期間（通63⑥一） |
| | 納税貯蓄組合預金による納付委託 | 納付委託があった日の翌日から実際に納付があった日までの期間（通63⑥二） |
| | 災害等の場合 | 天災により納付することができない事由が生じた日から事由が消滅した日以後７日を経過した日までの期間（通63⑥三） |
| | 交付要求の場合 | 交付要求により、金銭を受領した日から交付を受けた金銭を国税に充てた日までの期間（通令26の２一、二） |
| | 人為災害等の場合 | 災害又は事故が生じた日からこれらが消滅の日以後７日を経過した日までの期間（通令26の２三） |

㈱　特別法による免除

1　還付加算金の不加算充当に対応する免除（所138④、139④、法78③、79④、地法22③、消52③、53④等）
2　移転価格課税に係る免除（措66の４㉛等）
3　移転価格税制に係る納税の猶予に係る免除（措66の４の２⑦等）
4　非上場株式等についての相続税・贈与税の納税の猶予に係る免除（措70の７の２⑳等）

5　輸入品に課する内国消費税に係る免除（輸徴18）
6　会社更生法による免除（更169①、通基通63－17）

### 事業の廃止等による納税の猶予又は換価の猶予の場合の延滞税の免除

納期限　　猶予　　猶予期限　　納付

7.3%　7.3%　14.6%　14.6%

B
生活等の状況により納付困難（第３項に該当すれば免除）

A
（第１項により免除）

C
（第３項に該当すれば免除）

A：猶予期間中の延滞金のうち、年7.3％の割合を超えるものが通則法第63条第１項の規定により免除されます。

B：猶予期間中の延滞金のうち、Aの免除に該当しない部分は、納税者の生活、事業等の情況から延滞税の納付を困難とするやむを得ない理由がある場合に限り、同条第３項の規定により免除されます。

C：猶予期限後に納付された場合については、猶予期限後の納付についてやむを得ない理由があり、かつ、延滞金の納付が納税者の生活の状況等からみて納付困難な額を限度として、同条第３項により免除されます。

### 充足差押え等による延滞税の免除

滞納国税の全額を徴収するために必要な財産を差し押さえていた場合には（充足差押え）、それを直ちに換価すれば滞納国税を徴収でき、その分の延滞税を負担せずに済んだことを鑑み、年7.3％の割合を超えるものが通則法第63条第５項で免除されます。

・　充足差押えであるかの判定は、処分予定価額により算定した差押財産の価額から徴収可能な額が、差押えに係る国税の額以上と判定できる場合です（通基通63－６）。したがって、差押財産では充足しないときは免除を行わず、徴収可能な額に限り免除することはしません。

なお、延滞税の免除は、差押財産の価額の増減を勘案して、充足差押えがされている期間に限り行います（通基通63－９）。

・　差押えに限らず、参加差押えにより滞納国税の全額を徴収できる場合も、通則法第63条第５項による免除がされます（平12.10.30「国税通則法第63条第５項の規定による延滞税の免除の取扱いについて」参照）。

### (2)　延滞税免除の特例（租税特別措置法）適用

納税の猶予等をした国税あるいは充足差押え等に係る国税について、延滞税特例基準割合が適用される期間の延滞税は、次のようになります。

・　適用期間の基本となる延滞税の額は、延滞税特例基準を適用して算定します。

・　その上で更に、猶予特例基準割合により算定した額を超える部分の延滞税を免除します（措94②）。

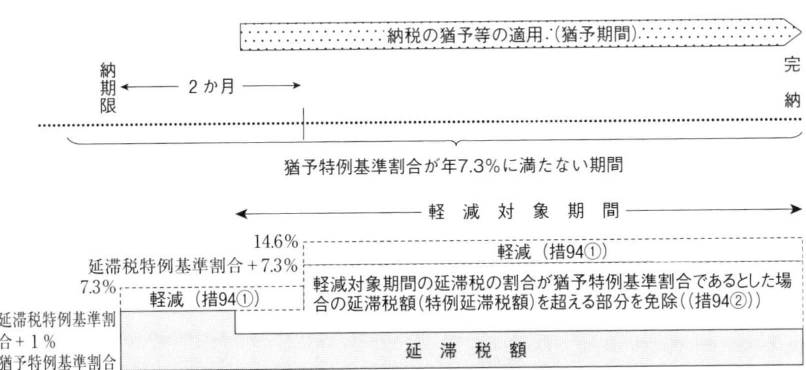


【令和３年１月１日以後の期間に対応する延滞税の免除額の計算式】

①　免除対象期間に対応する部分の延滞税額

②　免除対象期間に対応する部分の猶予特例基準割合で算出した額

③　免除額＝①－②（結果として、猶予特例基準割合による延滞税額での納付になります。）

#### ➢　延滞税の割合について

延滞税特例基準割合は、各年の前年の11月30日までに財務大臣が告示したもので決まります。

　したがって、換価の猶予期間中において、猶予特例基準割合が年々で違っていた場合には、納付すべき延滞税の額は各年ごとに計算する必要があります。

# 第５章　納付義務の承継

## [49]　納付義務の承継

納税者が死亡した場合、その納税者に係る国税の納付義務はどうなるのでしょうか。

滞納者が死亡するなど不存在になったときは、相手方のいない処分や納付の請求はできません。そのため、滞納者である被相続人に係る納付義務は、相続人（相続人が存在しないときは相続財産法人）に承継します。

| 納付義務の承継者 | ・相続、包括遺贈又は合併等により国税の納付義務を承継（通５ ～ ７）<br>・受託者の変更等により信託に係る国税について納付義務を承継（通７の２） |
|---|---|

**解説**

### 1　納付義務の承継の態様

通則法に規定する納付義務の承継には、次のような態様があります。

| 態様 | 内容 |
|---|---|
| ①相続による国税の納付義務の承継（通５） | 納税者につき相続があった場合、その相続人に納付義務は承継します。 |
| ②法人の合併による国税の納付義務の承継（通６） | 被合併法人の国税の納付義務は、合併法人に承継します。 |
| ③人格のない社団等に係る国税の納付義務の承継（通７） | 人格のない社団等に係る国税の納付義務は、当該社団等の財産に属する権利義務を包括承継した法人に承継します。 |
| ④信託に係る国税の納付義務の承継（通７の２） | 受託者の任務が終了し、新たな受託者が就任した場合及び受託者である法人の分割により、その受託者として権利義務を承継した法人がある場合、これらの者に信託に係る国税の納付義務が承継します。 |

※　納付義務の承継は、処分ではありません。

## 2　納付義務の承継の対象

納付義務の承継の対象となるのは、相続があった場合と法人の合併があった場合であり、それぞれ被相続人又は被合併法人（以下「被相続人など」といいます。）の納付義務は、一般の私法上の金銭債務と同様に、相続人又は合併法人（以下「相続人など」といいます。）に承継します。

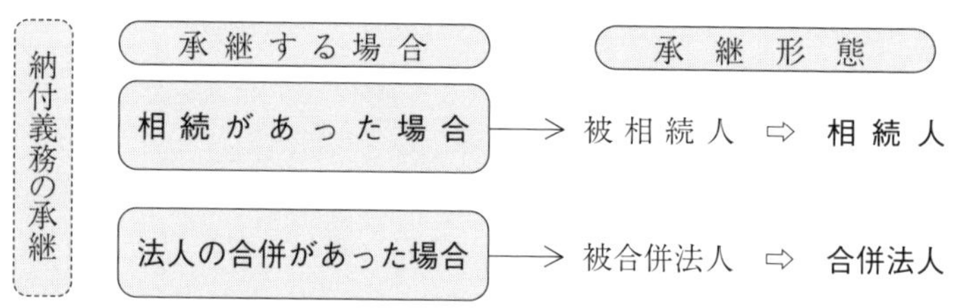


## 3　納付義務を承継する国税

納付義務を承継する国税

|  |  |
| --- | --- |
| ①被相続人などに課されるべき国税 | 納税義務が成立しており、今後の確定手続が必要とされる国税（通基通５－４、６－１） |
| ②被相続人などが納付すべき国税 | 納税義務が具体的に確定している国税で納期限が経過して滞納になっている国税及びまだ納期限の到来していない国税（通基通５－５、６－１） |
| ③被相続人などが徴収されるべき国税 | 源泉徴収される国税（被相続人などが源泉徴収されるべき国税で、まだ徴収されていないもの）（通基通５－６、６－１） |

相続により承継される国税は、①被相続人などに課されるべき国税、②被相続人などが納付すべき国税、③被相続人などが徴収されるべき国税をいいます。

被相続人などに課されるべき国税とは、相続開始時において、被相続人などにつき既にその課税要件を充足し、国税の納税義務が成立しているが、まだ申告、更正決定等の確定手続がなされていないことから、納税義務が具体的に確定するに至っていない国税をいい、今後において確定手続が行われるものです。

また、被相続人などが納付すべき国税、又は被相続人などが徴収されるべき国税とは、相続開始の時において、被相続人などに係る国税として既にその納付義務が具体的に確定しているが、まだ納付又は徴収がなされていない国税をいい、今後において納付又は徴収が行われるものです。

㈱　この通則法第５条第１項の「国税」には、滞納処分費が含まれます。

## 4　納付義務の承継の効果

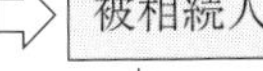

納付義務の承継 ⇨ 被相続人などが有していた税法上の地位を承継

〈具体例〉

・　被相続人の国税に係る申告、請求、届出又は不服申立て等の手続の主体

・　税務官庁による税額確定処分、納税の告知、督促、滞納処分の執行又は還付の相手方

・　被相続人の国税についてされていた延納、納税の猶予、滞納処分の停止又は担保提供等の効果を承継

相続人

単純承認 ⇨ 無制限に被相続人の納付義務を承継

限定承認  相続によって得た財産を限度として被相続人の納付義務を承継

納付義務の承継があった場合には、相続人などは、被相続人などが有していた税法上の地位を承継し、被相続人などの国税に係る申告、不服申立て等の手続の主体となり、また、更正や決定などの税額確定処分及び滞納処分の相手方になります。

相続人が単純承認しているときは、無制限に被相続人の納付義務を承継しますが、限定承認をしているときには、相続によって得た財産を限度として被相続人の納付義務を負います（通５①）。ただし、この限度とは一種の物的有限責任なので、相続によって得た財産の価額に相当する額を納付しても義務の履行にはなりません（物的第二次納税義務に関する徴基通32－16－⑵参照）。

**参考**　相続放棄の申述

相続の放棄をした者は、初めから相続人とならなかったものとみなされるので（民939）、納税義務は承継しません。相続放棄ができるのは「相続の開始を知ったときから」３か月までと期限（熟慮期間）が定められていますが（民915①）、家庭裁判ではこの３か月を経過していても、相続放棄の申述をしなかったことにつき「相当の理由がないと明らかに判断できる場合」を除いては、相続放棄の申述を受理しています。そのため、滞納者の死亡から相当の時間を経過していても、納付義務を承継する滞納があったことを知ってから、相続放棄の申述がされるケースがあります。

**申述受理証明書とは**

滞納税金があることを知ったときには、相続放棄した証明として家庭裁判所の「相続放棄申述受理通知書」又は「相続放棄申述受理証明書」が提出されます。これは相続放棄を裁判で決定したものではなく、相続放棄の申述書を却下した場合を除いて、その申述書が提出されたことを証明するものに過ぎません。

家庭裁判所は「一応相続放棄の申立てがされたから受理するが、問題があれば裁判で決着をつけて」という立場ですから、申述書の提出があってもその後の訴訟で相続放棄の効力が認められなかった事例も多数あります（平成21.1.23大阪高判等）。

## 5　共同相続人の承継

### (1)　承継税額のあん分

相続人が２人以上の場合における各相続人の承継する国税の額は、限定承認がされない場合には、民法第900条から第902条まで（法定相続分、代襲相続分、指定相続分）に定める相続分により、あん分して計算した額になります（通５②）。

なお、法定相続分等とは異なる形で遺産（相続財産）の分割がされても（民906）、それとは関係なく法定相続分等により納付義務は承継します。

(注)　納付義務を承継するのは、血族としての法定相続人及び割合をもって遺贈を受けた包括受遺者です（通５①）。したがって、遺言などで特定財産の遺贈を受けても、法定相続人以外の受遺者は納付義務を承継しません。

### ⑵　納付責任

遺産分割により相続人が得た財産の価額が、上記の承継税額を超える者があるときは、その相続人は、その超える価額を限度として、他の相続人が承継した税額を納付する責任を負うことになります。これを**納付責任額**といいます（通５③）。

「相続によって得た財産の価額」とは、遺産分割が行われた後であれば、その遺産分割によって相続人が現実に得た財産の価額をいい、遺産分割前であれば総遺産の価額に相続人の相続分を乗じた額ということになります。

○　共同相続の場合における納付責任額

| 相続によって得た財産の価額 | |
|---|---|
| （遺産分割が行われた後…その遺産分割によって相続人が現実に得た財産の価額<br>遺産分割前…………総遺産の価額に相続人の相続分を乗じた額） | |
| 法定相続分など（民900～902）によりあん分した承継税額 | **他の相続人の承継した税額の納付責任額** |

㈲「相続によって得た財産の価額」

相続によって得た財産の価額は、相続があった時におけるその相続により承継した積極財産の価額によりますが（通基通５－14）、被相続人の相続財産の全容を把握する必要があります。

### 《事例》　納税義務の承継と納付責任

被相続人Ａの滞納税金　200万円

相続財産の価額　300万円

相続人　被相続人の妻Ｂ、長男Ｃ、長女Ｄ

| | B | C | D |
|---|---|---|---|
| 法定相続分 | １／２ | １／４ | １／４ |
| 相続財産　① | 150万円<br>（300万 × $\frac{1}{2}$） | 75万円<br>（300万 × $\frac{1}{4}$） | 75万円<br>（300万 × $\frac{1}{4}$） |
| 承継税額　② | 100万円<br>（200万 × $\frac{1}{2}$） | 50万円<br>（200万 × $\frac{1}{4}$） | 50万円<br>（200万 × $\frac{1}{4}$） |
| 超える価額（①―②）<br>（納付責任） | 50万円 | 25万円 | 25万円 |

➤　相続人が２人以上ある場合の承継税額

通則法第５条第２項の適用については、遺言による相続分の指定（包括遺贈）がない限り、民法第900条及び第901条の規定により算出した相続分によります（通基通５－８－２）。

なお、この取扱いは、平成31年７月１日以後に適用されます。

## 6　納付義務の承継に関する手続

### ⑴　納付義務の承継通知

被相続人である滞納者が死亡した場合には、当然に相続人は納付義務を承継するので、第二次納税義務のような確定手続は必要ありませんが（最高判令2.6.26参照）、各相続人が納付すべき税額を示すために、その旨の通知を行います。

#### ア　督促前に相続が開始された場合

各相続人に対して、承継した割合であん分した額を記載して督促します。

#### イ　督促後に相続が開始された場合

各相続人に対して、承継した割合であん分した額について、「納税義務承継通知書」を送付します。

### ⑵　納付責任額の通知

相続財産に係る納付責任額については、課税処分に係る更正通知書等や督促状、納税義務承継通知書に、具体的な責任額を示すことなく、「納付責任がある」旨を付記します。

# 第6章　徴収権の消滅時効

## [50]　徴収権の消滅時効

国税の徴収権についても時効がありますか。この時効について説明してください。

国税の徴収権の消滅時効、時効の中断及び停止については、通則法第7章第2節に定められていますが、この節に別段の定めがあるものを除き、民法の規定を準用します。

国税の徴収権については、原則、5年で時効となります。

**解説**

徴収権は、その権利行使ができるときから5年間行使しないことによって、時効により消滅します（通72①）。

### 1　徴収権の消滅時効

納税義務が確定した国税債権については、その権利を行使できる期間に制限があり、当該期間を経過すれば、もはや国税の徴収はできません。この一定期間権利を行使しない場合に、その権利を消滅させる制度が**消滅時効**です。

徴収権の消滅時効の期間 ⇨ 5年（通72①）……（脱税の場合）…7年（通73③）

㊟　国税以外の消滅時効
地　方　税……5年（地18①）
関　　　税……5年（関税14の2①）
一般の私債権…原則10年（民166、167）

徴収権の消滅時効の起算日 ⇨ 原則―その国税の法定納期限の翌日（通72①）

㊟　法定納期限が経過すれば、税務署長は、納税者の申告を待たずに、自ら決定などの権利

を行使して納税の請求をすることができる状態になるので、法定納期限の翌日を消滅時効の起算日としたものです。

**時効の絶対的効力**

徴収権の時効 ＝ ①援用を要しない ②時効の利益は放棄できない ⇨ 国税の徴収権は時効期間の経過によって消滅

## 2　時効の期間

国税の徴収権の消滅時効の期間は５年です。この期間は会計法の定めるところと同様で（会計法30）、地方税法、関税法においても同様となっています（地18①、関税14の２①）。いずれも、一般の私債権の10年（民167①）に対して短期の消滅時効となっています。

## 3　時効の起算日

本来の消滅時効の起算日は、当該時効に係る権利を行使することができる時です（民166）。

通則法では、国税の徴収権の時効の起算日を一般的に法定納期限の翌日と定め、法定納期限の定めのない国税については、その国税の徴収権を行使することができる日等と定めています（通72①）。

例えば、次に掲げる国税についてみれば、それぞれ次に掲げる日の翌日が、徴収権の時効の起算日となります。

| 区　　分 | 時効の起算日 |
|---|---|
| 申告納税方式の国税 | 原則、法定納期限 |
| 賦課課税方式による国税 | 加算税についてはその賦課の起因となった本税の法定納期限 |
| 源泉徴収所得税 | 利子、配当、給与等の支払の日の属する月の翌月10日 |
| 納付不足額の通知に係る登録免許税 | その登記の日 |
| 裁決等に伴い、更正決定等の期間制限の特例の適用がある場合における更正決定等により納付すべき国税 | 裁決等又は更正があった日 |

| | |
|---|---|
| 還付請求申告書に係る還付金の額に相当する税額が過大であることにより納付すべき国税 | 還付請求申告書の提出があった日 |
| 滞納処分費 | その支出すべきことが確定した日 |

### 4　時効の絶対的効力

国税の徴収権の時効については、援用を要せず、時効完成後における利益の放棄はできません（通72②）。

#### (1)　国税債権の消滅

債権の時効は、債権者の請求に対してその履行を免れることを債務者が援用することで成立します（民145）。したがって、時効が完成しても、債務者がその援用をしなければ、債権者は請求をすることができます。

それに対して国税の徴収権は、納税者の援用がなくても、時効の完成により一方的に消滅します（通72②）。したがって、時効の完成後に納税者が納付をしたとしても、それを徴収する権限が税務官庁にないので、過誤納金として還付しなければなりません。

#### (2)　不納欠損

不納欠損とは、納税義務が確定した国税債権について、それが徴収しえなくなったことを表示する決算上の取扱です（歳入徴収官事務規程17①）。不納欠損の処理を行うのは、徴収権の時効が完成した場合と滞納処分の停止により納税義務が消滅した場合（徴153④、⑤）です。

**時効の援用とは**

時効は存在する権利（債権）を将来に向けて消滅させる事由ですから、債務者側からの主張（これを「援用」といいます。）がなければ認められません（民145）。それに対して税法等では、「援用を要しない」としているので、納税者からの主張がなくても、期間を経過すれば自動的に消滅することになります。

## [51]　時効の完成猶予及び更新

徴収権の消滅時効は、どのようにすれば止めることができますか。

国税の徴収権の消滅時効ついては、民法の中断事由を準用しているほか、税務署長によってなされる国税債権を実現させようとする行為、例えば督促、交付要求がされ、その効力が生じた時に時効の完成が猶予され、その効力が終了した時に更新されて新たに時効期間が進行します。

**解説**

### 1　時効の完成猶予及び更新

#### (1)　時効の完成猶予・更新

| 民法上の時効の完成猶予・更新事由 | 国税の徴収権の消滅時効 |
|---|---|
| ①　裁判上の請求（民147）<br>②　強制執行・担保権の実行（民148）<br>③　催告（民150）<br>④　承認（民152） | 民法の規定を準用（通72③） |
| | 国税固有の事由（通73①）<br>・更正、決定、賦課決定、納税の告知<br>・督促<br>・交付要求 |

消滅時効に関し、これまで、①時効の完成が猶予されている効力と、②それまでに進行した時効が全く効力を失い、新たな時効が進行しはじめるという効力を総称して、又はその一方を指すものとして「中断」という用語を用いていました。令和２年４月１日施行の民法の一部改正により、①の効力とこれと同じ効力を有していた従来の「停止」を統合して「**完成猶予**」とし、②の効力については「**更新**」に改める等の整備が行われました。併せて、通則法第73条第２項等も改正が行われ、この施行は令和２年４月１日から施行されています。

国税の徴収権の消滅時効については、民法の規定を準用している（通72③）ほか、税務署長によってなされる国税債権を実現させようとする行為、すなわち更正、決定、賦課決定、納税の告知、督促、交付要求のそれぞれについて、その効力が生じたときに時効の完成が猶予され、次に図示する中断継続期間を経過した時に更新されて、新たに時効期間が進行することとされています（通73①）。

①　督促（通73①四）、差押え（通72③、民148①）

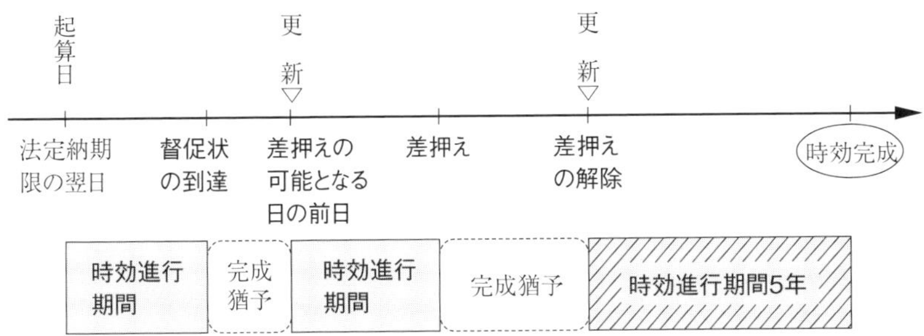


②　交付要求（参加差押えを含む。）（通73①五）

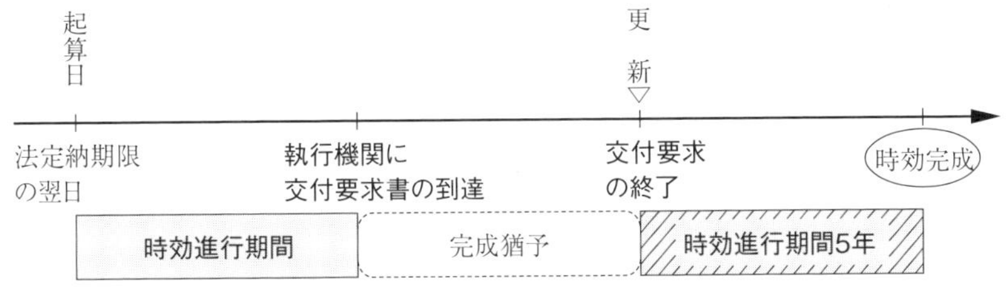


③　承認（通72③、民152）

納税申告、納税の猶予の申請、延納条件変更の申請及び一部の納付などは、納税者の承認があったものであり、時効が更新されます。

なお、納税申告、更正、決定などの確定手続及び納税の告知があった場合に、その時効の更新の効力が及ぶ範囲については、更正などによる増差税額に限られます（通73①本文）。

**一部納付と承認**

一部納付は、その旨の意思表示が認められる限り、その税金の承認があったものとしています（通基通73－４）。原則的には、納付があった滞納口座にのみその効果が及ぶとしていますが、納付に至る経緯の中で他の滞納口座のあることを認識していた場合（滞納税金目録のある催告書を見て納付したケース）には、他の滞納口座も承認の認識があり、時効の中断を認めたケースがあります（国税不服審判所裁決平成24.２.21）。

④　催告（通72③、民150）

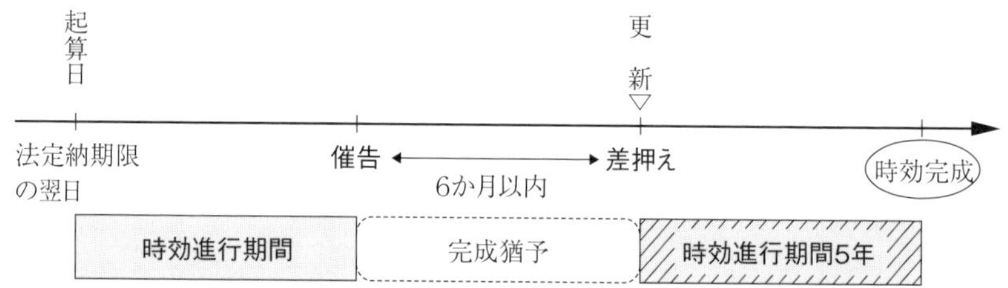


滞納者に滞納国税の内容を示して催告した場合には、その時から６月間は時効の完成が猶予されます（民150①）。ただし、催告だけでは時効は更新されないので、完成猶予がされている期間内に、新たに時効を更新させる措置を取る必要があります。もし、その措置が取られなければ、完成猶予の期間が過ぎた時に時効は完成します。

なお、催告による完成猶予の期間中に、再度の催告をしても完成猶予の効果は生じません（民150②）。

**差押えと時効の完成猶予・更新**

差押えに係る国税については、その差押えが効力を生じた時に消滅時効の完成が猶予されます（通72③、民148①）。この完成猶予の効力は、差押えの効力がある間は継続し、次の時に更新されて新たに時効が進行します（徴基通47－55）。

⑴　差押財産を換価（債権の取立てを含みます。）したときは、換価に基づく配当が終了した時

⑵　差押財産が滅失した場合には、その滅失した時

⑶　差押えを解除したときは、解除をした時

※１　差押解除は、法律で定められた事由（徴79等）に該当したときに行うもので、徴税側が自ら執行を取り下げるのとは違います。したがって、差押えによる時効の完成猶予及び更新は民法の規定を準用していますが、強制執行等を取下げた場合（民148②）の完成猶予（更新効がない）は適用されず、差押えを解除したときに時効は更新されます。

※２　差押えが違法なものとして争訟で取り消された場合には、その遡及効により差押えによる時効の完成猶予及び更新はされませんが、取消しから６月間は完成猶予がされます（民148①）。

なお、次に係る場合は、差押の効力が生じた時ではなく、次に掲げる時に時効の完成が猶予されます（通72③、民154、徴基通47－55）。

時効の完成猶予

| | |
|---|---|
| 第三者の占有する**動産又は有価証券**を**差し押さえた場合** | 差押調書謄本が滞納者に交付された時 |
| 物上保証人の財産に対して、**担保物処分の差押え**をした場合 | 差し押さえた旨が滞納者に通知された時 |
| 徴収法第24条《譲渡担保権者の物的納税責任》の規定により**譲渡担保財産**を**差し押さえた場合** | 差し押さえた旨が滞納者に通知された時 |
| 徴収法第22条第３項《質権等の代位実行》の規定により**質権又は抵当権を実行**した場合 | 代位実行した旨が滞納者に通知された時 |

## 捜索と時効の完成猶予・更新

差押えのために捜索したが、差し押さえるべき財産がないために差押えができなかった場合は、その捜索に着手した時に時効の完成が猶予され、捜索が終了した時に更新されます（昭34.12.7大阪高判参照）。もっとも、この場合において、第三者の住居等を捜索したときは、捜索した旨を捜索調書の謄本等により滞納者に通知しなければ、時効の更新はされないと解されています（徴基通142－11、通基通72－５、民154）。

## 第二次納税義務と時効の完成猶予・更新

第二次納税義務者に対して差押えをするなどしても、主たる納税者の納税義務の時効は更新されません。その一方で、主たる納税者の納税義務の消滅時効が更新された場合には、第二次納税義務の消滅時効も更新されます（徴基通32－28）。

### ⑵　時効の不進行

時効の不進行は、時効の完成を所定の期間は進行させないものであり、所定の時期を経過するまでは時効を完成させない完成猶予とは異なり、不進行期間の前までに進行した時効期間の効果は失われません。

したがって、時効期間を計算するときは、その不進行期間を除算して計算します。

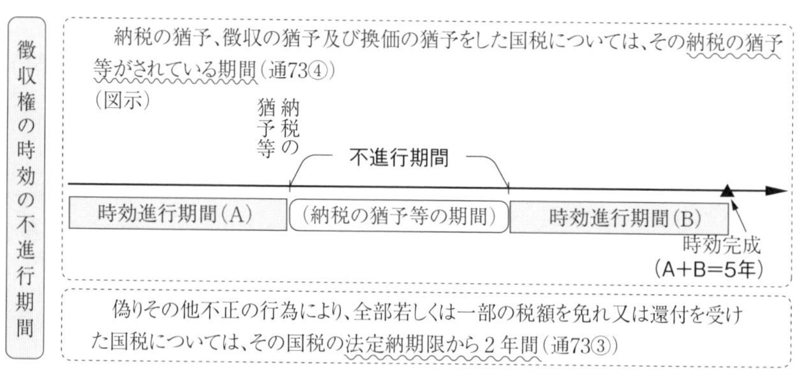

## 2　時効の完成猶予及び更新における民法の準用

国税の徴収権の時効については、通則法第7章第2節に別段の定めがあるものを除き、民法の規定が準用されます（通72③）。

| | | |
|---|---|---|
| 時効の完成猶予・更新 | 請　求 | 「請求」とは、裁判上の請求（民147）をいいます。<br>なお、課税処分の取消訴訟に対する税務署長の応訴行為も裁判上の請求の一態様で、時効を更新する効力があります（昭43.6.27最高判参照）。 |
| | 差押え、仮差押え及び仮処分 | ・　差押えによる時効の更新は、差押手続が終了した時に効力が生じます。差押えが取り消されたときは、遡及して更新の効力は生じません（民154）。<br>・　差押えのため捜索処分を実施したが、差し押さえるべき財産がなく差押えができなかった場合でも、その捜索に着手した時に時効の更新の効力が生じます（昭42.1.31名古屋地判参照）。 |
| | 承　認 | ・　国税の場合、所得税等の期限後申告、修正申告、納税の猶予又は換価の猶予の申請、延納条件変更の申請、納付委託の申出等国税の納付義務の存在を認識して行ったと認められる行為がこれに該当します（通基通72－3）。<br>・　納税者による国税の額の一部の納付は、その旨の意思表示が認められる限り、その国税の承認があったものとします（通基通73－4）。 |
| | 催　告 | ・　納付しょうよう（催告）は、時効の完成を猶予する効力しかないので、6月以内に他の時効を更新させる措置をしなければなりません（民150①）。なお、この催告による完成猶予期間中に催告を再び行っても、その催告では時効は完成猶予されません。 |

# 第７章　債権者代位権・詐害行為取消権

## [52]　債権者代位権・詐害行為取消権

国税の徴収に関して、民法第423条《債権者代位権》及び民法第424条《詐害行為取消権》の規定が準用されると聞いていますが、どのようなものですか。

国税債権も、納税者の一般財産が最終的な担保となっていることは私債権と同様であることから、その徴収に関し、民法第423条の債権者代位権及び民法第424条の詐害行為取消権が準用されています。

**解説**

債務者の一般財産は、債権の最終的な担保となることから、民法は、この一般財産の不当な減少を防止し債権の確保を図るため、**債権者代位権**と**詐害行為取消権**を認めています。

国税債権において、納税者の一般財産が最終的な担保となっていることは私債権と同様であることから、その徴収に関しては、民法第423条の債権者代位権及び民法第424条の詐害行為取消権が準用されています（通42）。

国と納税者との関係………一種の債権債務関係

⇓

準用

⇓

私債権に係る　①**債権者代位権**（民423 ～ 423の７）
　　　　　　　②**詐害行為取消権**（民424 ～ 424の９）

債権者の代位 ………民法第423条
詐害行為の取消し ………民法第424条
→ 国税の徴収に関して準用（通42）

※　債権者代位権は裁判外での行使ができますが、詐害行為取消権は必ず訴訟を提起しなければなりません（民424①）。

## 1　債権者の代位

債権者である国が納税者に代位して納税者に属する権利を行使し、納税者の一般財産の保全を図ることを「**債権者の代位**」といいます。

| 債権者代位権 | |
|---|---|
| 代位権行使の要件 | ①債務者が自己に属する権利を自ら行使しないこと。<br>②債務者が無資力であること（保全の必要性）。<br>③国税の納期限が到来していること。 |
| 代位権の目的となる権利 | 「債務者の一身に専属する権利」及び「差押えを禁じられた権利」を除き、債務者に属する一切の権利。 |
| 代位権の行使 | 代位権を行使しうる範囲は、国税の保全に必要な限度に限定されます。 |

令和２年４月施行の民法の一部改正により、債権者代位権が改正されましたが、実務に影響するものは次の２点です。

①　代位行使に着手し、その旨を通知したときは、納税者は自らの処分権限を失うと解されていましたが、改正では納税者は自ら取立てその他の処分をすることを妨げられないとされました（民423の５）。

②　被保全債権が期限未到来だったときの裁判上の代位（旧民423②）が廃止され、租税債権が確定する前の保全差押え等をする場合の代位権の行使はできなくなりました。

## 2　詐害行為の取消し

納税者の不当な法律行為により、国税の引当てとなる一般財産から流出した財産がある場合において、債権者である国が、その不当な法律行為を取り消し、流出した財産を一般財産のうちに復帰させ、もって国税の保全を図ることを「**詐害行為の取消し**」といいます。

| 詐害行為取消権 | |
|---|---|
| 取消しの要件 | ・納税者が国税を害する法律行為をしたこと（客観的要件）。<br>・納税者、受益者又は転得者が悪意であること（主観的要件）。 |
| 取消権の行使 | 国の名において、受益者又は転得者を被告とする訴えをもって、納税者と受益者との間の行為の取消しのみを求め、又は当該取消しと逸出した財産の返還の双方を求めます。 |
| 取消しの効果 | 取消後の滞納処分は、一般の場合と同様。 |
| 取消権の消滅時効 | 取消権は、納税者の行為が詐害行為であると知ったときから２年又は行為の時から10年のいずれか早い期間の経過により訴えを提起できなくなります。 |

令和２年４月施行の民法の一部改正により、詐害行為取消権は次のような改正がされました。

① 相当対価による財産処分は、対価として得たものにつき納税者が隠匿等の処分をする意思を持っていることが必要になりました（民424の２二）。

② 既存債務への担保提供又は弁済等は、納税者と受益者とが通謀して他の債権者を害する意思を持って行ったことが必要になりました（民424の３①二）。

③ 通謀がなかったとしても、代物弁済等が過大と認められる部分については取消しの対象になりました（民424の４）。

④ 転得者が悪意であっても、受益者及びすべての転得者がそれぞれの転得の当時に債権者を害することを知っていたことが必要になりました（民424の５）。

# 索　引


［い］

一括換価 …… 183
一般的優先の原則 …… 13
違法性の承継 …… 89
インターネット公売 …… 194

［え］

延滞税 …… 317
延滞税特例基準割合 …… 318
延滞税の計算 …… 322
延滞税の免除 …… 326

［か］

買受代金の納付 …… 214
買受人の制限 …… 185
開札 …… 192
仮差押え・仮処分 …… 94
仮登記 …… 33
仮登記担保契約 …… 32
仮登記に係る債権との調整 …… 32
換価 …… 184
換価財産取得 …… 214
換価財産の権利移転手続 …… 220
換価執行 …… 187
換価代金等の交付 …… 227
換価代金等の配当 …… 224
換価の制限 …… 182
換価の停止 …… 270
換価の猶予 …… 231
換価の猶予申請書 …… 245
鑑定人による評価 …… 198
官公署等への協力要請 …… 113

［き］

期間と期限 …… 289
強制換価手続 …… 13
給与の差押禁止 …… 101

［く］

繰上差押え …… 121
繰上請求 …… 121
繰上保全差押え …… 121
ぐるぐる回り …… 45

［け］

検査 …… 106
検査拒否の罪 …… 273

［こ］

航空機 …… 155
公示送達 …… 280
公売 …… 191
公売公告 …… 192
公売参加者の制限 …… 205
公売の特殊性 …… 197
公売保証金の提供 …… 192
交付送達 …… 282
交付要求 …… 172
交付要求先着手による国税の優先 …… 16
合名会社等 …… 52
国税債権の確保 …… 3
国税徴収法の特色 …… 3
国税徴収法の目的等 …… 2

国税と地方税との調整 …… 16
国税と被担保債権との調整 …… 19
国税の徴収手続 …… 5
国税優先の原則 …… 13
個別換価 …… 183

[ さ ]

財産収支状況書 …… 246
財産目録 …… 247
災害等による期限の延長 …… 296
債権現在額申立書 …… 194, 225
債権者の代位 …… 347
債権の差押え …… 139
債権の取立て …… 136
最高価申込者 …… 201
再公売 …… 204
財産の換価 …… 181
財産の帰属 …… 95
財産の調査 …… 105
詐害行為の取消し …… 347
再調査の請求 …… 260
先取特権 …… 24
差押え …… 120
差押換えの請求 …… 127
差押えの制限 …… 124
差押禁止財産 …… 99
差押債権の取立て …… 148
差押財産の選択 …… 124
差押先着手による国税の優先 …… 16
差押調書 …… 128
差押手続 …… 127
差押えの解除 …… 168
差押えの効力 …… 131
差押えの対象となる財産 …… 95
参加差押え …… 176

[ し ]

収支の明細書 …… 248
事業者等への協力要請 …… 116
時効の完成猶予及び更新 …… 340
時効の不進行 …… 344
次順位買受申込者 …… 201
質権又は抵当権の優先 …… 19
執行機関 …… 8
守秘義務 …… 276
執行不停止の原則 …… 269
質問･検査 …… 106
自動車･建設機械の差押え …… 157
私法秩序の尊重 …… 3
条件付差押禁止財産 …… 101
譲渡担保 …… 37
消滅時効 …… 337
処分禁止の効力 …… 131
書類の送達等 …… 278
自力執行権 …… 4
審査請求 …… 260
申請による換価の猶予 …… 233
職権による換価の猶予 …… 231

[ す ]

随意契約 …… 208

[ せ ]

清算人等 …… 52
絶対的差押禁止財産 …… 99
競り売り …… 201

船舶の差押え …… 155

[ そ ]

捜索 …… 108
捜索調書 …… 111
送達 …… 278
訴訟 …… 272

[ た ]

代位権 …… 347
滞納者 …… 11
滞納処分 …… 88
滞納処分の効力 …… 93
滞納処分の対象となる財産 …… 95
滞納処分の停止 …… 250
滞納処分の引継ぎ …… 117
滞納処分免脱罪 …… 273
第二次納税義務 …… 50
第二次納税義務の徴収手続 …… 76
担保 …… 235, 304
担保のための仮登記 …… 33
担保を徴した国税の優先 …… 17
他人名義財産の帰属 …… 96

[ ち ]

地方税との調整 …… 45
超過差押えの禁止 …… 125
徴収権の消滅時効 …… 337
徴収の所轄庁 …… 8
徴収の引継ぎ …… 118
地方税における不服申立て …… 268

[ て ]

電子記録債権 …… 142
出入禁止 …… 112
電磁的記録 …… 106
電話加入権 …… 160

[ と ]

動産の差押え …… 134
督促 …… 89
特許権 …… 160

[ に ]

入札 …… 200
任意調査 …… 105

[ の ]

納期限 …… 12
納税緩和制度 …… 300
納税者 …… 10
納税者の保護 …… 4
納税地 …… 117
納税の猶予 …… 307
納税の猶予申請書 …… 312
納付義務の承継 …… 331
納付催告書 …… 76
納付委託 …… 313
納付責任 …… 335
納付通知書 …… 76

[ は ]

売却決定 …… 211
売却決定の取消し …… 204, 222
配当 …… 224

配当計算書 …………………………… 226
配当手続 ……………………………… 224
発信主義 ……………………………… 266
罰則 …………………………………… 273

[ ひ ]

引渡命令 ……………………………… 158

[ ふ ]

賦課処分と滞納処分 ………………… 90
物的第二次納税義務 …………… 61, 79
不動産の差押え ……………………… 153
不動産保存の先取特権等の優先 … 24
不服申立て …………………………… 260
不服申立てと国税の徴収の関係
　…………………………………………… 269
不服申立前置主義 …………………… 267
振替社債 ……………………………… 161

[ ほ ]

法定地上権、法定賃借権 ………… 219
法定納期限等 ………………………… 20
保管 …………………………………… 158
保全差押え …………………… 121, 257
保全担保 ……………………………… 254

[ み ]

見積価額 ……………………………… 196

[ む ]

無益な差押え ………………………… 125
無限責任社員 ………………………… 52
無償譲渡等の処分 …………………… 68
無体財産権等の差押え …………… 160

[ も ]

持分会社の社員の持分 …………… 96

[ ゆ ]

有価証券の差押え ………………… 134
郵便貯金の差押え ………………… 139
譲受け前に設定された質権又は抵
　当権の優先 ………………………… 22
猶予期間の延長 ……………………… 308
猶予特例基準割合 …………………… 318

[ よ ]

預貯金の差押え ……………… 139, 145

[ り ]

利害関係人への通知 ………… 128, 170
利子税 ………………………………… 317
留置権 ………………………………… 26
理由附記 ……………………………… 90
両罰規定 ……………………………… 276

[ れ ]

連帯納税義務者 ……………………… 11

〔著者略歴〕

**黒坂　昭一**（くろさか　しょういち）

平成10年　国税庁徴収部管理課課長補佐
平成12年　東京国税不服審判所　副審判官
平成15年　杉並税務署　副署長
平成17年　税務大学校研究部　教授
平成19年　大曲税務署長
平成20年　東京国税局徴収部特別整理部門　統括国税徴収官
　～　　（納税管理官、主任国税訟務官）
平成26年　東村山税務署長を最後に退官。同年税理士登録
その後、千葉商科大学大学院客員教授を経て、亜細亜大学非常勤講師、自治大学校講師

（主な著書）

「図解　国税通則法」大蔵財務協会　共著
「国税通則法の要諦」令和２年９月刊　清文社
「もう悩まない！ 地方税滞納整理の実務」令和元年12月刊　ぎょうせい
「相続税納付リスク対策ハンドブック」平成30年３月刊　大蔵財務協会
「Q＆A新しい国税不服申立手続ハンドブック」平成28年９月刊　大蔵財務協会
「新しい換価と納税の猶予制度の実務要点解説」平成27年12月刊　大蔵財務協会
「Q＆A国税に関する不服申立制度の実務」平成27年５月刊　大蔵財務協会

**三木　信博**（みき　のぶひろ）

平成23年　国税不服審判所本部審判官
平成26年　東京国税局徴収部・特別整理総括第二課長
平成27年　大和税務署長
平成28年　東京国税局徴収部・徴収課長
平成29年　東京国税局徴収部・次長
令和元年　渋谷税務署長を最後に退官　同年税理士登録
令和４年～　千葉商科大学・大学院客員教授

（主な著書）

「国税通則法の要諦」令和２年９月刊　清文社　共著
「詳解国税徴収法滞納処分解体新書」令和３年２月刊　清文社
「税法みなし規定の適用解釈と税務判断」令和４年12月刊　清文社　共著
月刊「税」（ぎょうせい）、旬間「税と経営」（税経）に連載中

令和５年版
**Q&A 実務 国税徴収法**

令和５年10月６日　初版印刷
令和５年10月23日　初版発行

著者　黒坂昭一
　　　三木信博

（一財）大蔵財務協会　理事長
発行者　木村幸俊

発行所　一般財団法人　大蔵財務協会
〔郵便番号　130-8585〕
東京都墨田区東駒形1丁目14番1号
（販　売　部）TEL03（3829）4141・FAX03（3829）4001
（出版編集部）TEL03（3829）4142・FAX03（3829）4005
http：//www.zaikyo.or.jp




印刷　恵友社
ISBN978-4-7547-3160-1